한 권으로 끝내는 온라인 교육 콘텐츠 제작

교육자를 위한 수업 영상 촬영·편집·활용 핸드북

유승철 지음

한 권으로 끝내는 온라인 교육 콘텐츠 제작

교육자를 위한 수업 영상 촬영·편집·활용 핸드북

이화여자대학교출판문화원

머리말

신종 코로나 바이러스가 세계를 공포의 도가니로 몰아넣은 2020년은 아마도 한국을 포함한 전 세계의 국가들에 가장 고통스럽고 한편으로 혁신적인 한 해로 기억될 것입니다. 제조업과 서비스업을 포함한 전 산업의 흥망이 코로나19 사태 발발 이전과 이후로 달라진다는 충격적인 전망 속에 모두가 치열하게 내일의 생존을 모색했습니다. 한편 대인전염성이 강한 코로나19로 인한 '사회적 거리두기'를 통해 초·중·고등학교 및 대학의 교육자들은 모두 자의 반 타의 반 인터넷을 기반으로 한 원격교육을 실행했습니다. 이러한 상황에서 교육자들은 물론이고 학생들도 제대로 준비되지 않은 온라인 교육 시스템을 쉽게 받아들이지 못했습니다. 필자 역시 모든 교육과정의 전면적 비대면 교육이라는 불편한 현실 속에서 일선 교육자로서 고전했습니다.

코로나19 사태 이후 교육현장에서는 첨단 미디어의 활용이 가속화되고 있습니다. 단순 온라인 동영상부터 첨단 실감 미디어인 VR/AR까지 그 종류도 매우 다양합니다. 현재의 교육 시스템은 환골탈태 중이며 이제 모든 교육자는 대면 교육뿐 아니라 각종 미디어 기술을 활용한 비대면 원격교육을 운영할 수 있는 자질을 필수적으로 갖춰야 하는 시대입니다. 나아가 교육자 개개인은 교육 콘텐츠를 창작하고 직접 운영할 수 있는 기초적 수준의 '(본인 전공 분야) 1인 크리에이터 역량'을 갖춰야 합니다. 이 책은 '교육자를 위한 간편한 강의 동영상 콘텐츠 제작'을 주제로 교육현장의 교육자들이 빠르고 저렴하게 영상 콘텐츠를 제작할 수 있도록 그 노하우를 공유하는 것을 목표로 집필되었습니다. 대학 교육현장에서 필자가 비대면 온라인 교육 초보자로서 직접 강의를 촬영·편집하고 온라인 플랫폼을 통해 원격수업을 운영하는 과정에서 겪은 시행착오와 교훈을 담았습니다.

우리가 서점에서 찾을 수 있는 대다수의 영상 제작 관련 서적들은 전문가 수준의 어려운 내용을 다루거나 교육자에게는 불필요한 내용을 상당 부분 다루고 있다고 인식하여, 이 책에서는 '강의 콘텐츠 제작'만을 집중적으로 다루었습니다. 또 이 책만 참고하면 온라인과 오프라인에 산재된 여러

자료들을 찾아보지 않아도 누구든 저렴한 비용으로 적정 수준의 강의 동영상 콘텐츠를 직접 제작해 수업에 바로 적용할 수 있도록 구성했습니다. 구체적으로 이 책은 FAST Fast & Focused/Action based/Systematic/Timely production 라는 교육 콘텐츠 제작 원칙에 따라 주제에 적합한 영상을 신속하게, 직접, 교과과정에 맞춰 체계적으로, 시기적절하게 제작 및 배포하는 방안을 효과적으로 설명했습니다. 또 기획 → 촬영 → 편집 및 후반 작업 → 온라인 배포라는 일련의 강의 동영상 콘텐츠 제작 과정을 독자가 알기 쉽도록, 프로그램 활용 방법은 간편한 매뉴얼 형식으로 제시했습니다. 이 책이 교육자와 학생들, 그리고 정보 전달을 위한 영상 콘텐츠 제작에 대해 알고 싶어 하는 기업인들 모두에게 실용적인 가이드라인이 될 것이라고 확신합니다.

마지막으로 자료 정리 작업을 함께해준 이화여자대학교의 곽현아, 주은경, 김수민 학부생, 인물 모델로 활약해준 커뮤니케이션·미디어 대학원의 추승연, 전혜영 석사과정생, 소프트웨어 매뉴얼 제작 준비에 도움을 준 'WC Media Act'의 이기환 팀장님, 그리고 최종 교열과 콘텐츠 구성에 도움을 준 조명옥 에디터에게 고마움을 전합니다. 이 책이 한국의 교육자들이 비대면 콘텐츠 제작 전문가로서 성장하는 데 실용적인 도움이 되길 고대합니다.

2020년 9월

이화여자대학교 교정에서

유승철

차례

머리말 • 4

들어가는 글: 4차 산업혁명 시대의 원격교육과 영상 콘텐츠 • 8

1장. 강의 동영상 콘텐츠 제작의 이론과 실제: 촬영과 장비 • 17

1. 강의 동영상 콘텐츠의 유형 • 19
2. 강의 동영상 콘텐츠의 제작 및 촬영 관련 용어 • 30
3. 강의 동영상 콘텐츠와 조명 • 58
4. 강의 동영상 콘텐츠의 녹음 • 66

2장. 강의 화면 녹화를 통해 강의 동영상 콘텐츠 제작하기 • 75

1. 파워포인트PowerPoint 2019를 통해 강의 동영상 콘텐츠 제작하기 • 77
2. 오비에스 스튜디오OBS Studio를 통해 강의 화면 녹화하기 • 81
3. 아이패드iPad를 통해 강의 화면 녹화하기 • 87
4. 안드로이드 태블릿Android Tablet을 통해 강의 화면 녹화하기 • 90

3장. 동영상 편집 프로그램·앱을 통해 강의 동영상 콘텐츠 편집하기 • 95

1. 윈도우 무비메이커Windows Movie Maker를 통해 초급 동영상 콘텐츠 편집하기 • 97
2. 어도비 프리미어 프로Adobe Premiere Pro를 통해 중급 동영상 콘텐츠 편집하기 • 127

3. 키네마스터KineMaster 앱을 통해 스마트폰으로 편집하기 • 138
4. 오데시티Audacity를 통해 음성 강의 편집하기 • 145
5. 오캠oCam을 통해 동영상 콘텐츠 캡처하기 • 156
6. 유튜브 다운로더Youtube Downloader를 통해 동영상 콘텐츠 다운로드하기 • 161
7. 파워포인트PowerPoint 2019를 통해 강의 인트로 영상 제작·편집하기 • 167

4장. 화상회의 프로그램을 통해 실시간 강의하기 • 177

1. 줌Zoom으로 실시간 강의하기 • 179
2. 구글 행아웃 미트Google Hangouts Meet로 실시간 강의하기 • 194
3. 마이크로소프트 팀즈Microsoft Teams로 실시간 강의하기 • 208

5장. 소셜미디어를 통해 실시간 강의하기 • 223

1. 유튜브Youtube 라이브로 실시간 강의하기 • 225
2. 인스타그램Instagram 라이브로 실시간 강의하기 • 234
3. 카카오 티비kakao TV 라이브로 실시간 강의하기 • 245

부록: 구글 닥스Google Docs를 통해 강의 교재 제작하기 • 255
나가는 글: K-edu의 시대를 열자 • 258

찾아보기 • 261

들어가는 글

4차 산업혁명 시대의 원격교육과 영상 콘텐츠

왜 다시 '비대면 원격교육'인가

요즘 흔히 말하는 '동영상 강의'는 비대면(교육자와 학생이 직접 만나지 않는) 원격교육을 의미합니다. 국내 원격교육의 시초는 1972년 3월 대한민국 최초의 평생교육 기관으로 설립된 '국립 서울대학교 부설 한국방송통신대학교'로, 한국방송통신대학교는 이후 1982년 2월에 분리 독립하여 현재까지도 그 명맥을 이어가고 있습니다. 최근에는 교육부 주관으로 한국형 온라인 강의인 'K-MOOC'가 구축되었는데, 2015년 27개 강의로 시작한 K-MOOC는 2019년 기준 92개 대학과 기관이 참여해 745개의 무료 수업을 시민들에게 공개한 바 있습니다. 한편 한국교육학술정보원 KERIS에서 운영하는 'KOCW Korea Open Course Ware'는 국내 대학 및 해외 교육자료 OCW Open Course Ware와 연계해 강의자료 정보를 무상으로 제공하고 있습니다. 국립 한국방송통신대학교와 각종 사립 사이버대학교, K-MOOC나 KOCW와 같은 공개형 강좌, 그리고 오래전 통신교육이라는 이름으로 널리 활용되던 학습지들까지 모두 원격교육의 일종입니다.

과거 원격교육의 실패와 성공은 '정보통신기술 인프라', 즉 기계적인 문제로 여겼습니다. 흥미로운 점은 스마트폰으로 대표되는 무선정보통신의 혁신 및 발전 속에서도 원격교육의 발전은 더

http://www.kmooc.kr

http://www.kocw.net/

디기만 하다는 점입니다. 한국대학교수협의회의 조사 결과에 따르면 2019년 국내 대학 중 중국인 유학생 수가 천 명이 넘어 원격교육 수요가 높은 대학들의 온라인 강의 비중은 대부분 1% 미만이었습니다. 원격교육이 광범위하게 활용되고 혁신하기 위해서 선행해야 할 과제는 바로 '관성과 습관의 깨침'입니다. 교육의 유구한 역사에서 '통신기술에 기반을 둔 원격교육'이 등장한 것은 비교적 근래의 일입니다. 면대면 교육의 습관과 문화가 뼛속까지 자리한 교육자와 학생들에게는 원격교육이 효과적일 이유가 없습니다. 최근 강제된 전면적 비대면 원격교육은 교육의 주체인 교육기관과 교육자, 학생 모두에게 효용이 아니라 '번거로움과 불편함'으로 인식되었으며, 대학으로 대표되는 공급자 주도의 왜곡된 시장에서 수요자인 학생들이 '학생 주도적 교육구조'를 만들어가기는 어려웠습니다. 또 주입식 교육환경에서 수동적 학습에 익숙한 학생과 학부모들에게 체화된 보수성이 새로운 교육 형태에 대한 저항으로 이어졌다고도 해석할 수 있습니다. 앞서와 같은 이유로 디지털 미디어 혁신의 시점에서도 비대면 원격교육은 대면 교육의 소극적 보충재로 여겨진 셈입니다.

코로나19 사태라는 외부적 요인은 교육구조의 불편한 변화를 촉발했습니다. 하지만 이런 외부 요인의 개입을 보다 긍정적인 변화로 활용해야 하는 것이 국내 교육계가 직면한 과제입니다. 100% 원격교육을 주장하는 것이 아니라 학습자에게 주어진 상황에 맞게 비대면 교육과 대면 교육 방식을 적정 비율로 혼합해 교육효과를 높일 수 있어야 합니다. 런던 비즈니스 스쿨의 린다 그래튼Lynda Gratton 교수는 『100세 인생*The 100-Year Life*』(2017)이라는 저서를 통해 "100년을 사는 동안 우리는 최소 두세 개 이상의 직업을 경험하게 될 것이며, 다양한 도시 혹은 다양한 국가에서 살게 되는 경우도 많아질 것"이라고 주장했습니다. 100세 인생 시대에는 우리가 생각하는 '전통적인 학생'의 모습이 아닌 다양한 연령과 배경을 지닌 '비전형적인 학생'의 모습이 크게 늘어갈 것입니다. 따라서 초·중·고등학교 교육뿐 아니라 대학교육 역시 평생교육의 맥락에서 진행되어야 합니다. 교육 수요가 보다 다양해지고 수요자의 요구가 다변화됨에 따라 교육방법론에서도 비대면 교육 영역이 확대되는 것은 매우 자연스러운 변화입니다.

실제로 대안적인 대학교육의 대명사가 된 '미네르바 스쿨Minerva School'은 단순히 강의 영상을 보여주는 식의 일방적인 온라인 강의를 하지 않습니다. 모든 학생과 교수가 서로의 얼굴을 보면서 참여하는 창의적인 온라인 강의를 운영하며 비대면 교육의 상식과 도식을 깨고 있습니다. 2019년 한미과학자대회UKC 2019의 대학 리더십 포럼에서 김혜숙 이화여자대학교 총장은 과학기

https://www.minerva.kgi.edu/

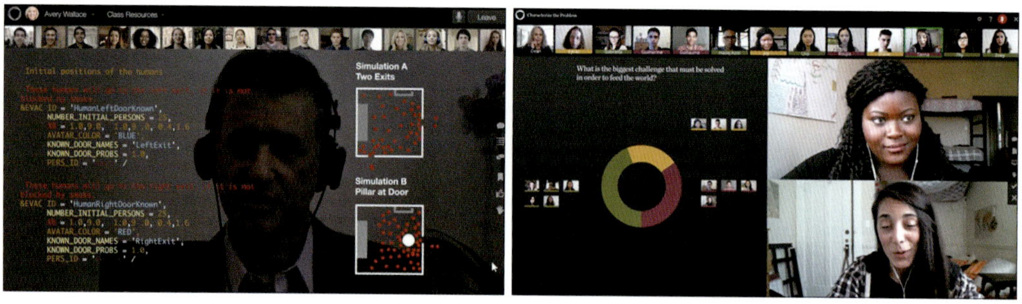

비대면 교육 혁신의 아이콘으로 자리 잡은 '미네르바 스쿨'

술의 발전은 인간 정체성의 일부로서 우리 삶의 실천, 가치, 제도, 구조에 뿌리내린 기술-사회적 비전을 통해 이뤄져야 한다고 역설하면서 선도적 교육의 가치를 강조한 바 있습니다. 2020년에 촉발된 교육구조의 혁신은 국가 발전의 청사진 안에서 한국이라는 문화적 토양에 적합한 형태로 발전해야 할 것입니다.

교육 콘텐츠 크리에이터로서 교육자

시대의 요구에 따라 특정 직업의 존재 형태와 정의는 달라집니다. 많은 직업이 소비자의 수요에 따라서 탄생하고 사라지며, 또 기존 직업의 성격이 달라지기도 합니다. 2016년 다보스 포럼Davos Forum(세계경제포럼World Economic Forum: WEF)의 「일자리의 미래*The Future of Jobs*」 보고서를 보면 2020년까지 5년간 전 세계 고용의 65%를 차지하는 주요 15개국에서 새로운 일자리 200만 개가 창출되는 반면, 기존 일자리는 710만 개나 줄어들 것이라고 합니다. 이처럼 변화하는 환경에서 현재의 교육은 매우 뒤처져 있습니다. 미래학자 앨빈 토플러Alvin Toffler(1928~2016)는 "현대의 학교 체제는 산업혁명이 있었던 19세기 방식과 동일하다"고 교육현실을 비판했습니다. 한 사회의 미래 10년, 나아가 100년을 책임질 대학 강단에 선 교수의 모습도 200여 년 전 산업혁명 시기 교수의 모습과 별반 다르지 않습니다. 물론 현대 우리 사회의 교수는 교육과 연구, 그리고 산학협력과 행정 업무까지 처리해야 하는 1인 다역의 역할을 하고 있습니다. 하지만 대면 교육의 모습은 대동소이합니다. '학생들에 대한 효과적인 교육'이라는 기본 가치는 같아야 하나 방법론적 혁신을 향한 시대의 요구가 커지고 있습니다. 직접적으로는 교육자의 '미디어를 활용한 비대면 교수 능력'이 보다 중요해지고 있습니다.

2005년 탄생한 '유튜브YouTube가 세계 소셜 동영상 콘텐츠 시장을 석권하고 있는 현재, 학생들은 유튜브로 대표되는 온라인 영상 플랫폼을 통한 학습에 점차 익숙해져가고 있습니다. 어린 학생들뿐 아니라 다양한 연령과 배경의 특정 주제를 공부하고자 하는 모든 학습자에게 동영상 콘텐츠는 가장 쉽고 빠른 채널입니다. 이제 미적분학부터, 막힌 세면대를 뚫는 방법을 익히는 것까지 사람들은 관련 기관과 지인의 도움을 받기보다는 동영상 콘텐츠에 의존하고 있으며, 이 변화는 더 가속화되고 있습니다. 앞서 언급한 것처럼 변화하는 교육 수요자와 미디어 기술사회 환경 가운데서 국내 대학들이 수동적으로 대응해온 것은 사실입니다. 대학의 중추적인 기능을 담당하는 교육 제공자인 교육자 역시 전통적인 틀 안에서 주어진 일상적인 과업을 수행해왔습니다.

코로나19 사태가 가져온 비대면 교육의 폭발적 성장은 대학과 교육자에게 미디어 기술을 활용한 비대면 교육 역량의 강화를 요구하고 있습니다. 비대면 교육 역량을 단시간에 갖추는 것은 교육기관이나 교육자에게 무척 버거운 일입니다. 비대면 교육을 위해서는 클라우드 용량과 네트워크 속도, 보안기술을 포함한 대학의 정보기술 인프라가 준비되어야 합니다. 물론 이를 갖추기 위해서는 상당한 비용과 인력 투자가 요구됩니다. 미디어 인프라 역시 준비되어야 합니다. 각종 촬영과 편집 등 영상 콘텐츠 제작에 필요한 기기와 인력 그리고 관련 비용도 천문학적입니다. 또한 교육자의 비대면 교육에 대한 축적된 경험이 필요하며, 결정적으로 학생들과 교육기관, 교육자 간 상호 신뢰가 구축되어 있어야 합니다. 대면하지 않고 온라인으로 처리해야 하는 수업, 과제, 참여, 평가에 이르는 전 과정에 대해 상호 신뢰가 취약하다면 어렵게 갖춘 정보 인프라는 유명무실해질 것입니다. 실례로 교육부는 온라인 강의 대체 시 오프라인 강의 1시간당 25분 이상의 러닝 타임을 지닌 온라인 콘텐츠를 제작해야 한다는 원격강의 양적 기준을 10년 이상 실시해오고 있으며, 이 기준은 긴급 상황인 2020년 1학기에 한해서 한시적으로 미적용되었습니다. 앞서 언급한 정보 인프라와 미디어 인프라는 자본의 투자로 해결될 수 있지만, 학생-교수-정부를 포함한 교육기관 간의 상호 신뢰 그리고 교육자의 경험은 시간이 흐른다고 저절로 갖춰지지 않습니다. 다른 분야와 마찬가지로 교육의 혁신도 비선형적으로 발생합니다. 마차가 자연스럽게 자동차라는 교통수단으로 옮겨가지 않는 것처럼 뿌리 깊게 박힌 현재의 전통적 교육문화가 당장 바뀌길 기대하는 것은 무리입니다.

현실적으로 교육자의 비대면 교육 역량이 갖춰지는 것이 가장 시급합니다. 특히 교육자 개개인이 동영상 교육 콘텐츠를 직접 만들어내고 온라인 유통까지 할 수 있는 소위 '1인 크리에이터'로서의 역량을 갖춰야 한다고 조심스럽게 주장합니다. 장기적으로는 대학 조직이 미디어 제작 관련 서비스 전체를 제공하고 교육자는 강의만 제공하면 이상적일 것입니다. 그러나 제한된 미디어 시설과 인력으로 양질의 콘텐츠 생산을 필요에 따라 즉각적으로 보조하기는 힘듭니다. 사회의 변화 속도가 빨라지면서 지식이 통용되는 유효 기간은 갈수록 짧아지고 있습니다. 특히 응용학문의 경우 이 속도는 더욱 빨라지고 있습니다. 따라서 매 학기 변화하는 강의 내용에 맞춰 신규 동영상 콘텐츠를 업데이트하는 것도 대학 입장에서는 큰 도전입니다. 이러한 이유로 교육자 개개인이 최소한의 미디어 제작 능력을 갖춰 스스로 교육 콘텐츠를 만들고 수정해나가는 것이 가장 현실적입니다. 교육전문채널 EBS에서나 볼 수 있을 전문적인 영상 편집 기술과 효과가 가미된 교육 콘텐츠가 아니라, 말 그대로 '적정 수준acceptable quality'을 갖춘 콘텐츠를 필요에 따라 유연하게, 또 가장 신속하고 합목적적으로 생산할 수 있다면 충분합니다.

빔프로젝터와 스크린이 등장하면서, 판서를 통해 강의하던 노교수님의 모습은 이제 이미 추억이 되어버렸습니다. 미래 학생들이 기억하게 될 현재의 교육자의 모습은 아마도 삼각대에 카메라와 조명을 설치하고 스마트폰 짐벌로 스스로를 촬영하며, 촬영된 영상을 편집하는 모습일지도 모릅니다. 문자를 기반으로 한 콘텐츠가 동영상으로 옮겨지는 것이 시대의 도도한 흐름입니다. 과거 문자의 힘이 세상을 호령한 것처럼 이제 교육 분야에서도 영상의 힘은 더욱 막강해질 것입니다. 석학과 명강사들의 강의를 영상으로 남겨두고 많은 학생에게 전해줄 수 있다는 점에서 오프라인 교육의 디지털화는 한편으로 반길 만한 변화입니다. 실제로 유튜브를 포함한 소셜 플랫폼을 통해 세계적인 명성(때로는 부)을 얻고 또 보람을 얻는 교육자들이 꾸준히 등장하고 있습니다. 캐나다 토론토대학교의 심리학과 교수이며 임상심리학자이자 문화비평가인 조던 피터슨Jordan Peterson 교수는 팟캐스트와 유튜브를 오가며 자신의 지식을 세계의 수많은 시청자에게 전하고 있습니다. 유튜브 스타가 된 교수들은 일종의 'OSMUOne Source Multi-Use(단일 소재의 다양한 활용)'를 통해 자신의 교육 콘텐츠를 오프라인 강좌로, 유튜브와 TV로, 후에는 단행본과 교과서로 전환

토론토대학교의 조던 피터슨 교수 유튜브 라이브 모습

해가면서 가치를 만들어내고 있습니다. 단순히 수익 창출이라는 측면을 넘어서 양질의 교육을 불특정 다수에게 공개적으로 제공한다는 점에서 교육의 공적 가치 창출에 이바지하고 있다고 평가할 수 있습니다. 향후 국내에도 비대면 교육을 통해 자기 자신의 잠재력을 발굴하고 명성을 얻는 교육자들이 속속 등장할 것을 기대합니다.

교육의 경쟁력은 국가의 미래

'인공지능Artificila Intelligence: AI'과 '4차 산업혁명' 등으로 상징되는 미래 혁신기술의 도입이 가속화되면서 단순 지식 습득과 암기 위주의 교육이 붕괴하고 있습니다. 따라서 지식 습득은 비대면 온라인 교육을 통해서, 응용력을 요구하는 학습은 대면 교육을 통해서 이뤄지는 것이 교육의 큰 흐름입니다. 이런 변화 속에서 교육 경쟁력이 부족한 교육기관들은 도태될 위험에 직면해 있습니다. 젠트리피케이션gentrification이라고 하면 도심 인근의 낙후지역이 활성화되면서 외부인과 외부자금이 유입되고, 임대료 상승 등으로 원주민이 밀려나는 현상을 의미합니다. 대형 사업자의 프랜차이즈 매장이 들어서면서 소규모 상점들이 사라지는 사례가 대표적입니다. 이런 젠트리피케이션은 미디어 콘텐츠 분야에서도 쉽게 발견할 수 있는데, 주요 언론사나 디지털 미디어 포털이 시장을 잠식해가면서 지방 언론 혹은 군소 웹사이트들이 쇠락하는 현상들이 바로 그것입니다.

대학에서도 역시 여타의 서비스 업종과 마찬가지로 젠트리피케이션을 발견할 수 있습니다. 온라인과 오프라인을 오가며, 온라인으로 선행학습을 하고 오프라인 토론을 통해 지도하는 교육방식을 의미하는 플립러닝flipped learning(거꾸로 교육 또는 역진행逆進行 수업)이 많은 대학에 적용되었습니다. 그리고 이에 따라 강의는 영미권 명문대학의 유튜브 채널에서 듣고 오프라인 대학에서는 토론만 하는 교육방식이 늘어가고 있는 것입니다. '무크Massive Open Online Courses: MOOC'라고 불리는 온라인 동영상 강의의 세계적 성장이 이런 변화를 촉진하고 있습니다. 하버드대학교 등 해외 주요 명문대학들은 대학생뿐 아니라 대중도 들을 수 있는 강좌들을 속속 개설하고 있습니다. 하버드대학교와 매사추세츠공과대학교는 2012년 온라인 강의 플랫폼인 '에드엑스EdX'를 설립했습니다. 2019년 현재 에드엑스에는 법학, 수학, 화학, 심리학, 경제학 등과 관련된 4천여 개의 강의가 개설되어 있습니다. 또 스탠퍼드대학교가 주도한 '코세라Coursera'에는 190개 이상의 주요 대학과 기업들이 참여하고 있습니다. 인터넷과 강의를 볼 수 있는 디지털 기기만 있으면 국가나 지역에 상관없이 언제 어디서나 석학의 강의를 쉽게 접할 수 있게 되었습니다. 인터넷이 시간과 지역의 경계를 뛰어넘는다는 점에서, 단순한 젠트리피케이션이 아니라 국경을 초월한 글로

MOOC 교육의 선구자인 '에드엑스edX'와 '코세라coursera'

벌 규모의 젠트리피케이션이 생겨나고 있는 셈입니다.

1980년대 '차별화positioning'라는 개념을 내세워 유명해진 마케팅 학자들인 알 리스Al Ries와 잭 트라우트J. F. Jack Trout는 그들의 저서 『포지셔닝*Positioning*』(1980)에서 "시장에 맨 먼저 들어가는 것보다 소비자의 기억 속에 맨 먼저 들어가는 것이 중요하다"고 역설했습니다. 실례로 스탠퍼드대학교에서는 2008년 이래 머신러닝machine learning 기초강좌를 유튜브에 제한 없이 공개함에 따라 세계 머신러닝 분야 대학교육의 근간을 이룬 바 있습니다. 그리고 유튜브 덕에 지금은 세계의 많은 대학들이 스탠퍼드대학교의 교재를 채용하고 있습니다. 이제 유튜브를 통해 최종 학습자의 인식을 선점한 스탠퍼드대학교의 교육을 다른 교육이 대체하기란 현실적으로 불가능해졌습니다. 요약하면 스탠퍼드대학교는 미디어 콘텐츠 선점을 통해 인공지능 분야의 대형 프랜차이즈 체인 사업자가 된 것과 같습니다.

현재까지 세계적 수준의 교육자가 제공하는 온라인 강의와 지역의 소규모 대학교 소속 교수가 경쟁할 수 있었던 이유가 바로 온라인과 오프라인이라는 교육방식 면에서의 성격적 차이였다면, 이제 비대면 교육이 전면화됨에 따라 온라인 교육에서도 각 대학의 차별화가 필요하게 되었습니다. A학교의 강의 콘텐츠와 B학교의 것이 대략 유사하다면 각 학교에서 유사 콘텐츠를 생산하는 것보다, 겹치는 내용이 적은 부분을 서로 보완해서 제작하는 것이 비용효율적이고 효과적입니다. 또 교육 콘텐츠 제작에 절감된 시간을 학생과의 상담 및 대면 실습 등에 활용하는 것이 타당합니다. 현재 학교 단위에서는 이러한 과정을 조율할 방법이 없고, 또 질이 다른 콘텐츠와 교육방법론도 혼재되어 있습니다.

대학과 중·고등학교를 포함한 국가교육 전반의 경쟁력이 국가의 미래를 좌우한다는 점에서 교육 콘텐츠의 경쟁력을 갖추는 것은 국가를 위해서, 또 각 교육기관을 위해서 시급합니다. 교육 콘텐츠 생태계에서도 크고 작은 다양한 목소리가 함께 존재하는 것이 중요합니다. 특히 해당 지

스탠퍼드대학교의 머신러닝 클래스 아이콘과 유튜브 페이지

역의 학습자에 맞춤 설계된 교육 콘텐츠를 제공함으로써 학습의 효과를 극대화하는 것이 필수적입니다. 이런 점에서 우리나라 교육기관의 교육자들이 기초적인 영상 제작 및 유통 능력을 갖추고, 변화하는 비대면 교육의 흐름 가운데서 방향을 잃지 않고 그 흐름을 이끌어갈 수 있어야 할 것입니다. 이 책을 통해 여러분이 기초적인 강의 영상 콘텐츠 제작 능력을 갖추고 학습자에게 더 효과적인 콘텐츠를 지속적으로 제작할 수 있게 되기를 바랍니다.

CHAPTER 1

강의 동영상 콘텐츠 제작의 이론과 실제: 촬영과 장비

1 강의 동영상 콘텐츠의 유형

1) 강의 동영상 콘텐츠란

미디어 콘텐츠 산업에서 반복적으로 회자되는 명제는 "콘텐츠는 왕이다Content is King"입니다. 강의 동영상 콘텐츠란 소기의 교육목표를 달성하기 위해 제작되는 '디지털 영상 형태의 콘텐츠'라고 할 수 있으며, 오프라인과 온라인 및 모바일 환경에서 유통되는 교육용 동영상을 의미합니다. 강의 콘텐츠 제작을 위해 유명 연사가 최첨단 장비를 활용해 촬영하고 극적 효과를 넣어 이야기를 전한다고 하더라도 콘텐츠 자체가 부실하다면 청중을 감동시킬 수 없습니다. 미슐랭 가이드에서 높은 별점을 받은 유명한 요리장이 부실한 재료를 가지고 손님을 행복하게 할 수 없는 것과 같습니다. 정보과학에서도 'GIGO', 즉 'Garbage in, garbage out'이라는 말이 있습니다. '쓰레기가 들어가면 쓰레기가 나온다'라는 뜻으로 터무니없는 입력 데이터(쓰레기)는 결국 터무니없는 결과(쓰레기)를 만들어낸다는 의미입니다. 결론적으로 강의 콘텐츠 그 자체의 중요성은 아무리 강조해도 지나치지 않습니다.

한편으로 '구슬이 서 말이라도 꿰어야 보배'라는 옛 속담이 있습니다. 아무리 좋은 것이라도 그것을 쓸모 있게 다듬고 정리해야 가치가 있다는 의미입니다. 즉 동영상 강의 콘텐츠 제작에서 가장 우선시되어야 하는 것은 물론 '우수한 강의 내용'입니다. 그리고 그다음이 '효과적인 촬영', 마지막으로 '적합한 편집과 효과 적용'입니다. 다시 말하면 강의 콘텐츠는 일종의 시스템입니다. '시스템system'이란 그리스어 'systema'에서 유래된 것으로 '특정한 목적을 달성하기 위하여 여러 관련된 구성요소들이 상호작용하는 유기적 집합체'를 의미합니다. 강의의 품질이라는 본체는 변하지 않지만 촬영, 편집, 효과를 통해 강의를 재구조화함으로써 우수한 품질을 더 빛나게 하거나 부족한 부분을 소폭 보완할 수 있습니다. 이때 주의해야 할 점은, 교육용 영상이므로 학습자의 교육환경이나 교육목표에 적합한 콘텐츠로 제작해야 한다는 점입니다. 이런 점에서 교사들의 적극적인 학습자에 대한 연구 분석이 선행되어야 합니다. 영상은 그 제작 목적에 따라 제작 구성과 과정이 달라질 필요가 있으며 제작에 앞서 많은 고민이 필요합니다.

2) 유튜브 시대의 강의 동영상 콘텐츠 제작: FAST 원칙

'교사를 위한 강의 동영상 콘텐츠 제작'은 다른 동영상 콘텐츠 제작과 기본은 같을지라도 그 성격과 제작 과정은 크게 다릅니다. 한국의 교사 대부분은 대면 교육 및 비대면 교육 외에도 과중한 행정 및 연구 부담을 안고 있으며 동영상 콘텐츠 제작에 별도로 투자할 시간이 절대적으로 부족합니다. 또 학교로부터 영상의 촬영, 편집, 운영에 대한 교육이나 인적 도움을 받기도 어렵습니다. 학교가 비대면 원격교육에 관한 기술과 인력 인프라를 갖추려면 상당한 시간과 비용이 소요될 것입니다. 또한 변화하는 커리큘럼, 교육 사례, 새로운 세대 학생들의 기대에 따라 영상을 지속해서 수정·보완해야 합니다. 결국 어렵게 개발한 교육 동영상의 생존 기간이 단 1년도 못 될 수 있습니다. 따라서 교육내용이 같더라도 소위 유튜브 세대라 불리는 소셜미디어 콘텐츠에 익숙한 학생들의 높은 기대와 변화된 요구에 발맞춰 교육 콘텐츠도 변화가 필요합니다. 마지막으로 강의 동영상 콘텐츠는 미래 시민을 육성하는 교육도구로 활용된다는 공적 기능을 지니므로 내용과 표현에 있어서 더 높은 주의가 요구됩니다. 타인이 교육한 영상을 자기 자신의 교육에 활용할 경우 저작권에 대한 문제가 발생하기도 합니다. 이와 같은 이유로 강의 동영상 콘텐츠 제작의 주체는 바로 강의를 전달하는 전공 교사 자신이 되어야 하며, 교사 스스로 기초적인 역량을 갖춰야 합니다.

이 책은 교사가 저렴한 비용으로 제작 시스템을 갖추고 짧은 시간에 영상 콘텐츠를 제작할 수 있는 역량을 기르는 것을 목표로 집필되었습니다. 구체적으로 동영상 강의 콘텐츠는 'FASTFast &

focused/Action based/Systematic/Timely production' 원칙에 맞춰 제작되어야 합니다. 즉 '각 교육주제에 초점을 둔 교육영상을 빠르게, 직접, 교과과정에 맞춰 체계적으로, 시기적절하게 제작 및 배포한다'는 의미를 담았습니다. 제작 원칙과 기대 효과를 요약하면 다음과 같습니다.

[동영상 강의 콘텐츠 제작 원칙과 기대 효과]

제작 원칙	설명	기대 효과
F Fast & focused	최소한의 시간 투자로 교과 주제에 맞춘 적합한 동영상 콘텐츠를 빠르게 제작	콘텐츠 제작 소요 시간 단축
A Action based	교사 개인이 직접 제작할 수 있는 콘텐츠	교육 콘텐츠 관련 행정 노력 경감 및 자원 낭비 최소화
S Systematic	교과과정에 맞춰 체계적으로 제작	체계에 맞는 안정적 콘텐츠 수급
T Timely production	강의 운영에 따라 시기적절하게 제작 및 배포	목표 시점에 맞는 유연한 콘텐츠 제공

3) 강의 동영상 콘텐츠 제작 과정

강의 동영상 콘텐츠 제작에 앞서 영상물 제작의 메커니즘을 이해하고 기획 과정에서 어떤 부분을 중요하게 다룰지 미리 가늠해야 합니다. 이때 반드시 유념해야 하는 네 가지 요소는, ① 학습내용, ② 교수학습 전략, ③ 상호작용, ④ 평가 및 피드백입니다. 즉 이 요소들을 염두에 두고 영상 제작에 임해야 합니다.

[동영상 강의 콘텐츠 제작에 앞서 유념해야 할 네 요소]

1. 학습내용	학습자에게 제공되는 지식과 기술, 학습자원 등 정보를 포함한 총체적 내용
2. 교수학습 전략	학습목표를 달성하기 위해 학습자, 학습내용, 교수매체 등 교육과정에 적합한 방법을 선정해 활용
3. 상호작용	학습자와 교수자 간 의사소통을 통해 참여를 촉진하는 요소 예 댓글, 실시간 채팅, 과제 피드백 등
4. 평가 및 피드백	학습과정 완료 후 학습목표 달성 정도를 측정하고, 학습활동의 결과에 대한 반응을 제공

강의 콘텐츠 기획

앞서 언급한 주요 요소들을 염두에 두고 콘텐츠 설계 및 기획이 이루어집니다. 모든 콘텐츠 제작에서 가장 중요한 것은 바로 '기획planning'입니다. 기획은 동영상 콘텐츠의 방향과 밑그림을 그리는 일종의 청사진 작업입니다. 일단 강의 영상의 큰 틀을 만들고 그 내부를 속속 채워가는 방식으로 제작이 진행됩니다. 기획은 콘텐츠 제작에 있어서 여러 가지 시행착오와 실수를 예방하는 역할을 할 뿐 아니라 강의를 듣게 될 최종 수용자인 학생들에게 가장 적합한 콘텐츠를 맞춤 제작해 학습자의 학습효과를 높일 수 있습니다.

구체적으로 설계 과정은, ① 거시설계, ② 스토리보드 설계, ③ 디자인 설계, ④ 강의 콘텐츠 개발의 순서로 진행됩니다. 콘텐츠를 제작하는 데 있어 중요한 요소는 '콘텐츠 제작 목적'과 '교사의 교육방식'이며, 세부적으로 강의 내용과 강의 커리큘럼(차시, 원고)을 고려하여 기획 · 진행합니다. 과정 목표, 학습 전략, 개발 유형에 따라 본격적인 설계가 이루어진 후 실제 스토리보드 설계를 통해 콘텐츠의 강의별 · 페이지별 세부 기획이 이루어집니다. 이후 'UXUser Experience'(강의 매체에 대한 사용자 경험)와 캐릭터 제작 등의 디자인 요소 설계를 통하여 콘텐츠 개발이 완료됩니다.

강의 콘텐츠 기획 이후 비로소 실제 제작이 이뤄지는데, 강의 동영상 콘텐츠 제작의 과정을 살펴보면, 기획 → 촬영 및 녹화 → 편집 및 효과 후반 작업 → 온라인 포스팅 및 OSMU라는 일련의 과정을 따라 제작됩니다. 이 책의 후반에서 다루겠지만, 동영상 외에도 책이나 기타 출판교재 제작을 염두에 두고 계신 분이라면 기획 단계부터 더 세심한 작업이 필요할 것입니다.

강의 콘텐츠 제작

설계 과정 완료 후 촬영 및 녹화 작업을 진행합니다. 촬영과 녹화는 여러 기술적인 요소를 포함합니다. 교사 혼자서 직접 촬영과 후반 작업(편집과 효과 작업)을 진행하려면 여러 가지 기술적이고 인력적인 한계에 봉착할 수밖에 없습니다. 따라서 가용한 장비와 인력을 통해 강의 동영상 콘텐츠를 제작할 수 있도록 간편한 1인 제작 시스템을 구축하는 것이 필수적입니다. 본인이 갖추고 있는 영상 관련 기술 수준을 판단하고, 하드웨어와 소프트웨어 구비 여부, 지인이나 전문가의 도움을 받을 수 있을지를 판단해야 합니다.

강의 촬영과 녹화가 완료된 후에는 편집 작업을 진행합니다. 편집editing은 특정 소재를 추가하거나 여러 관련 소재들을 구성하는 과정을 의미합니다. 편집 과정에서 여러 소프트웨어를 활용할

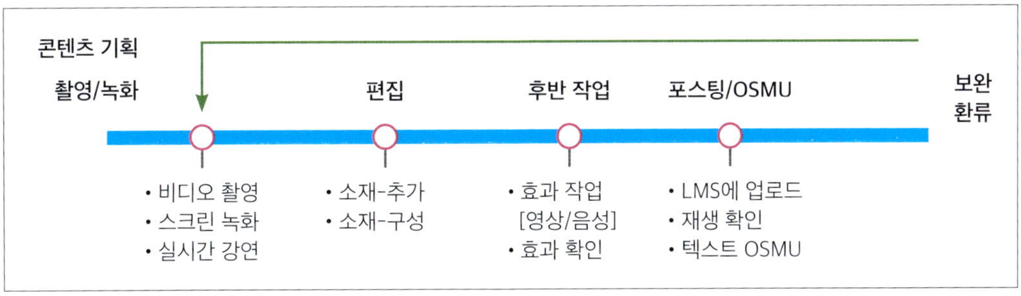

강의 동영상 콘텐츠 제작 프로세스

수 있습니다. 그중 가장 흔히 사용되는 것이 바로 어도비 프리미어 프로Adobe Premire Pro, 파이널 컷 프로FinalCut Pro, 윈도우 무비메이커Windows Movie Maker라는 소프트웨어입니다. 그 외에도 기타 다양한 영상 편집 소프트웨어가 활용되고 있습니다. 많은 프로그램이 초심자에게는 어렵거나 고가인 경우가 많으므로 가장 널리 쓰이는 소프트웨어만 일단 익혀두고 추후 필요한 경우 구매하는 것이 합리적입니다. 각 프로그램의 장단점과 사용 방법에 대해서는 추후 구체적으로 다루겠습니다.

편집을 마쳤다면, 편집의 연장선에서 후반 작업이 진행됩니다. 후반 작업은 흔히 '포스트 프로덕션Post Production'이라 불리는데 영상이나 음성에 특정 효과를 주거나 기획된 변형을 통해 동영상 콘텐츠의 효과를 극대화하는 작업을 의미합니다. 후반 작업을 할 수 있는 소프트웨어나 방법은 또한 매우 다양합니다. 앞서 언급한 소프트웨어를 활용해 후반 작업이 가능하며, 때에 따라서는 어도비Adobe의 애프터이펙트AfterEffect 같은 전문 소프트웨어를 활용하기도 합니다. 후반 작업 전문 소프트웨어는 이 책의 집필 범위에서 벗어나므로 여기서는 다루지 않겠습니다. 여러분은 강의 동영상에서 주로 활용되는 몇몇 소프트웨어의 사용 방법만 익혀둔다면 강의 동영상 제작에 큰 무리가 없을 것입니다.

후반 작업이 끝난 후 제작된 동영상 강의 콘텐츠를 적합한 영상 파일로 변환Convert하고 인코딩encoding해서 학습자 관리 시스템Learning Management System: LMS(이하 LMS)에 업로드한 후, 학습자가 편리하게 활용할 수 있도록 최종적으로 재생이 안정적인지 확인하는 것으로 일련의 과정이 마무리됩니다. 학교에 LMS가 없는 경우라면 유튜브와 같은 공개된 소셜미디어를 활용하기도 합니다. 소셜미디어를 활용한 강의와 관련해서는 이 책의 5장에서 별도로 다뤘습니다. 강의 콘텐츠는 필요한 때에 따라 OSMU를 통해 강의용 교안으로 변환하거나 여타 단행본으로 변용 재생할 수 있습니다.

실시간 강의의 경우에는 부차적인 후반 작업이 필요 없습니다. 하지만 실시간 강의 역시 강의 구성에 대한 뚜렷한 계획을 세우지 못했을 때는 모든 생방송이 그러한 것처럼 돌이킬 수 없는 실수가 발생할 수 있습니다. 시간 여유가 있다면 라이브 전에 간략한 스크립트 또는 개요도라도 준비하는 것이 실수를 예방하는 방법이 될 것입니다.
지금까지 언급한 과정이 다소 복잡하게 느껴질 수 있지만 여러 번 반복적으로 유사한 영상 제작 작업을 진행하면 과정이 보다 단축되거나, 교사에게 내재화 혹은 나아가서 자동화되기도 합니다. 이런 영상 제작 과정을 훈련하면서 교사들은 강의 콘텐츠 크리에이터로서의 역량을 기를 수 있습니다.

4) 비실시간 강의 동영상 콘텐츠의 유형

콘텐츠 제작 방식에 따라 다양한 강의 동영상 콘텐츠 유형이 있지만, 보다 많은 노력이 요구되는 비실시간(사전 녹화) 강의를 중심으로 대표적인 강의 동영상 유형을 살펴보면 다음과 같습니다. 다음 예제들 가운데 여러분의 환경과 편의에 따라 적절한 방법을 택하시면 좋겠습니다. 또 쉬운 방법부터 시작해서 조금씩 고급 방법으로 고도화해보는 것도 좋겠습니다.

판서형

강의실 안에서 칠판이나 화이트보드에 판서하는 실제 모습을 촬영하는 방식입니다. 교사나 촬영 담당자의 사전 준비 부담이 적고 실제 강의 그대로를 영상으로 옮기는 형식으로 전형적인 교실 수업을 담기 때문에 현장감이 높습니다. 하지만 판서에 집중하다 보면 판서 자체에 시간이 소요되므로 많은 양의 강의를 담기에는 한계가 있습니다. 또한 촬영 후 관련 자료를 추가하거나 편집하는 데에도 애로사항이 많은 방식입니다. 교사의 강의력에 전적으로 의존하는 방식으로, 강의 내용에 따라 선택적으로 활용하는 것을 추천합니다.

빔프로젝터를 사용한 칠판 합성형

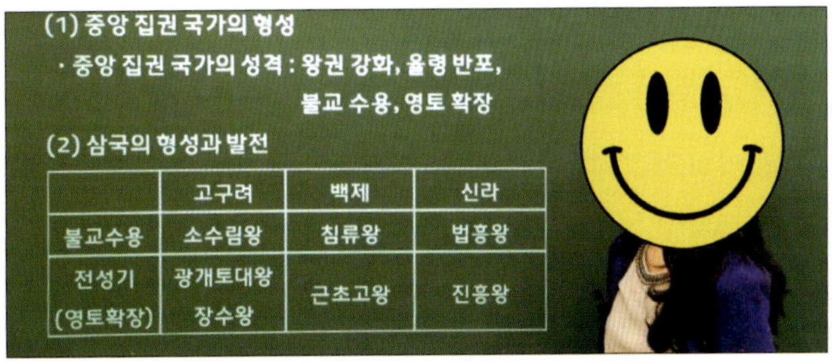

출처: 미디어다 스튜디오(https://youtu.be/2TBIU5gBBHY)

빔을 칠판에 투사하는 방법으로, 판서보다는 칠판의 내용이 명확하게 잘 보이며, 필기 내용이 이미 화면에 적혀 있기 때문에 교사는 추가적인 설명만 하면 되어서 판서형보다 시간 여유가 있는 방법입니다. 더 많은 양의 수업이 가능해지고 강의 콘텐츠 품질이 전체적으로 향상되는 효과가 있습니다. 한편 학교 스튜디오에 관련 기능이 있어야 진행이 가능하다는 한계가 있습니다.

PPT 합성형

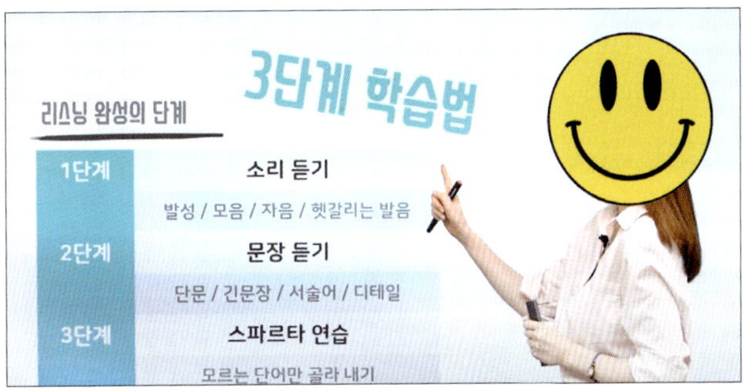

출처: 에스텔잉글리쉬(https://youtu.be/6r-5Bo5-HH8).

교사의 교육 진행 장면과 파워포인트 교안을 동시에 노출하는 제작 방식입니다. 가장 빈번하게 활용되는 방식 중 하나로, 강의 교재 및 내용이 담긴 PPT와 교사의 모습을 동시에 표출해 학생들의 집중도가 높은 방식입니다. 최근에 출시된 스마트패드(갤럭시 탭 또는 아이패드 등)는 화면에 본인의 비디오를 동시 합성하는 'PIPPicture in Picture' 기능을 탑재하고 있는 것도 많아서 초보자라도 작업이 어렵지 않습니다.

크로마키+모션그래픽 합성형

화상 합성을 위한 특수기술인 크로마키Chroma-key(두 개의 영상을 합성하는 기술)를 활용한 스크린 배경 앞에서 교사가 먼저 촬영한 후, 후반 편집 작업을 통해 교사의 배경과 좌우측 빈 공간을 디자인하여 교안 작업을 진행합니다. 필요한 지점에 모션그래픽 등의 동영상 특수효과를 적용해서 주요 내용을 강조할 수 있습니다. 작업에 필요한 시간이 긴 편이고 다수의 인력 및 비용이 소모됩니다. 따라서 이 유형을 활용하고자 하시는 분들은 학교에서 관련 지원이 가능할지를 미리 확인해보시고, 후반 편집 작업을 고려해 사전 강의 시나리오를 기획하시는 것이 좋습니다.

출처: 인터스튜디오(https://youtu.be/qOeTE1mGpz8).

태블릿 액션 합성형

메모가 가능한 태블릿 PC(예: 레노버Lenovo의 YOGA 제품 등)나 스마트패드를 활용한 영상 합성 방식입니다. 문제풀이, 이미지 작업, 각종 실기 등 교사의 상호작용이 필요한 강의 콘텐츠 제작에 적합합니다. 태블릿 PC에 강의 내용을 메모하면 동시에 교사가 필기한 영상이 나타납니다. 최근 스마트패드 화면 녹화 기술이 발전하면서 강의 영상에 자주 활용되고 있는 방법으로, 과정을 설명하기에 좋은 방법이지만 다소 산만한 인상을 줄 수 있습니다.

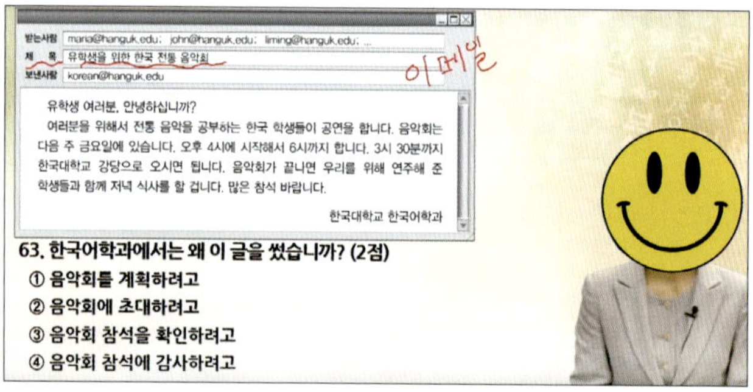

출처: 한국이러닝개발원(https://youtu.be/ddWa9U7y11U).

이모지 합성형

스마트폰을 사용해 교사의 특별한 이모지(일종의 교사 아바타)를 만들어 활용하는 방법입니다. 교사의 얼굴에 특정 캐릭터를 합성하여 강의를 녹화합니다. '이모지繪文字, Emoji'라는 용어는 감정이나 사물을 이미지화한 형태를 말하는데 그림繪(E)과 문자文字(moji)가 합쳐 만들어진 조어로서 1999년 일본에서 처음으로 선보였습니다. 최근 이모지 제작 소프트웨어가 크게 발전하면서 쉽게 이모지 동영상 콘텐츠를 제작할 수 있게 되었습니다. 교사로서는 프라이버시를 보호할 수 있다는 장점이 있고, 화면 녹화에 대한 두려움이 있는 교사가 편안한 강의를 진행할 수 있다는 장점도 있습니다. 하지만 실사와 애니메이션이 조합된 영상을 접할 때 학생들이 어색하게 느낄 수 있고 반복될 경우 진부하게 인식할 수 있다는 단점이 있습니다. 또 교사의 인간미나 독창적인 성격과 진정성을 전달하는 것 역시 부족해서 제한적으로 활용할 만한 방법입니다.

플래시 캐릭터 애니메이션형

출처: Dingdong TV(https://youtu.be/7xpAmsUrNtg).

교사 역할을 하는 애니메이션 캐릭터가 등장해 내레이션을 통해 학습을 이끌어가는 방식입니다. 주로 어도비의 멀티미디어 제작 도구인 어도비 플래시Adobe Flash로 제작된 사례가 많습니다. 다수의 국내 공공기관에서 활용하고 있는 방식이기도 합니다. 교사가 직접 제작하기에는 현실적으로 어려운 방식이며 애니메이션 캐릭터가 진행하는 학습에 몰입하기 힘들어하는 중장년층 학생들에게는 부적합합니다. 단순 지식 전달 목적의 교재 제작에 주로 활용됩니다.

전자보드 칠판을 활용한 판서 동영상

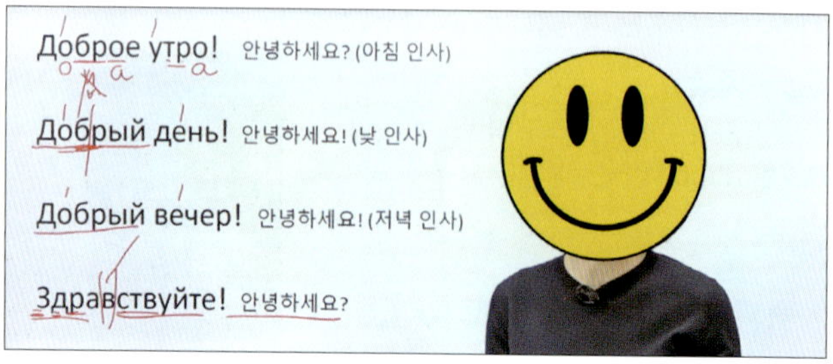

출처: 에듀캐스트(https://youtu.be/HtpVQ9KwyUE).

TV 모양의 대형 터치스크린 전자보드 칠판 앞에서 교사가 직접 판서를 하며 강의를 진행하는 방식입니다. 최근 터치스크린 전자보드의 가격이 비교적 저렴해지면서 활용이 늘고 있는 방식입니다. 일단 장비가 갖추어진다면 촬영이 매우 쉽고 교사도 평소 강의하는 것과 같이 편안하게 강의를 진행할 수 있습니다.

가상 스튜디오 강의

출처: 백종훈 프로덕션

촬영 장소에 컴퓨터그래픽으로 만들어낸 가상의 세트를 크로마키 합성 기술로 합성해서 3차원의 영상 화면을 연출하는 방식입니다. 실제 크로마키 배경 앞에는 아무것도 없지만, 교사의 이동이 자연스럽게 표현되어 학생들은 마치 교사가 실제 방송 스튜디오 세트에서 직접 방송을 진행하는 것처럼 느낄 수 있습니다. 즉 교사는 이렇게 원하는 그래픽 배경을 자유자재로 제작함으로써 촬영장 배경을 쉽게, 짧은 시간에, 공간 대비 저렴한 비용으로 변경할 수 있습니다. 그리고 이러한 애니메이션 및 특수효과로 시각적 재미를 더하면 학생들의 집중력을 높이고, 호기심을 자극하며, 새로운 가상 체험 학습을 통해 학습 동기를 유발할 수 있다는 장점이 있습니다. 하지만 교사 개인이 작업해 제작하기에는 기술적으로 어려운 방법입니다.

TIP

* **강의 동영상 콘텐츠 제작 팁**

교사가 타인의 도움 없이 홀로 강의 동영상 제작을 한다는 것은 처음에는 매우 큰 도전으로 느껴집니다. 물론 반복적인 작업 속에서 속도가 빨라지고 보람도 커지는 것이 사실입니다. 다음은 필자가 강의 동영상 콘텐츠를 제작하면서 얻은 팁들을 모아본 것입니다.

1. 실시간 강의 진행	- 실수가 있더라도 가능한 한 그대로 진행합니다. - 본인이 자주 하는 실수(기침, 말 끊기 등)를 분석하고 그에 대응합니다. - 시선 처리를 자연스럽게 합니다. 학생 한두 명을 앞에 두고 녹화하면 좋습니다.
2. 강의 셀프 촬영	- 주목도를 높이기 위해 강의 중간중간 앵글을 변경합니다. - 지루함을 줄이기 위해 장소와 배경을 변경합니다(실내 및 야외). - 적절한 조명을 미리 준비합니다(자연광 또는 인공조명). - 녹음이 제대로 될 수 있도록 적합한 마이크를 준비합니다
3. 영상 편집 작업	- 강의 영상은 20분 내로 진행하고, 긴 강의라도 20분 정도 간격으로 쉬어가는 장면을 삽입합니다. - 인트로 영상, 중간 영상, 아우트로 영상 등을 삽입합니다.
4. 수강생과 소통 및 강의 운영 LMS	- 영상을 정기적으로 LMS에 올립니다. - 신속한 질의응답으로 비대면 강좌의 단점을 극복합니다. - 가능하다면 학기 중 몇 번은 대면 모임을 진행합니다. - 학급 전체 외에도 개별적으로, 또는 소수 집단별로 소통합니다.

2 강의 동영상 콘텐츠의 제작 및 촬영 관련 용어

강의 영상 콘텐츠 촬영 방법은 실내에서 교사가 단독으로 촬영할 경우에는 매우 단순합니다. 하지만 학습자 관점에서 보면 같은 형식의 강의 영상만 접하는 것이 지루하고 덜 매력적으로 느껴질 수 있습니다. 따라서 교사가 좀 더 다양한 시도를 한다면 동영상 강의를 보다 생동감 있게 만들 수 있을 것입니다. 이 절에서 촬영 관련 용어와 기법들을 모두 열거하는 것은 불필요하므로, 우선 기본적인 것만을 중심으로 정리하려고 합니다. 이러한 지식을 갖고 있다면 강의자 본인이 촬영할 때뿐 아니라 외부 전문가에게 영상 관련 아웃소싱을 줄 때도 소통하기 편리할 것입니다.

1) 영상 촬영 및 편집 관련 기본 용어

강의 영상 콘텐츠는 우리가 즐겨 보는 극영화와는 전혀 다르다고 생각할 수 있지만, 그 구성 체계는 크게 다르지 않습니다. 크고 작은 요소 단위가 모여서 한 단원의 강의라는 일종의 스토리를 구축하고 있으며, 하위의 요소들이 이어진 짜임새 있는 기획이 이뤄질 때 좋은 강의 영상 콘텐츠가 완성됩니다. 다음은 영상 촬영 및 편집과 관련된 기본적인 용어들입니다.

프레임frame

프레임은 두 가지 의미를 지닙니다. 하나는 스크린을 이루는 사각형의 경계 틀을 의미하며, 다른 하나는 영상을 이루는 최소의 단위를 의미합니다. 후자의 경우, 비디오카메라에서 멈춤(스틸still) 버튼을 눌렀을 때 나타나는 정지된 화면이 바로 '1 frame'에 해당합니다. 영화 역사에서 초기 무성영화는 1초에 16~18개의 프레임으로 이루어져 있었으며, 현대영화는 1초에 24프레임으로 이루어져 있습니다. 촬영 및 편집 프로그램을 보면 'fpsframe per second'라는 표현을 자주 접하게 됩니다. 이것이 바로 초당 프레임 수를 의미합니다. 예컨대 27fps는 1초에 27프레임으로 구성된 영상이라는 뜻입니다. 당연히 다수의 프레임은 더 자연스러운 영상을 만들어내지만, 편집과 송출에 있어서 편집/저장 및 재생용 하드웨어와 온라인 네트워크에 부담을 줄 수 있습니다. 따라서 영상의 성격과 목적에 맞춰 프레임 수를 적절하게 조절할 필요가 있습니다.

숏shot과 컷cut

숏은 영상 촬영의 기본 단위로, 카메라가 녹화recording를 시작해서 멈출 때까지 연속으로 이어서 촬영한 장면 전체를 말합니다. 그리고 이렇게 촬영된 숏을 편집을 통해 잘라낸 단위를 컷이라고 합니다. 숏과 컷은 보통 구분하지 않고 같은 의미로 사용되며, 목적에 따라서 구분되는 경우가 보통입니다. 숏은 주로 촬영에서, 컷은 주로 편집에서 사용됩니다. 다시 말하면 숏에서 필요한 부분을 자르면 컷이 됩니다.

신scene

신은 같은 시간, 같은 장소에서 하나의 사건이 마무리되는 장면을 의미합니다. 예컨대 강의 영상 중 한 장면이 한 장소에서 마무리된다면 한 신에서 끝난다고 말할 수 있습니다.

시퀀스sequence

시퀀스는 장소, 시간, 행위의 연속성을 통해 하나의 에피소드episode가 시작되고 끝나는 독립된 구성단위를 의미합니다. 즉 하나의 상황이 시작해 끝나는 곳까지의 장면을 말하며, 하나의 시퀀스는 여러 개의 신이 모여서 이뤄지거나 단지 한 신으로만 구성되기도 합니다.

스토리 story

스토리는 시퀀스가 여러 개 모여서 이뤄진 완결된 이야기를 의미합니다. 우리가 감상하는 영상들 대부분이 스토리로 완성되어 있으며, 하나의 스토리는 여러 개의 시퀀스가 모여서 이뤄지거나 단지 한 시퀀스로만 구성되기도 합니다.

앞서 언급한 구성요소들을 프레임부터 스토리까지 쉽게 도해로 표현하면 다음과 같습니다.

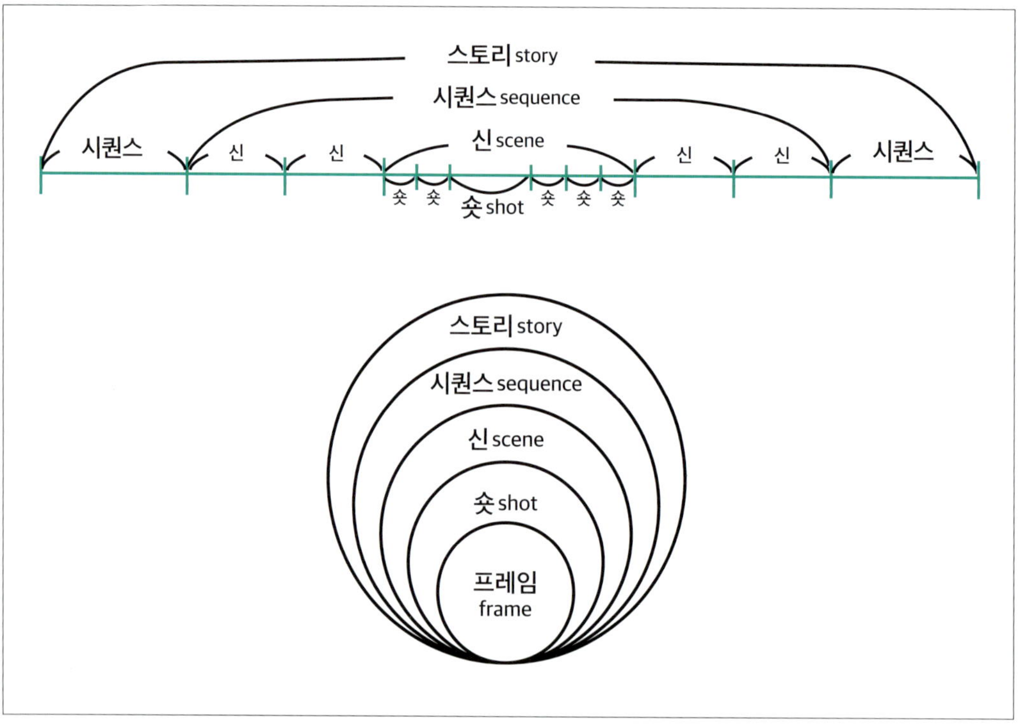

2) 영상 촬영 용어

앵글angle

앵글은 피사체를 바라보는 카메라의 각도를 의미합니다. 앵글에 따라 시청자의 심리적 거리를 좁히거나 늘일 수 있으며, 교사와 학생들 간의 다양한 심리적 관계를 연출할 수도 있습니다.

익스트림 롱 숏extreme long shot: E.L.S

익스트림 롱 숏은 모든 숏 중에서 가장 원경으로, 아주 멀리서 넓은 지역을 촬영하는 숏입니다. 웅장하고 규모감 있는 스케일을 강조할 때 주로 사용합니다. 카메라는 먼 거리에서 넓은 지역을 담아 배경의 광대함을 보여줌으로써 감상자에게 깊은 인상을 남길 수 있습니다. 카메라를 크레인, 건물 꼭대기, 비행기, 드론 등에 매달아 촬영할 수 있습니다. 예컨대 하늘에서 내려다본 건물 전경, 강 건너에서 바라본 도시 전경 등을 담은 영상이 여기에 해당합니다. 많은 사람들의 전체적 움직임이나 상황 등을 파악하는 데 매우 효과적이며, 사건이 벌어지게 될 장소에 대한 정보를 제공하는 설정 숏establishing shot으로 이용하는 경우가 많습니다. 강의 동영상 콘텐츠에서는 강의에 앞서 도입부intro 영상을 만들 때 활용하는 경우도 있습니다.

롱 숏 long shot: L.S

롱 숏은 인물 촬영 시 인물이 화면 프레임 속 3/4에서 1/3 정도 지점까지에 들어가는 숏을 말합니다. 인물을 포함한 배경을 동시에 표현하며 전체적인 상황을 설명합니다. 또한 배경과 인물이 동일한 시야에 한번에 들어오기 때문에 환경과 연결된 인물의 이야기를 전하기에 적합합니다. 극 드라마 등에서 배경을 설정할 때 자주 활용됩니다. 강의 초반에 이 숏을 활용해서 학교를 배경으로 촬영한 영상을 삽입한다면 학교에 대한 친밀도에 따라 학생들의 몰입도를 높일 수 있을 것입니다.

풀 숏 full shot: F.S

풀 숏은 롱 숏의 범주에 포함되는 숏으로 인물의 전신을 담게 됩니다. 인물의 머리가 프레임 꼭대기에, 발은 프레임 바닥에 거의 닿을 정도로 가득 찬 숏을 의미합니다. 뉴스 프로그램이나 강의 동영상의 시작부에서 아나운서 혹은 강사가 인사말을 전하는 부분에 주로 사용되는 방식입니다.

니 숏 knee shot: K.S

니 숏은 인물의 무릎 윗부분에서 머리 윗부분까지를 촬영하는 숏입니다. 풀 숏보다 인물에 더 깊이 집중할 수 있습니다. 강의 내용과 교사의 모습을 동시에 담을 수 있어서 강의 동영상에서 가장 빈번히 활용되는 숏입니다.

미디엄 숏 medium shot: M.S

미디엄 숏은 인물의 상반신을 찍는 숏입니다. 보통 인물의 움직임이나 대화를 전달할 때 유용하며, 강의 내용과 교사의 모습을 동시에 담을 수 있어서 니 숏과 함께 강의 동영상에서 가장 많이 활용되는 기법입니다.

클로즈업 close-up: C.U

클로즈업은 사람의 얼굴이나 물건을 가까이에서 잡아 시선을 끄는 숏입니다. 현재의 상황과 강의하는 부분의 중요성, 기분, 심리, 상징적인 의미, 암시 등을 부각할 수 있습니다. 너무 자주 활용될 경우 불필요한 심리가 전달될 수 있어 학생들에게 불안감을 유발할 수 있다는 단점이 있으므로 제한적으로

활용하는 것이 좋습니다. 교사를 클로즈업하면 학생들과 교사의 관계를 긴밀하게 만들 수 있으며 판서 부분을 클로즈업하게 되면 강의의 내용 세부에 대한 집중도를 높일 수 있습니다.

익스트림 클로즈업 extreme close-up: E.C.U

익스트림 클로즈업은 클로즈업보다 더 가까이 사람의 신체 일부분이나 물건을 잡는 숏입니다. 인물의 심리와 사물의 상징성 등이 클로즈업보다 더 두드러지게 전달됩니다. 일반 강의 동영상에서 활용되는 경우는 드물지만, 특정 사물이나 현상을 설명하는 경우 등에서 특수한 목적에 맞춰 활용됩니다. 예컨대 생물학 분야에서 생물의 특정 부위를 크게 확대해 설명할 때 주로 활용될 수 있습니다.

더치 앵글 dutch angle

더치 앵글은 카메라를 좌우로 기울여 의도적으로 화면이 전체적으로 기울어지게 촬영한 숏입니다. 극영화에서 지진과 같은 재난, 폭동이나 화재, 조난 등의 혼란함을 극적으로 표현할 때 사용합니다. 강의 동영상에서는 활용 빈도가 매우 낮지만, 학습자의 시선을 끌기 위해 도입부 영상이나 전환 장면transition scene에서 흥미 요소로 활용될 수 있습니다.

스탠다드 앵글 standard angle, eye-level shot

스탠다드 앵글은 대상을 눈높이에서 바라보는 앵글로, 표준 앵글 normal angle이라고도 합니다. 애니메이션 등에서 화자의 눈높이에 맞추어 대상을 사실 그대로 보여줄 때 주로 사용됩니다. 교사와 학생을 가장 동등한 관계에서 연출할 수 있으며, 1인칭 시점에서 편안한 관계를 설정할 때 효과적입니다.

하이 앵글 high angle

하이 앵글은 카메라가 피사체보다 높은 장소에 위치하여 관찰자가 피사체를 내려다보는 느낌을 주는 앵글입니다. 하이 앵글에 나타나는 화면은 피사체가 작게 보이며, 이를 통해 외로운 느낌, 무력감, 낮은 지배력 등의 느낌을 연출할 수 있습니다. 교육 관련 콘텐츠에서는 드물게 활용되는 앵글입니다.

헤드룸 head-room

헤드룸은 피사체의 머리 위와 화면 천장 사이의 여백을 가리키는 용어입니다. 정상적인 롱 숏이나 미디엄 숏, 클로즈업 숏에서는 적절한 공간의 헤드룸이 있어야 감상자가 보기에 편안함을 느낍니다. 헤드룸이 전혀 없거나 조금밖에 없으면 피사체를 화면에 가둔 것 같은 답답한 인상을 주

너무 적은 헤드룸

너무 많은 헤드룸

적절한 헤드룸

며, 헤드룸이 너무 많으면 화면의 아랫부분이 무거워져 심리적인 균형을 잃게 됩니다. 학습자에게 안정감을 주어야 하는 강의 동영상에서 헤드룸 설정은 매우 중요합니다.

노즈룸 nose-room

노즈룸은 피사체가 특정 방향을 바라보는 장면에서 보는 방향 쪽에 발생하는 화면 공간을 지칭하는 용어입니다. 바라보는 방향으로 적당한 여백을 남겨야 화면의 균형을 느낄 수 있습니다. 특정 방향을 바라보는 것이 아닌, 그 방향을 가리키거나 그 방향으로 움직일 때는 별도의 리드룸 lead-room이라는 용어를 사용합니다.
노즈룸이나 리드룸이 부족하면 화면 끝부분에서 사람이 저지되는 듯한 인상을 주어 화면의 균형이 깨지게 됩니다. 인물이나 사물이 방향성을 갖고 움직일 경우 움직이는 방향의 공간을 비워서 진행 방향과 동세를 나타낼 수 있습니다. 강의 영상에서 교사는 주로 판서를 하거나 화면을 설명하게 되기 때문에 자연스럽게 노즈룸을 형성합니다.

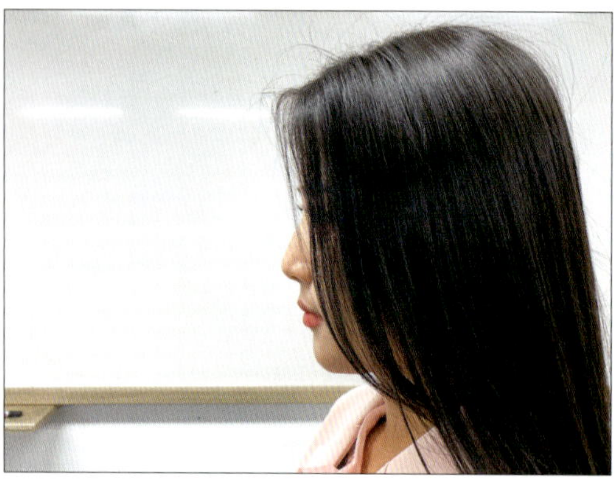
정상적인 노즈룸

비정상적인 노즈룸

루킹룸 looking-room

루킹룸은 인물이 카메라를 보지 않고 다른 방향을 주시하는 경우, 바라보고 있는 방향에 일정한 공간을 두는 것을 말합니다. 다음 사진에서 왼쪽은 루킹룸이 적고 오른쪽은 루킹룸이 많습니다. 보는 방향의 루킹룸이 여유가 있어야 갑갑한 느낌이 적습니다. 특별한 연출이 있는 것이 아니라면 시선 방향에 적절한 루킹룸을 확보해야 안정적인 영상을 만들 수 있습니다.

정상적인 루킹룸

비정상적인 루킹룸

고정 숏 fix shot

고정 숏은 삼각대(트라이포드)와 같은 고정장치에 카메라를 단단하게 고정하고 일체의 카메라 이동이나 조작 없이 피사체를 촬영하는 기법입니다. 고정 숏은 간결하고 정리되어 매우 안정된 화면을 보여줄 때 사용합니다. 촬영 포인트와 앵글이 특정 장소에 고정되어 있어서 강의의 역동성은 오로지 교사의 강의력에 달려 있습니다. 많은 강의 영상들이 고정 숏을 활용하고 있습니다.

팬 pan

팬은 카메라 조작의 한 방법으로, 카메라를 한 장소에 고정한 채 좌우로 자연스럽게 움직여가면서 촬영하는 행위를 의미합니다. 광장이나 평원 같이 가로로 넓고 긴 공간이나 피사체를 묘사할 때, 혹은 수평으로 이동하는 피사체를 포착하는 데 유용한 방법입니다. 강의 촬영의 경우 판서형 강의를 촬영할 때 주로 사용됩니다.

퀵 팬 qucik pan

퀵 팬은 매우 빠른 속도로 움직이면서 진행하는 팬을 의미합니다. 일반적으로 시간의 경과나 장소의 이동 등을 의미하는 장면 전환 기법에 활용됩니다. 마치 하나의 화면을 훑어 내려가듯이 급속히 장면을 전환하는 기법으로, 추격전이 벌어지는 서스펜스 드라마와 같이 빠른 템포로 진행되는 영상물에서 많이 사용됩니다. 강의에서 활용되는 경우는 드물지만 강의 도입 장면이나 강의 중간의 전환 장면에서 제한적으로 활용될 수 있습니다.

스위시 팬 swish pan

스위시 팬은 장소나 시간의 급격한 변화를 나타낼 때 사용하는 촬영 기법으로, 영상에서 흐릿한 이미지가 나오도록 카메라를 빠른 속도로 수직 혹은 수평으로 움직이는 것을 의미합니다. 이때 카메라 회전이 급속히 진행되어 중간의 영역이 흐리게 보이고 잔상이 줄처럼 늘어지며 나타나는 효과가 발생합니다. 화면의 내용을 거의 알아보기 힘들 만큼 빠르고 긴박한 장면 전환 기법입니다. 플래시팬flash pan이라고 불리기도 합니다. 강의 영상에서는 전환 장면에서 종종 활용됩니다.

틸트 숏tilt shot

틸트 숏은 카메라를 삼각대에 고정하고 수직축을 따라 상하로 피사체를 포착하는 방법입니다. 카메라 헤드의 수평 이동을 뜻하는 팬과 반대되는 용어입니다. 틸트 업tilt up은 카메라를 수직으로 아래에서 위를 향해 움직이면서 촬영하는 기법이며, 반대 개념으로 틸트 다운tilt down은 위에서 아래로 움직이면서 촬영하는 기법입니다.

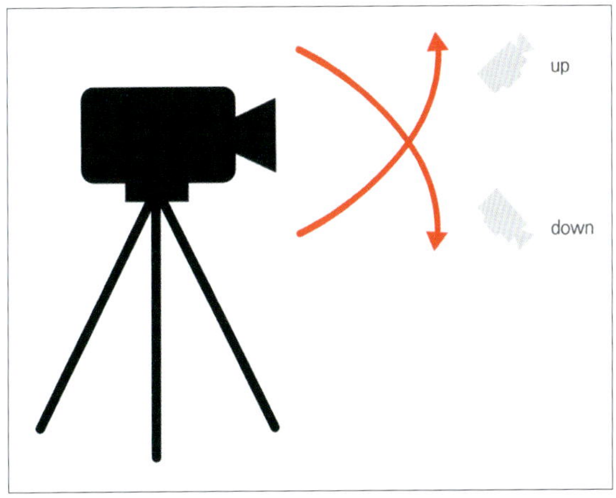

줌zoom

줌은 카메라의 물리적 움직임이 아니라 렌즈의 초점거리를 변화시켜 화면을 이동 및 확장하는 효과를 만들어내는 방법입니다. 렌즈를 활용해 줌 효과를 만들어내는 방법과 스마트폰과 같은 디지털 기술을 활용해 피사체를 확대 및 축소하는 방법이 있습니다. 줌 인zoom in은 피사체를 끌어당겨 그 형상을 확대하는 방법이고, 반대 개념으로 줌 아웃zoom out은 피사체와 멀어지도록 축소하는 방법입니다. 강의 영상에서 특정 대상을 강조할 때 종종 활용됩니다.

TIP

*** 촬영 중 줌을 이용할 때 고려해야 할 점**

- 줌의 남용을 피해야 합니다.
- 줌 인할 피사체의 프라이버시를 배려해야 합니다.
- 줌 인은 사전 리허설을 진행한 후 활용합니다.
- 줌 아웃할 때는 화면 구성 프레이밍에 주의해야 합니다.
- 줌은 가능한 한 매우 부드럽게 사용해야 합니다.
  빠르게 줌 인/줌 아웃할 경우 학습자의 심리적 불안감이 높아질 수 있습니다.
- 카메라 모터를 활용한 전동 줌과 수동 줌을 목적에 맞게 활용합니다.

핸드헬드 숏handheld shot

핸드헬드 숏은 카메라를 어깨에 두고 손으로 카메라의 그립을 잡은 채 촬영하거나, 휴대용 카메라를 들고서 자연스럽게 촬영하는 기법을 의미합니다. 촬영자가 카메라를 손에 들고 촬영하는 방법이라 화면이 수시로 흔들리며 산만한 느낌을 주지만, 반면에 역동적인 현장감을 연출할 수 있습니다.

인서트insert 혹은 인서트 숏insert shot

인서트 숏은 신scene의 의미를 이해하는 데 필요한 핵심정보이자 세부정보를 담고 있는 숏을 말합니다. 즉 세부묘사 숏입니다. 편지 숏 혹은 이야기 주체의 특정 신체 부위 숏 등을 예로 들 수 있습니다.

3) 영상 편집 용어

컷cut

컷은 영상 편집에서 가장 일반적으로 쓰이는 용어로, 광학적 작용 없이 편집을 통해 장면이 전환되는 편집 기법을 의미합니다.

페이드fade

페이드는 두 개의 숏 사이에서, 혹은 두 개의 시퀀스 사이에서 장면 전환을 연출하는 방법의 하나입니다. 장면이 사라지고 나오는 영상 표현을 연출합니다. 이때 어두운 화면에서 점차 밝아지기 시작해 마지막에는 선명하게 나타나는 장면 전환 편집 방식을 페이드 인fade in이라고 하고, 반면에 밝은 화면이 점점 어두워져서 완전히 암흑 상태가 되는 장면 전환 편집 방식을 페이드 아웃fade out이라고 합니다.

페이드 인

페이드 아웃

디졸브 dissolve

디졸브는 하나의 숏이 스크린에서 점차 희미해짐과 동시에 그 숏을 대체하는 다른 숏이 밝아지면서 진행되는 장면 전환 방식을 의미합니다. 페이드와 마찬가지로 신scene이나 시퀀스의 분리를 암시하는 신호입니다. 페이드는 시간과 장소의 변화를 강하게 느끼게 하지만 디졸브는 최소한도의 자극을 통해 시간의 경과나 장소의 변화를 나타낼 수 있습니다.

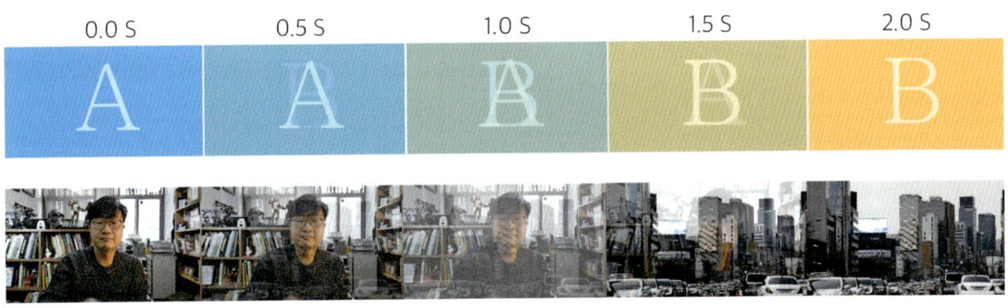

와이프 wipe

와이프는 앞의 화면이 스크린의 한쪽으로 사라지면서 두 번째 화면이 그 뒤를 이어 닦아내듯이 나타나는 장면 전환 기법입니다. 많은 편집 프로그램에서 기본으로 제공하고 있는 장면 전환 기술입니다.

아이리스 iris

아이리스는 영상에서 원형으로 화면이 나타나거나 사라지는 화면 전환 기법입니다. 다른 장소나 상황, 영화의 시작과 끝 등에 주로 사용됩니다. 망원경을 보는 장면에서, 보이는 것을 제외한 다른 부분이 모두 검게 처리된 영상과 같습니다. 고전영화에서 주로 볼 수 있는 장면 전환 기법이지만 최근에도 다양한 효과를 더해 활용되고 있습니다.

출처: https://flyczba.wordpress.com/category/shot-by-shot/

교차편집 cross-cutting

교차편집은 동시간대에 다른 장소에서 벌어지는 상황을 번갈아 보여주거나 같은 장소에서 발생하는 상황 또는 인물을 교차하여 번갈아 보여주는 편집 방법입니다. 긴장감을 만들어내거나 서로 다른 행위들 사이의 대비되는 관계를 설정할 때 주로 사용됩니다. 강의 동영상에서는 두 교사를 번갈아 보여주거나 교사와 학생의 모습을 교차로 보여주는 형식으로 활용할 수 있습니다.

내레이션 narration

내레이션은 화면 속 인물이 아닌 제3자가 장면의 상황 등을 대표로 해설해주는 영상 연출 기법을 의미합니다. 다큐멘터리 영상이나 강의 영상에서 활용되는 방식입니다.

듀레이션 duration

듀레이션은 영상 클립이 재생되는 총 시간, 즉 비디오 클립 유지 시간을 의미합니다. 편집 프로그램의 타임라인time-line(시간선)에서 확인할 수 있습니다.

러닝 타임 running time

러닝 타임은 완성된 비디오 파일이 재생되는 전체 시간의 길이를 말합니다. 듀레이션이 부분 부분의 각 클립의 지속 시간을 의미한다면, 러닝 타임은 전체 완성된 편집본의 재생 시간을 의미한다고 이해하시면 됩니다.

배경음악 background music: BGM

배경음악은 영상 장면의 배경으로 사용되는 음악을 의미합니다. 최근에는 무료 BGM 제공 사이트도 많으니 잘 찾아서 강의의 배경음악으로 활용하셔도 좋겠습니다.

키프레임 keyframe

키프레임은 영상에서 효과가 적용되는 첫 시작점이나 끝점, 또는 효과의 변경 등이 적용되는 주요 프레임을 의미합니다. 영상을 대표하는 대표 화면이라고 이해해도 무방합니다.

타임 코드time code

타임 코드는 영상이나 음성의 시간적 위치를 정확히 파악할 수 있도록 시, 분, 초의 프레임 단위로 표시되는 미디어 파일 이정표를 의미합니다. 타임 코드를 읽고 편집 부분을 확인할 수 있으며, 여러 명이 함께 작업할 때 타임 코드가 소통 기준이 되기도 합니다.

어도비 프리미어 프로에서 타임 코드 표기 예제

점프 컷jump cut

점프 컷은 두 장면이 아닌 한 장면 안에서 컷이 이루어지는 것으로, 이때 숏들은 의도한 의미를 응축하고 있습니다. 예를 들면 인물이 방으로 들어가서 방의 다른 편에 있는 목적지까지 가는 시간을 영상으로 촬영하는 대신에 이동 전과 이동 후의 화면을 컷 편집해서 필요 없는 시간상의 과정을 제거하는 것입니다. 강의 영상에서 강사의 이동이나 그 동선을 보여줄 때 편리합니다.

4) 촬영 장비 관련 용어

카메라

촬영은 강의 동영상 콘텐츠의 종류에 따라 크게 고성능 카메라 장비로 촬영하는 방법과 컴퓨터의 전체화면 또는 부분을 스크린 녹화하는 방법이 있습니다. 촬영에 앞서서 제일 중요한 점은 영상장비를 완벽하게 미리 갖춰야 한다는 심리적 부담을 갖지 말아야 한다는 것입니다. 최근 스마트폰 기술이 크게 발전했기 때문에 일반적인 스마트폰으로도 충분히 강의 영상을 제작할 수 있습니다. 필요와 기술 숙련도에 따라 장비를 갖춰가는 방법이 더 경제적이고 합리적인 선택입니다. 스마트폰으로 영상을 촬영하면 기본적으로 MP4 파일 포맷으로 저장되며, 오디오는 AAC 오디오 코덱으로 저장됩니다.

다양한 촬영기기

촬영 장비에 따른 동영상 해상도에 대한 이해

PC나 스마트폰 카메라, 방송 전용 카메라, DSLR 카메라 등으로 촬영된 사진이나 영상을 확대해 보면 디지털 방식의 무수히 많은 점을 관찰할 수 있습니다. 이 점 하나하나를 픽셀pixel이라고 부릅니다. 여기서 하나의 이미지가 얼마나 많은 픽셀로 표현되었는지를 폭넓게 나타내는 개념이

해상도resolution입니다. 예컨대 최근에 많이 쓰이는 고해상도 규격인 FHD의 경우 1920×1080픽셀로 구성됩니다. 해석하면 화면의 가로에 1920개의 픽셀이, 세로에 1080개의 픽셀이 있고, 이 이미지의 전체 픽셀 수는 2,073,600개가 된다는 뜻입니다. 요즘에는 많은 기기들이 FHD 등 고해상도를 지원하지만, 무조건 고해상도가 좋다기보다는 촬영 목적에 적합한 해상도를 선택하는 것이 합리적입니다. 고해상도의 단점은 파일 크기가 매우 커져서 기기나 클라우드의 저장 용량을 많이 소모한다는 것입니다. 또 관련 프로그램을 통해 파일 크기를 줄이려면 별도의 시간이 소요된다는 단점도 있습니다.

동영상 해상도 크기

- **아이폰 기준의 해상도**

아이폰 11을 기준으로 해상도를 검토하면 다음과 같습니다.

동영상 녹화 해상도	4K(초당 24, 30 또는 60fps) 1080p HD(초당 30 또는 60fps) 720p HD(초당 30fps)
동영상 녹화 포맷	HEVC 및 H.264
오디오 녹음 포맷	스테레오
지원되는 동영상 포맷	HEVC, H.264, MPEG-4 Part 2, Motion JPEG
지원되는 오디오 포맷	AAC-LC, HE-AAC, HE-AAC v2, AAC, MP3, Linear PCM, Apple Lossless, FLAC, Dolby Digital(AC-3), Dolby Digital Plus(E-AC-3), Dolby Atmos, Audible(포맷 2, 3, 4, Audible Enhanced Audio, AAX, AAX+)

- **삼성 스마트폰 기준의 해상도**

삼성의 보급형 스마트폰인 갤럭시 M20를 기준으로 해상도를 검토하면 다음과 같습니다.

동영상 녹화 해상도	FHD 1920×1080 30fps
동영상 녹화 포맷	MP4, M4V, 3GP, 3G2, WMV, ASF, AVI, FLV, MKV, WEBM
오디오 녹음 포맷	스테레오 지원 불가
지원되는 오디오 포맷	MP3, M4A, 3GA, AAC, OGG, OGA, WAV, WMA, AMR, AWB, FLAC, MID, MIDI, XMF, MXMF, IMY, RTTTL, RTX, OTA

- **LG 스마트폰 기준의 해상도**

LG의 보급형 스마트폰인 V50S ThinQ를 기준으로 해상도를 검토하면 다음과 같습니다.

동영상 녹화 해상도	FHD 2340 × 1080
동영상 녹화 포맷	H263, H264, H265(HEVC), MPEG-4, VP8/9, Xvid, Theora, MJPEG
오디오 녹음 포맷	AAC/AAC+/eAAC+, AMR-NB/WB, FLAC, MP3, MIDI, Vorbis, PCM/WAVE, OPUS, MP2, ALAC, G711, WMA, AC3, DTS, ALAC

지원되는 동영상 포맷	3GP, 3G2, MP4, AVI, MKV, ASF, WebM, FLV, TS, M2TS, TP, MOV, WMV
지원되는 오디오 포맷	MP2, MP3, WMA, AAC, AAC+, AMR, AWB, FLAC, eAAC+, M4A, WAV, MIDI, OGG, AIFF, AC3, DSF, DFF, AIFF, AIF, M4A, MKA

• DJI Osmo Pocket 미니 핸드 짐벌 기준의 해상도

최근 브이로그 동영상 촬영에 자주 활용되는 Osmo Pocket을 기준으로 해상도를 검토하면 다음과 같습니다.

동영상 녹화 해상도	4K UHD 3840×2160, 24/25/30/48/50/60P FHD 1920×1080, 24/25/30/48/50/60P
오디오 지원 포맷	48 KHz, AAC

Osmo Pocket은 또한 1/2.3인치 센서, 80° FOV, f/2.0 조리개를 사용할 수 있습니다. 동영상은 100Mbps의 속도로 4K/60fps, 4배 슬로모션 동영상은 1080p/120fps로 촬영할 수 있으며, 사진은 1.55μm 픽셀 크기의 12MP로 촬영할 수 있습니다. 프로모드에서는 노출, ISO, 셔터속도 같은 카메라 매개변수를 수동으로 조정할 수 있습니다. RAW 형식의 사진과 D-Cinelike 동영상으로

TIP

*** RAW 이미지 처리에 대한 이해**

RAW 이미지 파일은 이미지 파일 포맷 중 하나로, 디지털 카메라나 이미지 스캐너의 이미지 센서로부터 최소한으로 처리한 데이터를 포함합니다. 'raw'라는 단어의 '전혀 가공되지 않은 날 것'이라는 의미처럼 RAW 이미지 포맷은 촬영한 데이터에 가공되지 않은 상태의 비트맵 그래픽스 에디터를 사용하거나, 그것을 인쇄용으로 사용할 준비가 된 상태입니다. 참고로 'RAW'는 포맷 형식이며 파일 확장자는 아닙니다. RAW 포맷의 확장자는 미디어 포맷을 개발하는 업체에 따라서 다릅니다. 사용자는 카메라에 RAW 이미지 처리 기능을 탑재해 RAW 데이터를 편집·현상할 수 있는데, 이때 RAW는 스마트폰 앱의 보정과 달리 기록된 촬영 데이터를 현상하는 구조이므로 노출 부족이나 노출 과다 등의 실패를 나중에 발견해도 조정할 수 있다는 장점이 있습니다.

[RAW 포맷의 확장자]

니콘: Nef, Nrw	캐논: Crw, Cr2	후지: Raf
올림푸스: Orf	소니: Arw, Srf, Sr2	라이카: Dng

촬영할 수 있으며 [My Story] 메뉴에서 템플릿, 필터, 음악, 워터마크 스티커를 추가해 동영상의 분위기를 직접 연출할 수도 있습니다. 짐벌은 3축 기계식 핸드헬드 짐벌을 사용합니다.

트라이포드 tripod

미니 트라이포드(Manfrotto Pixi Evo)

삼각대라고도 불리는 트라이포드는 사용하고자 하는 카메라의 기종과 촬영 목적에 따라서 취사선택할 수 있습니다. 많은 분들이 트라이포드의 중요성을 간과하는 경향이 있지만, 촬영하고자 하는 앵글의 안정감은 영상 촬영에 있어서 가장 기본적인 요소입니다. 책상이라는 고정된 환경에서 카메라의 무게보다 가벼운 경량 트라이포드를 사용하면 사람과 살짝만 부딪혀도 쉽게 카메라의 균형이 무너지고 고가의 카메라가 손상될 수 있으므로, 이를 방지하기 위해 촬영에 적합한 안정적인 트라이포드를 선택하는 것이 매우 중요합니다. 또한 강의 촬영 시 학생들과 눈높이를 동등하게 맞추는 것 역시 중요합니다. 교사와의 눈맞춤만큼 학생들의 집중도를 높여주는 것은 없기 때문입니다. 만일 스마트폰으로 책상에서 강의하는 모습을 촬영할 때 자연스러운 시선이 아닌 아래에서 위로 올려다보는 앵글이 발생하면, 학생의 관점에서 장시간 시청 시 위압감과 불안감이 증폭될 수 있습니다. 따라서 학생과의 눈높이를 감안하여 적합한 트라이포드를 사용해야 합니다. 이때 교사마다 앉은키가 다르므로 트라이포드의 높낮이를 자연스럽게 조절할 수 있는 제품을 선택하면 좋습니다. 또한 많은 제품에 블루투스 리모콘이 포함되어 있어 앉은 자리에서 녹화 버튼의 시작과 정지를 간편하게 조작할 수 있습니다. 위 사진의 트라이포드는 무게가 420g이므로 이보다 무거운 DSLR 기종은 장착하기에 무리가 있으며, 장착할 경우 무게중심이 깨져서 넘어질 수 있습니다. 사용하는 장비의 무게에 따라 적절한 트라이포드를 활용하시길 바랍니다.

다음 사진은 휴대하기 간편한 트라이포드로서 빠른 설치가 가능하며 흔들림 없는 안정성이 장점입니다. 카메라 안전지지 하중은 최대 5~8kg까지 가능하며 사용하고자 하는 카메라의 무게를 보시고 트라이포드의 안전지지 하중을 확인하시면 됩니다. 이 트라이포드는 야외의 평탄하지 않은 지면에서 자유롭게 다리를 펼쳐 수평을 맞출 수 있다는 장점이 있습니다.

트라이포드(Manfrotto Befree)

운동장 등에서 실외 수업을 촬영할 때는 촬영하는 장소 주변에 방해요소가 없는지, 혹은 황사, 소나기, 폭설, 강풍 예보는 없는지 확인해야 합니다. 갑작스러운 소나기나 모래폭풍을 만났다면 비닐봉지를 사용해서 카메라와 트라이포드 볼헤드를 같이 덮어주시기 바랍니다. 만일 비가 오는데 촬영을 강행해야 한다면 장비의 종류에 따라 맞는 레인커버 크기를 선택하여 사용할 수 있습니다. 또 강풍이 분다면 모래주머니를 트라이포드 다리에 묶어서 고정할 수 있습니다.

레인커버와 모래주머니를 장착한 트라이포드

TIP

*** 기상이변 시 트라이포드 청소 방법**

촬영 후 마른 먼지 혹은 모래 등은 입으로 불거나 부드러운 천으로 닦아주세요. 진흙이나 소금물이 묻었다면 맑은 물로 살짝 헹군 후에 완전히 말려주세요. 더럽혀진 부분을 젖은 천으로 닦고 먼지나 이물을 제거한 후에 말리면 됩니다.

• 트라이포드와 수평계

사용하는 트라이포드에 수평계가 없다면 스마트폰에서 '수평계'로 검색해서 해당 앱을 내려받습니다. 그다음에 트라이포드의 헤드에 스마트폰을 올려놓고 정가운데로 물방울이 올 때까지 트라이포드의 다리를 조절합니다. 촬영 입문자들이 종종 하는 실수가 화면이 한쪽으로 기울어진 상태로 촬영한다는 점입니다. 수평계가 있다면 이런 실수를 예방할 수 있습니다. 약간의 기울기 때문에 화면의 균형이 깨지면 시간이 갈수록 부자연스러운 느낌이 증가합니다. 따라서 카메라를 트라이포드에 장착하기 전에 수평을 맞추는 것은 기본 중의 기본이라고 할 수 있습니다.

아이폰용 수평계(Kyungjin Lee, 왼쪽)와 안드로이드용 수평계(Netigen Tools, 오른쪽)

고정적인 앵글을 원할 때는 다음 사진과 같이 트라이포드에 짐벌을 장착하여 사용할 수 있습니다. 짐벌을 강의 촬영용 고정 앵글로도 사용하는 사례라고 할 수 있습니다.

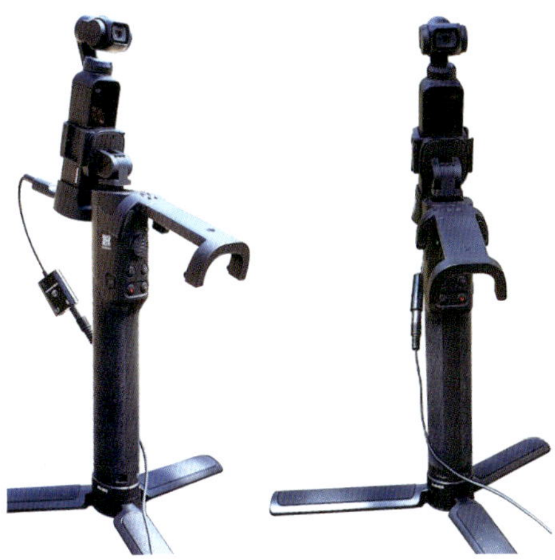

트라이포드에 미니 핸드 짐벌(DJI Osmo Pocket)을 장착한 모습

자료화면을 컴퓨터 모니터에 띄워 놓고 강의하는 것이 불편하다면 스마트폰 또는 스마트패드를 따로 옆에 설치해 교재나 자료화면 내용을 보면서 사용할 수도 있습니다.

강의용 교보재를 위한 미니 트라이포드 활용 모습

짐벌gimbal

짐벌은 특정 기준 축을 중심으로 카메라가 자연스럽게 회전할 수 있도록 만들어진 영상 촬영 보조기기입니다. 카메라나 스마트폰을 이용해 영상을 촬영할 때 손의 움직임에 따라 영상이 크게 흔들리기도 하는데, 이때 짐벌을 사용하면 손의 움직임이 있더라도 중심축이 흔들리지 않고 있는 그대로의 방향을 유지할 수 있습니다. 즉 방송이나 영화의 영상처럼 진동 없는 촬영이 가능합니다. 촬영 장비 소프트웨어의 기능 중 떨림을 잡아주는 기능을 활용하는 방법도 있지만 완벽하게 보완할 수는 없으므로 고정 촬영이 아닌 핸드헬드 촬영에서는 짐벌이 꼭 필요합니다. 최근 저렴한 스마트폰 짐벌이 다수 출시되면서 선택의 폭이 넓어졌습니다.

짐벌(DJI Osmo Mobile 3)

주변기기

스마트폰을 트라이포드에 장착하려면 거치대가 필요합니다. 거치대에는 아이폰이나 안드로이드 폰의 모든 기종을 장착할 수 있습니다. 방송화면 모드에 따라 세로 버전과 가로 버전으로 거치대에서 앵글을 변경할 수도 있습니다. 트라이포드의 높이가 높아지면 카메라가 촬영 중에 떨어지지 않도록 단단히 견착할 수 있는 거치대를 사용하는 것이 특히 중요합니다.

스마트폰 거치대(Manfrotto MCLAMP)

다음 사진은 샤오미 셀카봉에 부착된 거치대입니다. 다리를 펼치면 1인 강의 촬영을 준비할 수 있습니다. 단 셀카봉은 다리의 지지가 약하므로 무게가 나가는 스마트폰이나 디지털카메라를 사용하실 때는 주의하셔야 합니다. 샤오미 셀카봉의 중량은 155g이므로 이 중량보다 무거운 스마트폰, 디지털카메라에 설치하실 때는 살짝 거치대에 견착해보시고 무게중심이 무너져서 넘어지지 않는지를 반드시 점검해보셔야 합니다.

트라이포드에 블루투스 셀카봉
(샤오미 XMZPG01YM)을 장착한 모습

한편 아이패드나 갤럭시 탭 등의 안드로이드 태블릿에 장착할 수 있는 태블릿 거치대는 안전한 자물쇠 기능이 있으며, 폭 조정이 간편하다는 장점이 있습니다. 폭은 최소 12.5cm, 최대 20cm까지 조정할 수 있으며 스마트폰의 경우에는 폭이 7cm 이상이면 사용할 수 있습니다. 사용하고자 하는 기기의 크기를 확인한 후 사용하실 것을 권장합니다.

태블릿 거치대

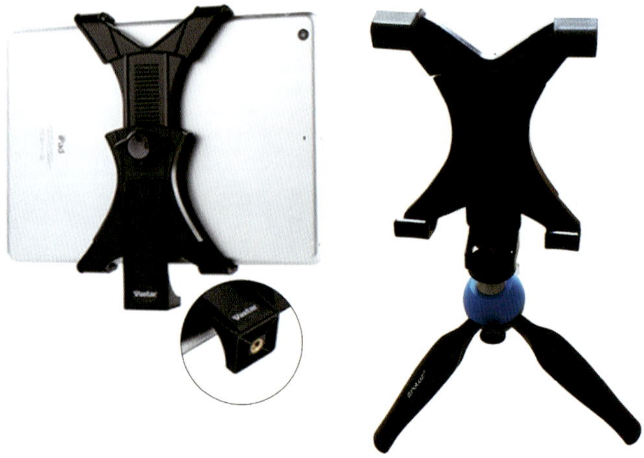

2단 미니 트라이포드에 아이패드를 장착한 모습

다음 사진은 매우 유용한 트라이포드 역할을 할 수 있는 고릴라포드입니다. 초강력 자석이 내장된 다리 끝부분의 그립으로 초소형 트라이포드의 활용성을 증대시킬 수 있습니다. 길거리 표지판, 파이프, 난간, 가정용 냉장고 등 철제로 되어 있는 모든 곳에 사용 가능합니다. 콤팩트 카메라 및 액션캠을 바탕으로 하며 325g의 안전지지 하중을 제공합니다.

고릴라포드(JOBY GPod Mini Magnetic)

다음은 조명, 마이크, 스마트폰을 한 세트로 장착하여 사용할 수 있는 스마트폰 촬영 세트입니다. 구성은 테이블용 미니 트라이포드, 스마트폰 홀더, 포터블 조명, 마이크로 이루어져 있습니다. 조명과 마이크를 따로 설치하지 않고 스마트폰과 함께 설치할 수 있습니다. 조명의 밝기가 약한 편이어서 추가적인 조명이 필요할 수도 있습니다.

스마트폰 촬영 세트(오토케 베이직 BJ)

앞의 촬영 세트에도 포함되는 핫슈 연장 브라켓을 이용하면 조명과 마이크를 추가로 장착하여 간편한 1인 강의 촬영이 가능합니다.

핫슈 연장 브라켓

3 강의 동영상 콘텐츠와 조명

흔히 강의 동영상 촬영에 있어서 조명의 역할을 간과하는 경향이 있습니다. 가격적인 면도 고려해야 하고, 또 실제 현장에서는 너무 급하거나 보조인력이 없어서 조명 설치가 쉽지 않은 경우도 많기 때문입니다. 하지만 최근 조명 가격이 많이 저렴해졌고, 또 특정한 위치에 설치해두면 매번 설치해야 하는 번거로움 없이 강의 영상을 촬영할 수 있습니다. 물론 조명에 대한 세부적인 사항들을 모른다고 해도 강의 동영상 촬영은 가능합니다. 하지만 더 우수한 영상 콘텐츠를 만들고자 하는 분들에게 조명에 대한 지식은 매우 중요합니다. 따라서 이 절에서 조명의 기능과 특징, 종류에 대해 알아본 후 양질의 강의 영상을 제작하실 수 있길 바랍니다.

조명을 선택할 때는 가격 대비 밝은 광량이 중요한 고려 사항입니다. 영상 퀄리티는 장비의 퀄리티에 비례하는 것이 사실이지만 방송국 설비에 준하는 촬영 장비, 조명 장비, 마이크 장비, 기타 방송 관련 기자재들을 구매 및 대여하는 비용은 상당하며, 만일 구매한다고 해도 해당 장비로 어느 정도 수준의 영상 콘텐츠를 제작할 것인지 제작 계획을 세우는 것 역시 만만치 않습니다. 물론 시중에 가성비 좋은 장비들이 많이 출시되어 있지만 이 장비가 과연 콘텐츠 제작에 적합한 장비일지도 고민이 되실 겁니다. 즉 교사가 이 모든 전문 장비를 직접 갖추기는 현실적으로 힘듭니다. 따라서 이 절에서는 앞서와 같은 배경에서 가장 대중적이고 손쉽게 사용할 수 있는 스마트폰

위주의 촬영에 적합한 조명을 먼저 소개하겠습니다. 또한 촬영 장비를 좀 더 업그레이드하고 싶으신 분들을 위해 그에 맞는 조명도 같이 소개해드리고자 합니다.

먼저 조명이란 '영상을 촬영하기 위해 피사체에 빛을 주거나 조절하는 기기 혹은 행위'를 뜻합니다. 이때 빛의 색상에 따라 특정 수치로 표현한 것을 색온도 또는 켈빈도Kelvin temperature(K)라고 합니다. 빛은 단순히 사물을 식별하게 하는 것뿐만 아니라, 영상에서 피사체에 대한 심리적 분위기를 만들어주고 시간이나 장소에 대한 상황을 알려주는 역할을 합니다. 조명에서 가장 중요한 것은 '어느 정도의 밝기로 어디에 조명하는가'입니다. 조명의 밝기는 거리의 제곱에 반비례합니다. 즉 조명이 2배로 멀어지면 물체에 닿는 빛은 1/4로 줄어듭니다. 따라서 조명이 너무 가까우면 인물이 받는 광량이 높아져서 영상에 얼굴이 하얗게 나타나고, 너무 멀면 얼굴이 어둡게 표현됩니다.

가시광선은 색온도가 낮을수록 붉은빛을, 높을수록 푸른빛을 띱니다. 다음 이미지를 보시면 1000~4000K에서 따뜻한 색이 표현되는데, 조명 연출 시 감성적인 무드나 생명력, 밝은 분위기를 표현할 때 사용됩니다. 보통 교육 영상에서는 교사를 소개할 때 교사의 프로필을 강조하려는 목적으로 사용되기도 합니다. 또 7000~10000K는 차가운 색을 나타내며, 보통 이성적인 무드나 미스터리, 정적인 분위기를 표현할 때 사용됩니다. 강의 홍보 영상을 제작할 때 자주 사용되는 컬러톤입니다. 중간의 백색은 보통 칠판 강의를 촬영할 때 많이 사용되는 5000~6000K 조명의 광량으로, 인터넷 강의 조명이 주로 이 백색 톤에 맞추어 사용됩니다.

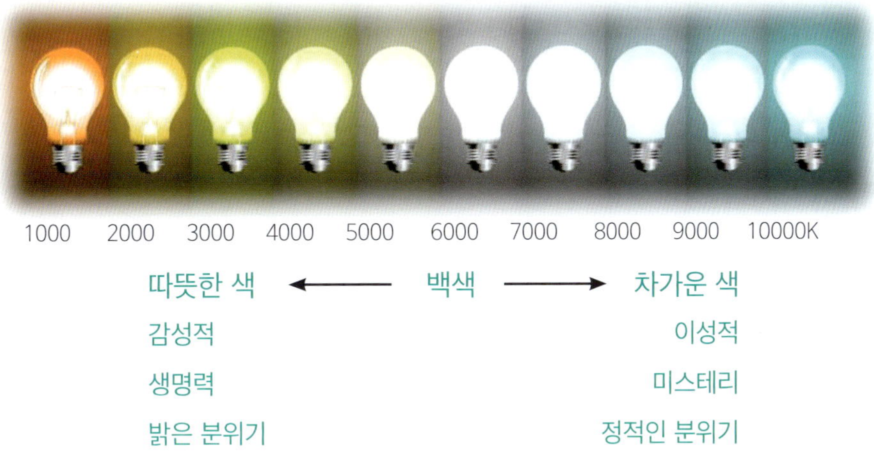

색온도

빛을 어느 방향에서 비추느냐에 따라 빛의 방향도 정해지며, 조명이 빛을 비추는 방향에 의해 피사체의 느낌이나 모습이 달라집니다. 기본 조명 방법으로는 삼점 조명3point lighting이 있는데, 이것은 하나의 피사체를 향해 빛을 비출 때 세 곳에 조명을 설치하여 비추는 것입니다. 주조명key light, 보조조명fill light, 후면조명back light으로 분류됩니다.

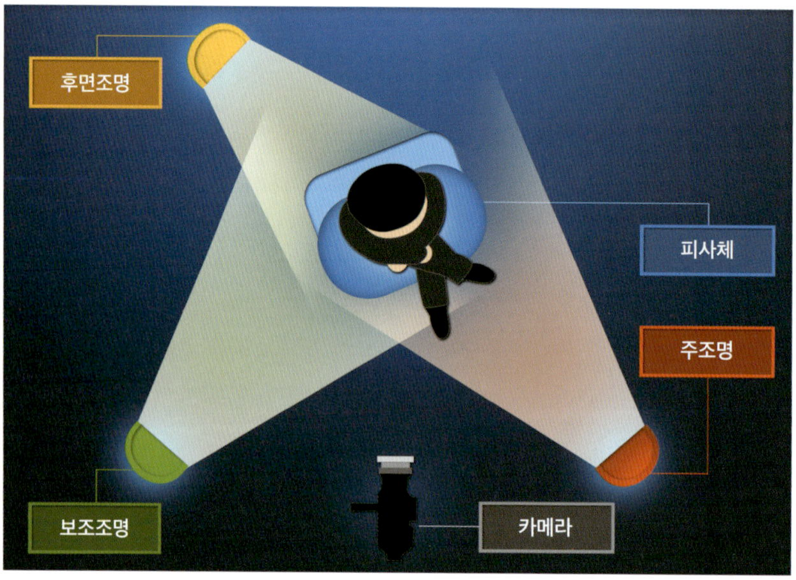

삼점 조명3point lighting

여러분이 혼자 강의를 촬영할 때도 조명 3개를 사용한다면 영상의 품질은 매우 높아지겠지만 매번 조명 장비를 설치했다가 철수해야 한다는 번거로움이 있습니다. 또 삼점 조명을 하려면 조명 설치를 위한 최소한의 독립된 공간이 있어야 합니다. 장기적으로 반복 촬영하는 경우라면 조명을 고정 세팅하는 것이 편리하지만, 이러한 독립공간을 마련하기란 현실적으로 쉽지 않습니다. 따라서 합리적인 투자로 효과적인 강의 동영상을 만들어낼 수 있는 방법을 고민해야 합니다.

LED 링라이트 조명은 44~64cm로 높이 조절이 가능하며 디지털 버튼으로 빠르게 조명 연출을 할 수 있습니다. 12W 소비전력으로 밝고 화사한 분위기를 연출할 수 있으며 실내 환경의 조명 밝기에 따라서 원하는 색온도를 3200~5500K 사이에서 조절할 수 있습니다. 앉은 자세로 촬영할 때는 책상 위나 옆에 설치해서 손쉽게 조명 분위기를 연출할 수 있습니다.

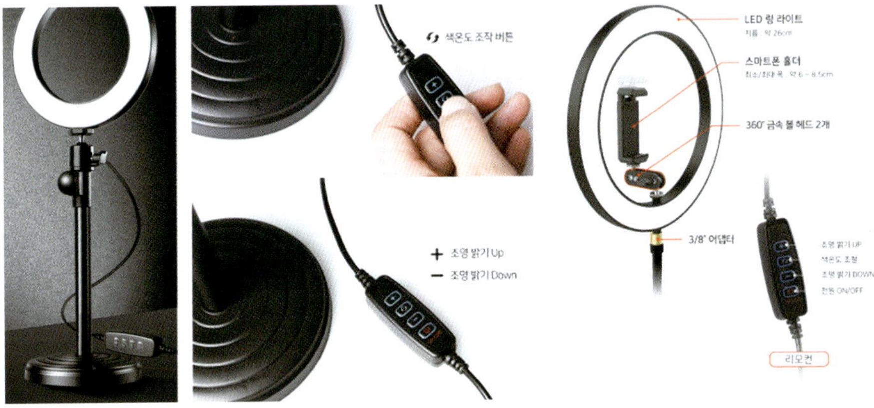

LED 링라이트 조명(조이트론 LD10)

LED 링라이트 조명은 총 세 가지 분위기로 변환할 수 있습니다. 즉 맑고 깨끗한 느낌의 조명, 자연스러운 느낌의 조명, 따뜻하고 은은한 느낌의 조명으로 연출되며, 색상별 10단계로 밝기가 조절됩니다. 이 조명을 사용할 경우 얼굴에서 어두운 부분을 감소시키기 때문에 보다 밝은 분위기를 전달할 수 있고, 이 모든 조절은 유선 리모컨의 버튼을 이용하여 할 수 있습니다. 전원 충전은 충전 어댑터, 보조배터리, 노트북 등 USB 포트를 지원하는 대부분의 장치에서 가능하며, 충전과 동시에 사용할 수도 있습니다. 가격도 5만 원 내외로 상당히 저렴한 편이어서 입문하시는 분들에게는 가장 간편하고 부담 없는 조명이라 할 수 있습니다.

조명이 없을 때(정면, 측면)

5000K, 맑고 깨끗한 느낌의 조명(정면, 측면)

4000K, 자연스러운 느낌의 조명(정면, 측면)

3000K, 따뜻하고 은은한 느낌의 조명(정면, 측면)

다음 사진은 스마트폰과 조명, 녹음용 마이크를 동시에 사용하는 경우를 보여줍니다. 교사가 한 번에 모든 장치를 한 곳에 세팅하여 사용할 수 있으며 스마트폰의 위치를 조명의 한가운데에 위치시킬 경우 촬영할 때의 시선 처리가 자연스럽게 연출됩니다. 유튜버들이 흔히 활용하는 조명 형태입니다. 인물 대신 미술 재료 등의 실기 재료를 소개할 때는 책상 위 또는 깨끗한 바닥 표면, 흰 종이 위에 재료를 올려놓고 촬영하는 것이 좋습니다.

링라이트 소빙(스나터킷 PCS-G3)에 스마트폰과 마이크를 장착한 모습

다음 사진들은 LCD 디스플레이를 기반으로 하는 럭스 조명을 사용하는 경우입니다. 조절 다이얼을 통해 광량과 색온도를 변경할 수 있으며 가벼우면서 얇은 두께로 인하여 휴대와 보관이 쉽습니다. 조절 다이얼을 돌리면 3200~5600K의 광량을 자유롭게 조절할 수 있습니다. 단 셀카봉을 사용하면 높이가 높아질수록 넘어질 가능성이 크니 하중과 무게중심에 주의하시기 바랍니다.

라이트와 브라켓 장착

자바라 장착

라이트 스탠드 장착

럭스 조명(호루스벤누 디지털 룩스라이트 116T)(계속)

미니 트라이포드 장착

DSLR 카메라 장착

셀카봉 장착

광량 다이얼 조절

색온도 3200K

색온도 5600K

럭스 조명(호루스벤누 디지털 룩스라이트 116T)

이 조명은 소니 F 타입 시리즈의 배터리, AA 배터리, AC 어댑터를 사용하여 다음 사진과 같이 전원을 공급할 수 있습니다.

럭스 조명(호루스벤누 디지털 룩스라이트 116T)의 충전 방법

조명을 연출하는 방법은 다양한데, 여러분이 소지하신 트라이포드 상단에 소형 조명을 가볍게 장착해 활용하는 방법도 가능합니다. 최근에는 건전지 몇 개로 작동되는 저가형 LED 조명이 다수 출시되어서 강의 현장에서 매우 편리하게 연출할 수도 있습니다.

트라이포드에
LED 조명을 장착한 모습

4 강의 동영상 콘텐츠의 녹음

1) 음향

음향sound이란 물체나 기계, 악기 등이 내는 소리 또는 그 울림을 말합니다. 음향이라는 말 대신에 흔히 영어 그대로 사운드라고 부르기도 합니다. 사운드와 관련된 몇 가지 용어들을 상식으로 알고 계시면 촬영 현장에서나 프로그램을 통해 작업하는 데 매우 편리합니다.

영상에 정확히 대응하는 사운드는 없습니다. 그러므로 리코딩 환경을 통제하면서 정확한 사운드 편집과 믹싱, 마이크의 배치와 선택이 이뤄지도록 합니다. 사운드는 전경에 있는 듯하거나 배경에 있는 듯하게 느끼게 함으로써 청자에게 '청각적 공간감'을 제공할 수 있습니다. 여러분이 영화관에서 영화를 감상할 때 사운드가 이곳저곳에서 울려 퍼지면 공간감을 느낄 수 있는 것과 같은 원리입니다.

음원sound source

음원은 말 그대로 음sound의 근원source을 의미합니다. 실제 강의를 진행할 때 '교사의 목소리'가 바로 음원이라고 할 수 있습니다. 음원에 다양한 효과를 더하면 좀 더 큰 교육 효과를 얻을 수 있습니다.

사운드 테이크sound take

녹음기가 작동하기 시작하여 정지할 때까지 '사운드가 녹음되는 전체 길이'를 의미합니다. 물론 영상에서도 동일하게 테이크take라는 용어를 사용합니다.

마이크 위치

음원에 따라 상대적으로 그 크기를 조절하거나 좀 더 효과적인 음원을 얻기 위한 목적으로 마이크를 원하는 위치로 움직여 조절할 수 있습니다. 동시에 두 개의 마이크를 이용해서 서로 다르게 입력 레벨을 조절하면 음향의 원근감을 표현할 수도 있습니다. 이처럼 음향도 녹음을 통해 영상과 같이 의도적인 연출이 가능합니다. 노래방에서 노래를 부를 때 마이크를 잡은 거리와 각도에 따라서 나른 느낌이 연출되는 것과 다르지 않습니다.

음원의 움직임

음원이 먼 곳에서 마이크 앞으로 다가오면 소리는 점차 크게 들리며, 마이크에서 멀어지면 소리가 작아집니다. 콘서트와 같이 실황의 느낌을 전달할 때 의도적으로 이러한 음원의 이동을 고려해서 녹음을 진행합니다. 한편 강의 현장에서는 일반적으로 교사가 마이크를 들고(또는 핀마이크를 고정하고) 움직이기 때문에 이런 부분에 대한 고려를 하지 않는 경우가 많습니다.

사운드 컷sound cut

음향은 자르고cut 접합combine할 수 있습니다. 즉 교사가 이야기하는 대사의 단어나 음절을 삭제하고 편집하는 등의 연출이 가능합니다. 강의 중에 "음음……"과 같은 휴지음을 습관적으로 넣는 교사의 경우에는 이런 부분을 잘라냄으로써 양질의 영상을 얻을 수 있습니다.

사운드 페이드sound fade

사운드 페이드는 배경음악을 바꾸거나 무음 처리할 때 갑작스러운 변경으로 이질감이 들지 않도록 기존 소리가 점점 줄어들게 하는 방법입니다. 예컨대 강의 동영상에서 실제 강의 시작 전에 음악이 삽입되는 경우 해당 음악 후반부에 사운드 페이드를 적용하여 강의가 시작됨을 알릴 수 있습니다. 또 강의가 끝날 때도 비슷한 방법으로 강의가 끝난다는 시그널을 전달할 수 있습니다.

2) 녹음

강의 동영상의 녹음audio recording에 있어서 가장 중요한 것은 '화자에게 적합한 톤의 목소리를 잡음 없이 녹음'하는 것입니다. 잡음을 잡기 위해 녹음 목적에 적합한 전용 마이크가 필요하며, 마이크의 종류마다 녹음되는 성질이 다르다는 점에 유의해야 합니다. 어떤 종류의 마이크가 본인의 강의용 콘텐츠에 적합한지를 알아보고 그에 맞는 마이크를 선택하면 깔끔하고 선명한 소리를 녹음할 수 있습니다.
녹음에서는 지향성orientation이라는 용어를 빈번하게 사용합니다. 즉 마이크에는 음성을 잡아내는 '방향'이 있는데, 소리를 받아들이는 이 방향을 바로 지향성이라고 합니다. 마이크의 지향성은 단일지향성, 초지향성, 양지향성, 무지향성으로 구분됩니다.

단일지향성cardioid 마이크

단일지향성 마이크는 소리를 받아들이는 방향과 소리를 받아들이지 못하는 방향이 구분됩니다. 즉 마이크 진동판을 기준으로 전면과 측면 감도가 후면에 비해서 높은 것을 의미합니다. 후면 감도가 떨어지기 때문에 마이크가 지향하는 방향의 소리만 잘 수음할 수 있어서 외부 소리로부터의 방해를 최소화할 수 있고, 원하는 소리만 수음할 수 있습니다. 만약 단일지향성 마이크의 뒷구멍을 막으면 단일지향성이 무지향성으로 바뀌어버리기 때문에 모든 방향의 소리를 흡수하여 하울링howling(피드백)이 발생할 수 있다는 점에 유의해야 합니다.

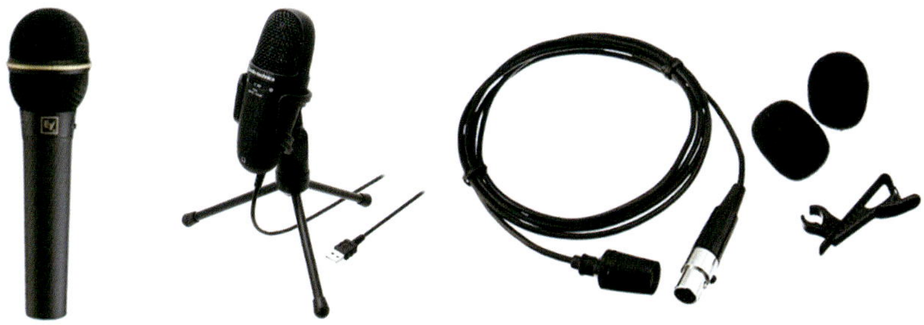

단일 지향성 마이크(ND 367S 마이크, AT9934USB 콘덴서 마이크, SHURE CVL-B-C TQG 핀마이크)

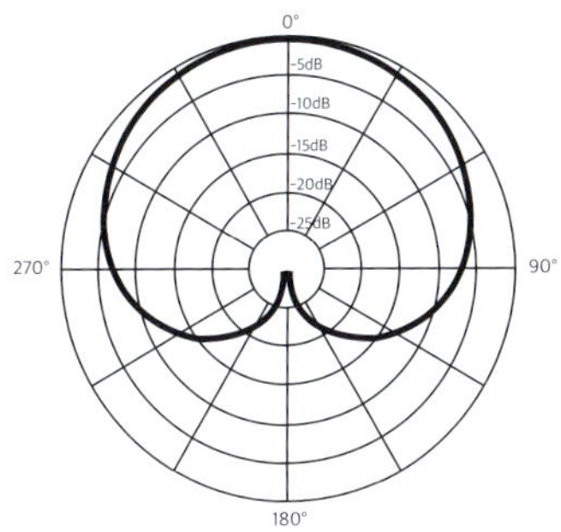

단일 지향성 마이크의 지향성(폴라 패턴)

TIP

＊ 핀마이크의 사용 방법

강의 현장에서는 단일지향성 기능이 있는 핀마이크를 사용하시는 것을 권장합니다. 핀마이크는 목소리를 녹음하고자 하는 사람의 가슴 중앙 정도 옷깃에 부착하는 것이 좋습니다. 입술 주변으로 가까이 부착하면 녹음 사운드가 매우 높아지고 교사의 숨소리도 커져서 사운드 보정이 필요합니다. 이런 잡음을 최소화하기 위해서는 핀마이크에 바람소리를 차단할 수 있는 윈드 스크린wind screen을 부착하는 것이 좋습니다.

윈드 스크린 장착 핀마이크
(BOYA BY-M4C)

USB형 핀마이크
(BOYA BY-DM10)

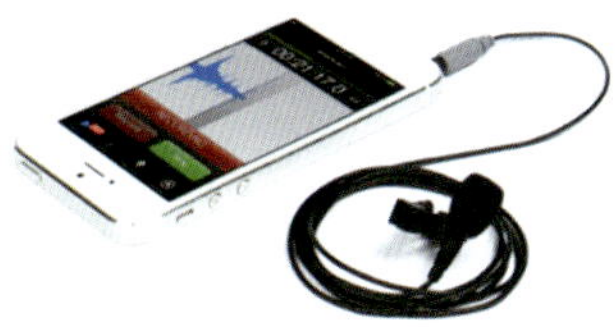

스마트폰용 핀마이크
(KO-20)

핀마이크 사용 시 마이크홀더 클립은 분실되거나 망가질 위험성이 높으니 주의하십시오. 실제로 가장 빈번하게 분실되는 장비 중의 하나가 마이크홀더 클립으로, 분실하고 별도로 구매하는 것도 매우 불편합니다. 더불어 마이크를 사용할 때는 선이 꺾이지 않도록 해야 합니다. 또 마이크는 습기와 물, 외부 충격에 상당히 취약하므로 주의를 필요로 합니다. 녹음하기 전에는 문 앞에 "녹음중", "촬영중이니 정숙" 등의 문구를 붙여놓으면 좋습니다. 그래도 갑자기 문을 여는 사람이 있을 수 있으니 잠가두고 녹음을 하는 것이 좋습니다. 장시간 어렵게 녹음한 오디오가 잡음으로 버려지면 안 되겠지요.

초지향성super cardioid, lobe 마이크

초지향성 마이크는 건마이크나 건마이크 뒤에 파라볼라 안테나 같은 집음판까지 장착한 마이크 등 '특정하게 매우 좁은 각도에서의 소리만 채취'하기 위해 만들어진 마이크로서 지향성이 상당히 우수합니다. 수음 각도가 단 10~20°밖에 되지 않기 때문에 자연 다큐멘터리에서 특정 동물의 소리를 녹음하는 경우와 같이 특정한 소리만 녹음할 때 주로 사용됩니다. 필요에 따라 원하는 소리만 미세하게 녹음할 수 있지만, 마이크의 방향이 조금이라도 틀어진다면 원하는 소리를 담지 못합니다. 조류학, 생물학 등 미세한 소리를 강의에 활용해야 하는 교과에서 필요한 장비입니다.

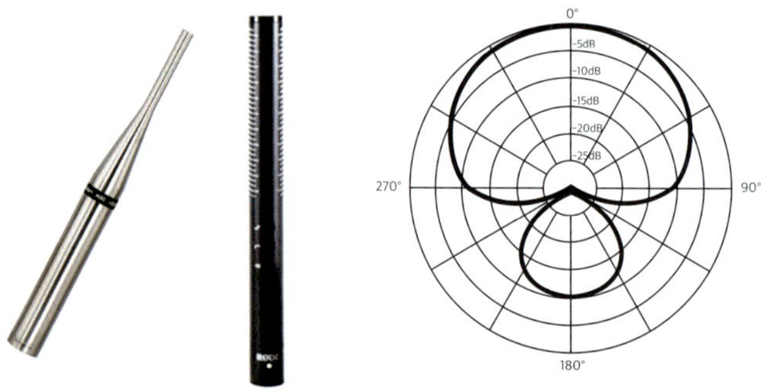

초지향성 마이크(earthworks m30 측정용 마이크, NTG4 샷건 마이크)와 지향성(폴라 패턴)

양지향성bi-directional, figure-8 마이크

양지향성 마이크는 글자 그대로 전면과 후면에서 동일 극성 패턴으로 8자형 패턴figure-8의 수음 감도를 보이는 마이크입니다. 이 마이크는 정면과 배면에서 균등하게 좋은 감도 특성이 있는데

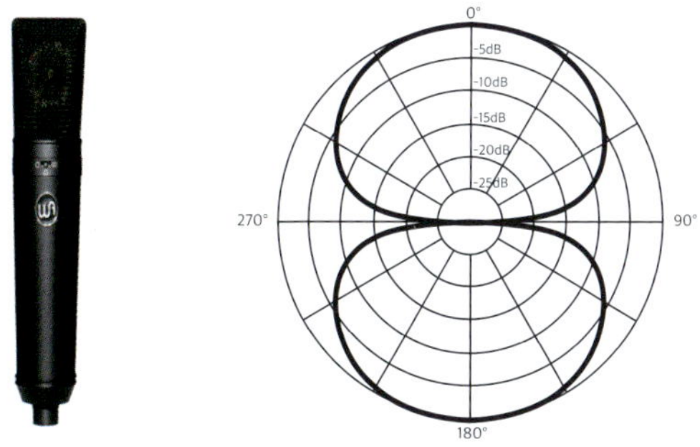

양지향성 마이크(Warm Audio WA-87 마이크)와 지향성(폴라 패턴)

측면음에는 반응하지 않습니다. 주로 두 명 이상의 연사가 등장해 이야기를 나누는 대담(토크) 프로그램 등에 사용되며, 음원의 직접음과 벽의 반사음을 한번에 수음할 때 사용됩니다. 마이크 방향과 직각으로 양옆에서 수음되기 때문에 양쪽을 같이 녹음해야 합니다.

무지향성 omni 마이크

무지향성 마이크는 모는 방향의 소리를 동일하게 받아들일 수 있는 마이크로, 엠비언스 녹음이나 룸톤room tone 녹음을 측정하는 데 주로 사용됩니다. 공간의 특성이 반영된 반사음 수음에 이점이 있어서 밴드 공연이나 클래식 홀에서의 공연 등에서 잔향음과 연주자의 직접음을 동시에 수음하기 좋습니다. 또 생생한 스포츠 현장이나 생동감 있는 뉴스 현장에서 사용하기에도 좋습니다.

무지향성 마이크(AT8004 (T1) Aud/439677 마이크, 로데 SmartLav 스마트폰 핀마이크)와 지향성(폴라 패턴)

초지향성·단일지향성·무지향성 모드 선택 마이크

ECM-B1M 마이크는 8개의 마이크 캡슐로 수음하여 디지털 프로세싱을 통해 초지향성, 단일지향성, 무지향성을 하나의 마이크로 구현해냅니다. 조작 인터페이스는 후면에 모두 배치되어 있으며, 직관적인 형태라서 초심자도 쉽게 조작할 수 있습니다.

지향성 모드 선택 마이크(소니 ECM-B1M 샷건 마이크)

마이크 역시 조명처럼 트라이포드에 설치하면 수음에 편리합니다. 저렴한 트라이포드를 여러 개 준비해두시고 조명과 수음에 적절하게 이용하세요. 또 다음 사진처럼 미니 트라이포드가 함께 제공되는 탁상용 마이크도 흔히 찾을 수 있습니다. 교과목 및 강의의 특성에 따라 적절하게 마이크와 부대 장비를 구비하시면 좋겠습니다.

트라이포드에 마이크를 장착한 모습

강의 동영상 콘텐츠 제작 프로세스

지금까지 동영상 콘텐츠 기획 및 제작에 대한 기초적인 개념을 학습하셨길 바랍니다. 다음 장부터는 실제로 실시간 방송을 하거나 비실시간으로 촬영·녹화하고 편집과 후반 작업을 함으로써 최종 콘텐츠를 완성해가는 방법에 대해 구체적으로 살펴보겠습니다. 교사의 기술적 능력치와 동영상 강의 콘텐츠의 완성도에 대한 기대 수준에 따라 다양한 촬영 기법과 영상 제작 프로그램들을 일종의 학습자 매뉴얼 형식으로 A부터 Z까지 꼼꼼하게 다루려고 합니다. 여러분은 이 책을 처음부터 끝까지 차례대로 따라가며 학습하시는 것도 좋지만, 강의 동영상을 제작하면서 관련 궁금증이 생길 때마다, 또 원하는 소프트웨어에 대한 설명을 찾아보고 싶을 때마다 해당 부분을 참고하여 촬영 및 녹화 관련 기술을 습득하셔도 좋습니다.

영상 제작학은 근대에 등장한 학문이지만 매우 깊이 있는 학문 영역으로서 그 폭과 깊이가 대단합니다. 교사가 영상 분야의 마스터가 될 필요는 없고 또 그렇게 되기도 힘듭니다. 본인이 원하는 수준의 강의 영상 제작을 간편하게 할 수 있을 정도라면 충분합니다. 이런 배경에서 이 책은 관련 정보를 언제든 편하게 찾아볼 수 있도록 초심자부터 숙련자까지의 기술 수준에 따라, 또 프로그램의 난이도에 따라 차례를 구성했음을 밝힙니다. 여러분은 다음 표와 같은 온라인 교육 콘텐츠 제작 관련 기술을 습득할 수 있을 것입니다.

구분 / 절차	FAST 원칙에 따른 교육 동영상 콘텐츠 기획	
	활용 프로그램·앱	내용
촬영·녹화	• 비디오 촬영 - 스마트폰 및 비디오카메라 활용 촬영 • 스크린 녹화 및 실시간 강의 - 오캠, 오비에스 스튜디오, 녹화앱, 실시간 중계앱	- 촬영 구도, 촬영 방법, 음성 녹음 - 필수 촬영 장비 및 촬영 액세서리 - 기타 애니메이티드 캐릭터 활용 - 파워포인트 활용법
편집	• 비디오 편집 - 윈도우 무비메이커 - 어도비 프리미어 프로 - 키네마스터(모바일앱)	- 콘텐츠 편집(영상, 음성) - 추가 영상 소재 삽입 편집 - 인트로 / 아우트로 삽입
후반 작업	• 비디오 효과 - 윈도우 무비메이커 - 어도비 프리미어 프로	- 영상 자막 추가 - 음성 조정 효과 / 브랜드 로고 삽입 - 파일 포맷에 대한 이해 - 최종 미디어 파일 내보내기
강의 관리	• 비디오 품질 관리 및 OSMU - 포맷 팩토리, LMS 인트라넷 활용, 소셜 동영상 사이트 실시간 강의·포스팅 - 강의 동영상을 활용한 텍스트 교안 제작을 통한 OSMU	

CHAPTER 2

강의 화면 녹화를 통해 강의 동영상 콘텐츠 제작하기

1 파워포인트 PowerPoint 2019를 통해 강의 동영상 콘텐츠 제작하기

강의에서 가장 널리 활용되는 파워포인트를 통해 쉽게 강의 동영상을 제작할 수 있습니다. 편리한 만큼 단점도 있기는 하지만 배우고 활용하기 쉽다는 강점이 큽니다. 단 강의 영상이 길고 파일 크기가 커질 때 영상 변환 시간이 오래 걸리거나 중간에 프로그램이 멈추는 경우가 종종 있으니 유념해주시기 바랍니다. 짧은 영상을 고성능 PC에서 작업할 때 적합한 방법으로 추천합니다.

1) 파워포인트 PowerPoint 2019 프로그램 개요

파워포인트PowerPoint 2019는 마이크로소프트Microsoft가 개발하여 발매한 프레젠테이션 소프트웨어입니다. 강의에서 가장 널리 사용되는 프로그램으로 우리에게 매우 익숙합니다.

2) 프로그램 사용하기

파워포인트를 열고, [슬라이드 쇼] 탭의 [슬라이드 쇼 녹화] → [처음부터 녹음 시작]을 누릅니다.

(녹화 전 마이크가 켜져 있는지 꼭 확인하세요. 한참 강의했는데 음성이 입혀지지 않는 경우가 종종 있습니다.)

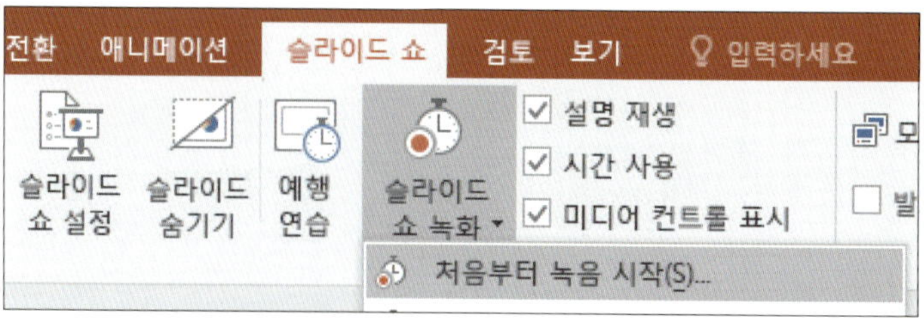

[슬라이드 쇼 녹화] 창이 뜨면 □박스에 모두 ✓ 표시를 하고 [녹화 시작]을 누릅니다.

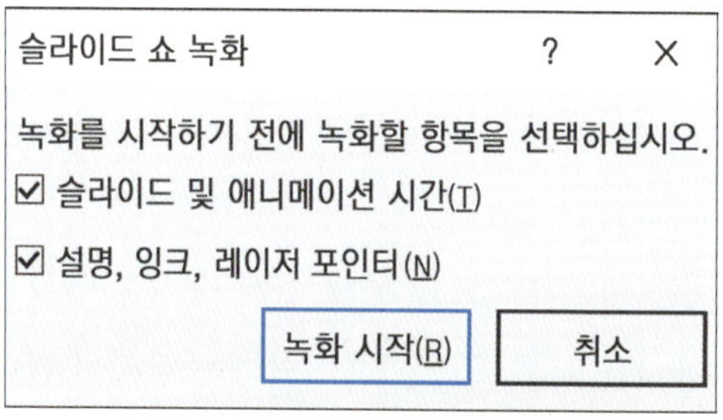

발표 화면 하단에 있는 펜 또는 형광펜 기능을 이용할 수 있고, 발표 화면 상단의 [메모]를 누르면 슬라이드 노트 내용도 확인할 수 있습니다. 또 녹화 시 [Ctrl] 키를 누른 상태에서 마우스 왼쪽 버튼을 누르면 마우스 커서가 레이저 포인터로 표시됩니다.

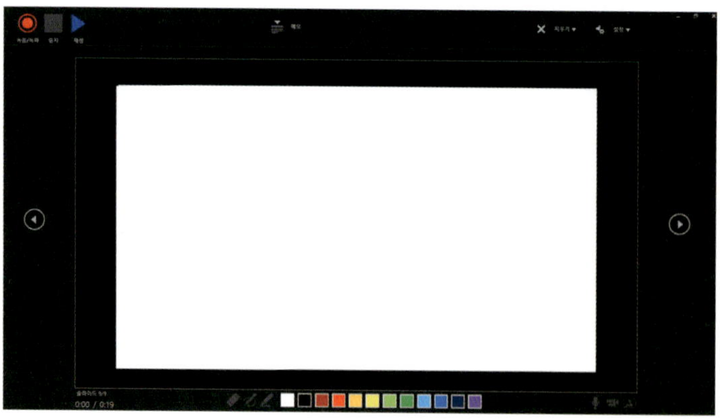

녹화가 완료되면 각 슬라이드에 설명과 필기, 애니메이션이 함께 저장되고 슬라이드별 시간도 함께 표시됩니다.

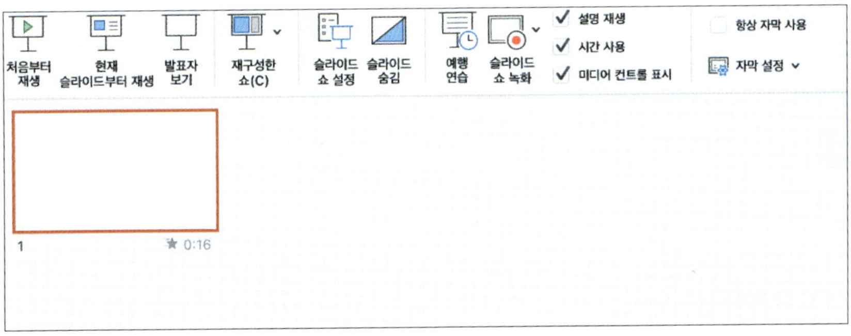

만들어진 녹화 영상은 슬라이드 쇼 파일 또는 동영상 파일 형태로 저장할 수 있습니다.
다음 두 가지 방법 중 하나를 선택하여 저장하시면 됩니다.

① [파일] → [다른 이름으로 저장] → 확장자/파일 형태 선택 → [저장]
② [파일] → [내보내기] → [비디오. 만들기] → 옵션 선택 후 [비디오 만들기] → 확장자/파일 형태 선택 → [저장]
※ 두 번째 방법의 경우 '파일 크기 및 비디오 품질'을 선택할 수 있습니다.

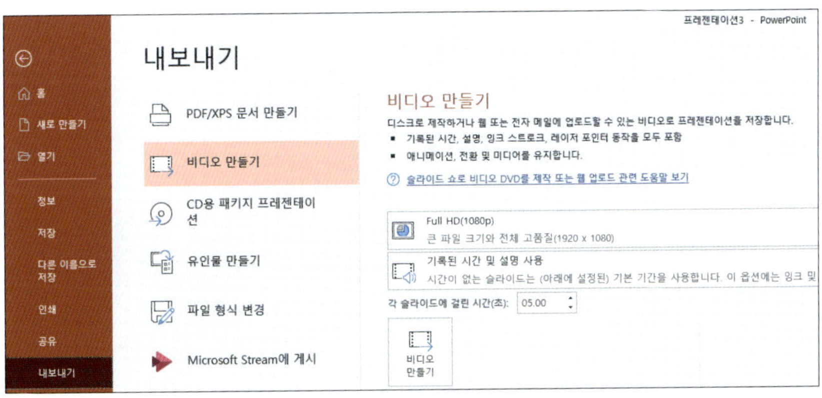

이때 비디오 품질을 높일수록 파일의 크기는 커지고 변환 시간도 길어짐에 유의하셔야 합니다. 단 비디오 품질이 낮으면 큰 화면으로 볼 때 이미지가 깨져서 나타나기도 합니다. 앞서 언급한 것처럼 짧은 영상을 고성능 PC를 활용해 변환하는 경우라면 영상의 품질을 더 높여도 무방합니다.

TIP

*** 파워포인트 2019를 통한 녹화 시 주의 사항**

① 슬라이드를 넘길 때는 녹음이 되지 않습니다. 따라서 슬라이드를 넘기기 전후로 1~2초의 간격을 두고 녹음하시는 것을 권장합니다. 보통 교실에서 강의하시는 것보다 조금 더 느리게 강의한다고 생각하면 됩니다.

② 녹화를 마치고 MP4 파일로 변환되는 데 시간이 오래 걸립니다. 20~30분 정도 여유를 가지고 강의 영상 공유 마감 시간을 넉넉히 고려하시면 좋습니다.

③ 녹화를 마치면 반드시 [Ctrl]+[S] 단축키를 사용해 작업 파일을 저장합니다. 영상이 중간에 사라지면 다시 작업해야 합니다.

파워포인트는 교육자라면 누구나 일상적으로 사용하는 소프트웨어입니다. 다른 소프트웨어가 없더라도 파워포인트만 있다면 교사의 목소리가 더해진 강의 영상을 제작할 수 있습니다. 단 30분이 넘어가는 긴 영상이나, 동영상 파일을 다수 포함하고 있는 강의의 경우에는 보다 안정적인 '오비에스 스튜디오'와 같은 전문 프로그램을 활용하시는 것을 권장드립니다. 뒤에서도 설명하겠지만 강의 영상을 제작하는 방법을 조금 응용해 파워포인트의 텍스트, 이미지, 애니메이션 효과만 적절하게 활용한다면 매우 훌륭한 인트로 영상까지도 제작할 수 있습니다. 우리가 쉽게 접할 수 있는 파워포인트로 강의 영상 제작에 부담 없이 도전해보세요.

2 오비에스 스튜디오OBS Studio를 통해 강의 화면 녹화하기

최근에는 스마트패드를 활용해서도 쉽게 강의 화면을 녹화할 수 있습니다. 하지만 녹화한 영상을 바로 편집하고 거기에 효과를 더하려면 PC에서 녹화하고 작업하는 것이 더 편리합니다. 오비에스 스튜디오는 가장 흔하게 활용되는 무료 화면 녹화 프로그램입니다.

1) 오비에스 스튜디오OBS Studio 프로그램 개요

오비에스 스튜디오OBS Studio는 기본 화면 녹화를 할 수 있는 것은 물론이고 카메라를 통한 촬영 화면을 동시 합성하는 PIPPicture in Picture(화면 하단에 교사의 얼굴이 나오는 카메라 영상이 이중 화면으로 들어가는 것)을 지원해주는 프로그램입니다. 전 세계의 개발자들이 개발한 오픈소스 소프트웨어로서 비교적 안정적이며 가장 널리 활용되는 프로그램입니다. 오비에스 스튜디오는 GPLv 라이선스에 따라 배포되며, 누구나 어떤 이유로든 자유롭게 사용할 수 있습니다. 따라서 워터마크나 다른 제한 사항 없이 상업적으로 사용될 수 있다는 장점이 있습니다. 학교 등에서 사용하는 대부분의 PC 화면 녹화 프로그램은 오비에스 스튜디오에 기반을 두고 있습니다.

오비에스 스튜디오는 오픈소스로 프로그래밍 코드를 누구나 바꿀 수 있도록 열려 있습니다. 그래서 프로그래밍 코드가 어떻게 작용하는지까지 열람할 수 있습니다. 코드 변경은 다른 개발진들에 의해 검토되므로 악성 바이러스를 추가할 수 없어 안전합니다. 정식 웹사이트에서 내려받는다면 악성 바이러스 걱정 없이 사용하기 안전한 최신 버전을 받아볼 수 있습니다. 실시간 스트리밍을 할 때 녹화 화질이나 음질이 안 좋다면 오비에스 스튜디오에서 [도구] → [자동 구성 마법사를 사용하여 기본 설정으로 돌아갈 수 있습니다. 녹화하는 경우에는 단순 출력 모드와 녹화 사전 설정 모드를 비교해 사용하시면서 강의 영상에 적합한 녹화 품질을 비교하시면 좋습니다.

2) 프로그램 설치하기

PC 시스템 최소 요구 사양

윈도우 운영체제 윈도우7 32비트와 64비트, 윈도우8 32비트와 64비트, 윈도우10 32비트와 64비트, 윈도우 서버 2008 R2 SSE2를 지원합니다. 여러분이 사용하시는 대부분의 운영체제에서 무리 없이 돌아가는 가벼운 프로그램입니다. 시스템 기본 사항은 다음과 같습니다. Windows 환경에서는 DirectX 10.1 호환 GPU, 윈도우 7 SP1 또는 최신을, macOS 환경에서는 인텔 CPU(PPC는 지원되지 않습니다), OpenGL 3.2 호환 GPU, macOS 10.12 또는 최신을, Linux/Unix 환경에서는 OpenGL 3.2 호환 GPU, X 윈도우 시스템을 권장합니다. 또 고화질 방송을 위한 컴퓨터 최소 사양은 i5 4460 4코어 4스레드, 메모리 DDR3 4~8GB 이상이 필수이며, 그래픽카드는 지포스 750을 권장하지만 그래픽 카드 업그레이드는 옵션입니다. 마찬가지로 대부분의 기본 사양 컴퓨터에서 작동되는 프로그램입니다. 물론 녹화 진행에는 큰 무리가 없지만 PC 성능에 따라 편집이나 파일 변환 속도에서는 크게 차이가 있습니다.

오비에스 스튜디오OBS Studio 다운로드 사이트에 접속해 버전에 맞게 다운로드한 뒤 실행합니다.

녹화 파일 포맷

녹화 형식은 일반적으로 MOV, MP4를 추천합니다. MOV는 고화질·고용량의 코덱입니다. 이는 전용 코덱이 필요하므로 퀵타임 플레이어에서 제공하는 코덱을 다운받아야 합니다. MP4는 고화질임에도 저용량으로 렌더링이 가능하다는 장점이 있고 최근 가장 많이 활용되는 영상 포맷입니다.

3) 프로그램 세팅하기

[파일] → [설정]을 클릭하여 출력·오디오·비디오 세팅을 준비합니다.

[출력] 탭을 클릭합니다.

a. 녹화 경로 설정

b. 녹화 품질 – 높은 품질, 중간 파일 크기(필요에 따라서 설정)

c. 녹화 형식 – MP4

설정 완료 후 [적용]을 클릭합니다.

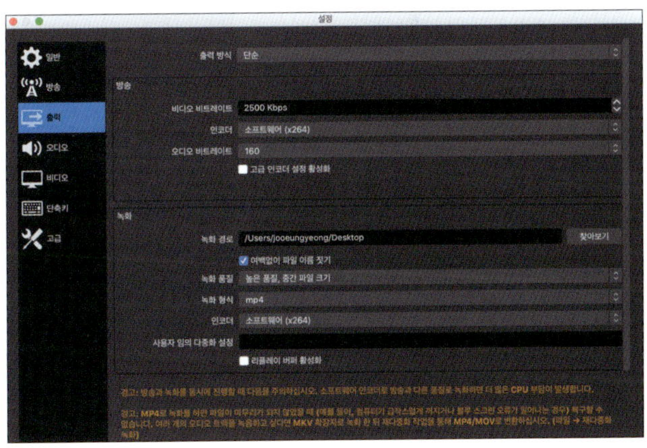

프로그램 다운로드 링크: https://obsproject.com/ko

[오디오] 탭을 클릭합니다.

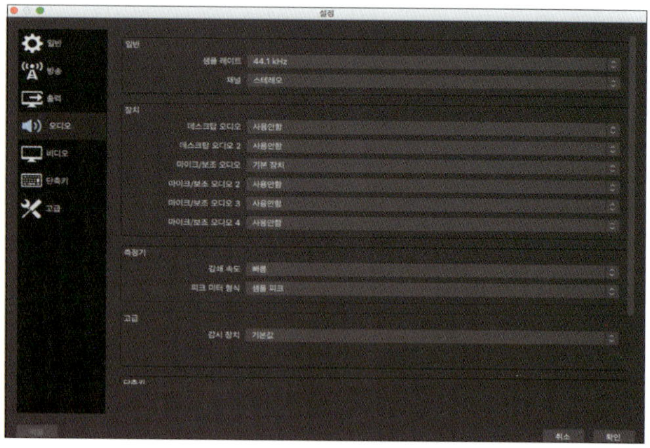

a. 샘플레이트 – 44.1khz
b. 채널 – 스테레오
c. 데스크탑 오디오 – 기본 장치(데스크탑 오디오 장치를 기본 장치로 설정 시 화면을 캡처하면서 PC의 각종 사운드도 함께 녹화됩니다. 단 마이크를 사용하신다면 마이크/보조오디오 탭에서 본인 PC에 연결한 마이크 기기를 선택합니다.)

설정 완료 후 [적용]을 클릭합니다.

[비디오] 탭을 클릭합니다.

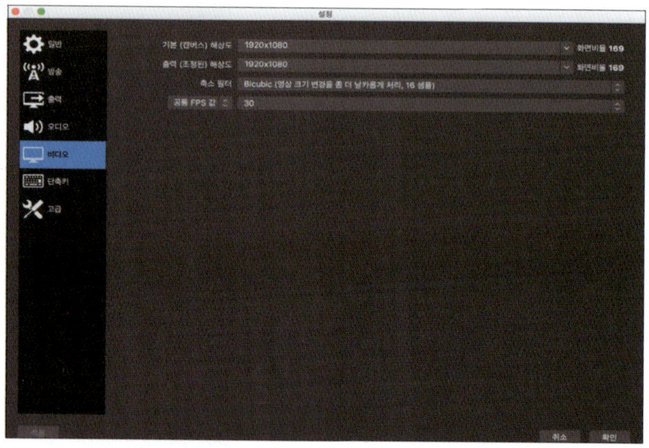

a. 기본 해상도, 출력 해상도 값 – 1920×1080(일반적으로 많이 쓰는 규격)
b. 공동 FPS 값 – 30(일반적으로 많이 쓰는 fps)

설정 완료 후 [확인]을 클릭합니다.

하단의 '소스 목록'에서 [+] 버튼을 누릅니다.

화면 녹화를 실행할 때는 [디스플레이 캡처]를 눌러 추가하고 [확인] 버튼을 누릅니다. 같은 방법으로 [비디오 캡처 장치]도 추가합니다.

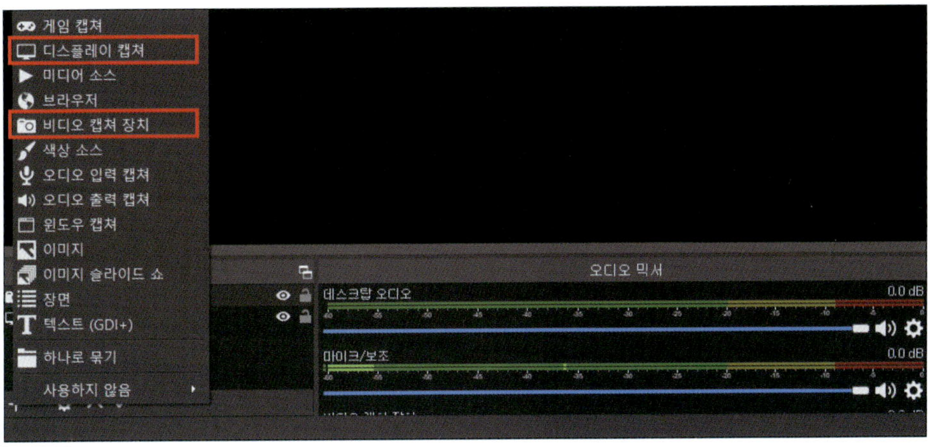

TIP

*** 출력·오디오·비디오 세팅 시 자주 쓰이는 항목**

디스플레이 캡쳐: 현재 모니터 화면

비디오 캡쳐 장치: 웹캠이나 연결된 카메라의 영상

오디오 입력 캡쳐: 마이크 소리

녹화할 화면이나 웹캠의 빨간 테두리 모서리를 클릭한 채로 드래그하면 화면 크기를 조절할 수 있습니다.

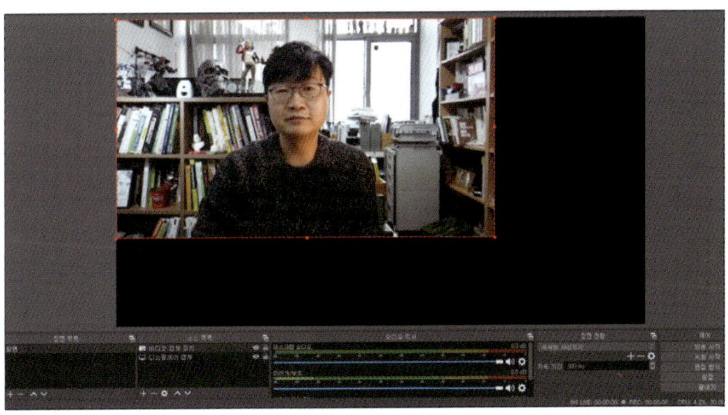

4) PC 화면의 강의 동영상 녹화하기

소스 목록의 눈동자 모양 아이콘을 눌러서 캡처 장치를 켜고 끌 수 있습니다.
세팅이 끝나면 화면 오른쪽 하단의 [녹화 시작] 버튼을 눌러 녹화를 시작합니다.

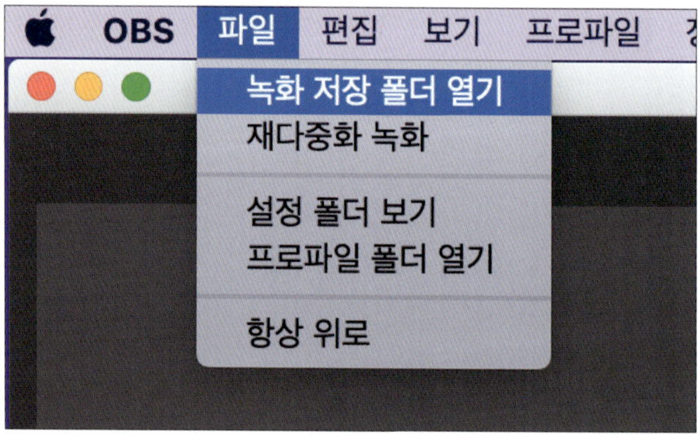

녹화가 다 끝나면 [녹화 중단]을 누르고, [파일] → [녹화 저장 폴더 열기]를 클릭해서 최종적으로 녹화된 영상을 확인합니다. 필요에 따라서 녹화 영상을 편집하거나 효과를 추가할 수 있습니다. 복잡해 보이지만 시도해 보면 어렵지 않습니다. 종종 PC의 사운드 카드와 충돌이 발생하는 경우가 있는데, 그런 경우에는 윈도우의 문제해결 마법사를 활용해보시는 것을 권장해드립니다.

오비에스 스튜디오는 오픈소스 소프트웨어이지만 가장 널리 쓰이는 화면 녹화 도구입니다. 웹캠을 활용하면 판서 화면이나 강의 슬라이드에 교사의 모습까지 삽입하고, 위치도 바꿀 수 있는 등 다양한 연출이 가능합니다. 파워포인트를 활용한 강의 영상 제작에 자신감이 붙었다면 이제 사용하기 쉽고 안정적인 오비에스 스튜디오에 도전해보세요.

3 아이패드 iPad를 통해 강의 화면 녹화하기

화면 녹화를 통해 동영상 강의를 만드는 작업은 아이패드 기기를 활용하면 큰 어려움 없이 진행할 수 있습니다. 여기서는 아이패드 프로 3세대 11인치로 진행했습니다.

2) '화면 기록' 기능 활용하기

아이패드 [설정] → [제어 센터]에 들어가서 [화면 기록]을 추가해주세요. 이렇게 하면 상단에서 [제어 센터]를 끌어내렸을 때 [화면 기록] 버튼이 나타납니다.

아이패드 상단의 [제어 센터]를 끌어내린 후 [녹음] 버튼을 길게 눌러주세요. 그러면 다음 오른쪽 사진과 같은 화면이 나오게 됩니다. 본인의 목소리가 함께 녹음되길 원한다면 하단의 마이크를 켜고 화면 기록을 시작하면 됩니다. 이때 아이패드에 내장된 마이크가 아닌 외장 마이크를 활용하면 보다 선명한 녹음이 가능합니다.

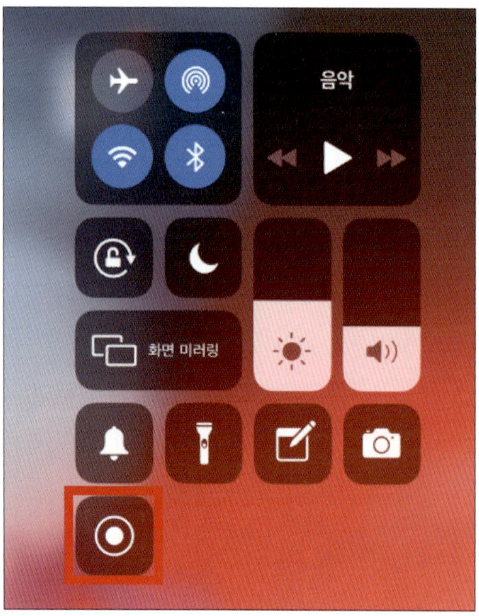

녹화가 시작되면 화면 상단에 빨간색 버튼이 생깁니다. 녹화를 다 하신 후 이 버튼을 다시 클릭해서 녹화를 종료할 수 있습니다.

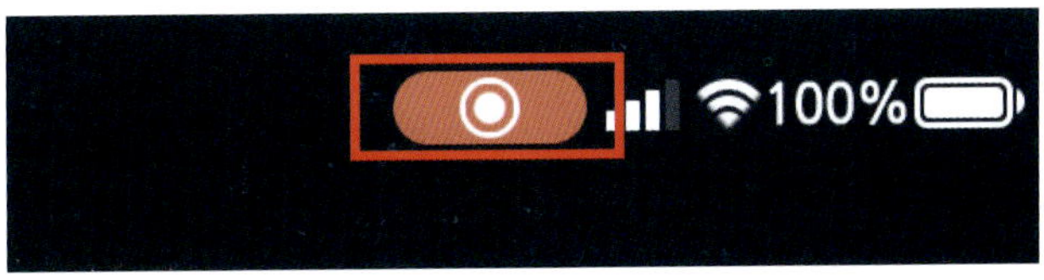

TIP

*** 아이패드를 통한 녹화 시 주의 사항**

아이패드를 통해 녹화하는 경우 자신에게 보이는 화면 전체가 그대로 녹화되됩니다. 즉 각종 알림을 포함하여 화면에 표시되는 모든 것이 기록됩니다. 따라서 녹화 전 [설정]에서 [방해금지 모드]를 활용하여 모든 알림을 끈 후에 녹화하는 것이 좋습니다.

3) 컴퓨터로 내보내기

녹화를 마치고 저장된 파일은 아이패드 내의 [AirDrop] 기능을 이용하여 PC/노트북으로 간편하게 옮길 수 있습니다(아쉽지만 PC/노트북도 애플 제품일 경우로 한정됩니다). 애플 제품이 아닌 PC에 녹화한 파일을 옮기려면 USB 선을 연결해서 저장된 파일을 찾아 옮길 수 있습니다. 또는 클라우드 서비스를 통해 웹에 올리고, 다른 PC에서 다운로드 받는 방법도 가능합니다.

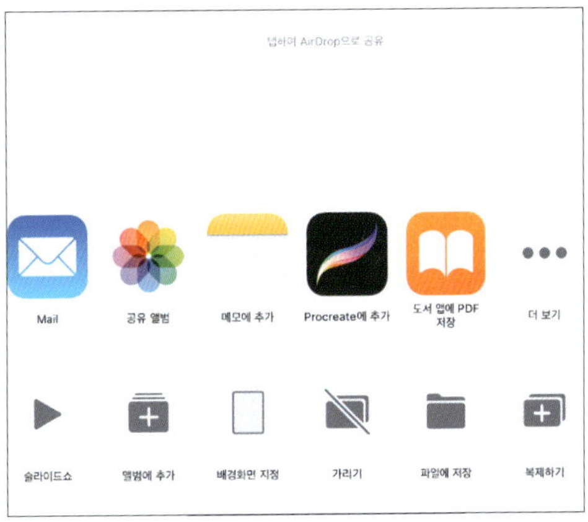

아이패드는 강의 영상 제작에 최적화되어 있는 기기라고 평가할 수 있을 정도입니다. 즉 아이패드를 활용하면 영상 제작이 상당히 편리합니다. 하지만 한편으로 애플 계열의 PC가 없는 분이라면 파일을 옮기고 편집하는 데 다소 불편하실 수 있다는 점도 참고해주세요.

4 안드로이드 태블릿 Android Tablet을 통해 강의 화면 녹화하기

최근 출시된 안드로이드 제품 중에는 화면 녹화 기능을 기기에서 바로 지원하는 것들도 있지만 구형 안드로이드 태블릿의 경우에는 관련 기능이 없어 앱을 따로 설치해서 진행해야 합니다. 앱은 별도의 기능까지 제공하는 경우가 많아서 신형 태블릿이 있더라도 배워두시면 매우 유용합니다.

1) 레츠뷰 LetsView 프로그램 개요

레츠뷰LetsView는 무료 멀티 플랫폼 데스크탑 화면 미러링 앱입니다. 다양한 스마트 기기의 화면을 PC나 TV에 표시하고 화면 캡처 및 녹화를 할 수 있는 유용한 소프트웨어입니다. 레츠뷰를 사용하면 동일한 Wi-Fi 네트워크 내에 있는 한 어디서나 화면을 공유할 수 있으며 'AirPlay' 및 'Miracast'와 같은 다양한 미러링 프로토콜을 지원합니다. 아이패드의 경우 화면 녹화가 매우 쉽지만, 안드로이드 태블릿은 녹화 방법이 기기별로 다르고 안정성도 기기별로 크게 차이가 있습니다.

한편 녹화 파일을 PC로 옮기고 편집하려면 또 다른 번거로움이 있습니다. 이 절에서는 안드로이드 계열 제품에서 편리하게 활용할 수 있는 앱인 레츠뷰를 소개하려고 합니다. 이 프로그램은 태블릿 또는 스마트폰의 화면을 PC에 복사하는 프로그램으로, 간편하게 미러링된 화면을 녹화하기만 하면 편집용 PC에 영상을 저장할 수 있습니다. 별도로 케이블이나 클라우드 서비스를 통해 영상을 이동시킬 필요가 없다는 점에서 매우 편리합니다.

2) 프로그램 설치 및 사용하기

안드로이드 태블릿 또는 스마트폰의 경우 플레이스토어Play Store(iOS의 경우 앱스토어App Store)에 들어가 레츠뷰LetsView 앱을 다운로드 받아줍니다. PC에도 역시 레츠뷰 프로그램을 설치합니다. 태블릿과 PC를 모두 동일한 네트워크에 연결한 후, 레츠뷰를 태블릿과 PC 모두에서 실행시켜줍니다.

태블릿에서 레츠뷰 앱을 실행하면 [Connection] 하단에 윈도우 모양과 함께 뜨는 [LetsView (user)]를 클릭해줍니다. (만약 뜨지 않는다면 주황색 [Redetect] 버튼을 눌러서 재검색해줍니다.)

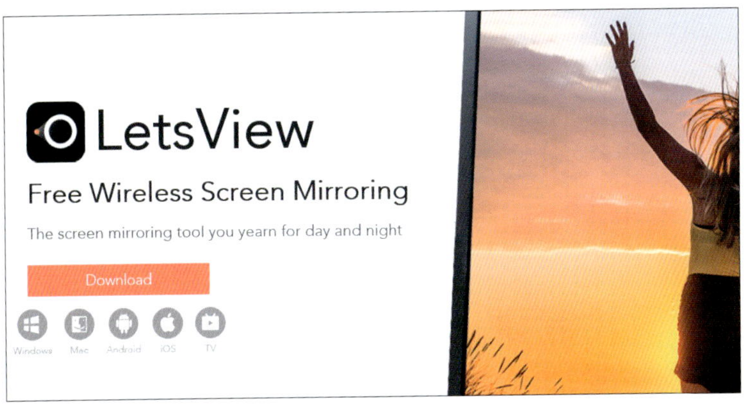

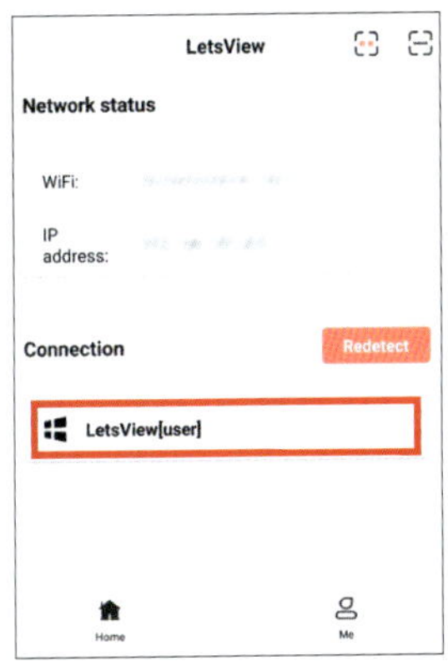

프로그램 다운로드 링크: http://letsview.com/

PC에서 레츠뷰 프로그램을 실행한 후 상단의 ☰ 모양 아이콘의 메뉴를 누르고 [설정/Settings]에 들어갑니다.

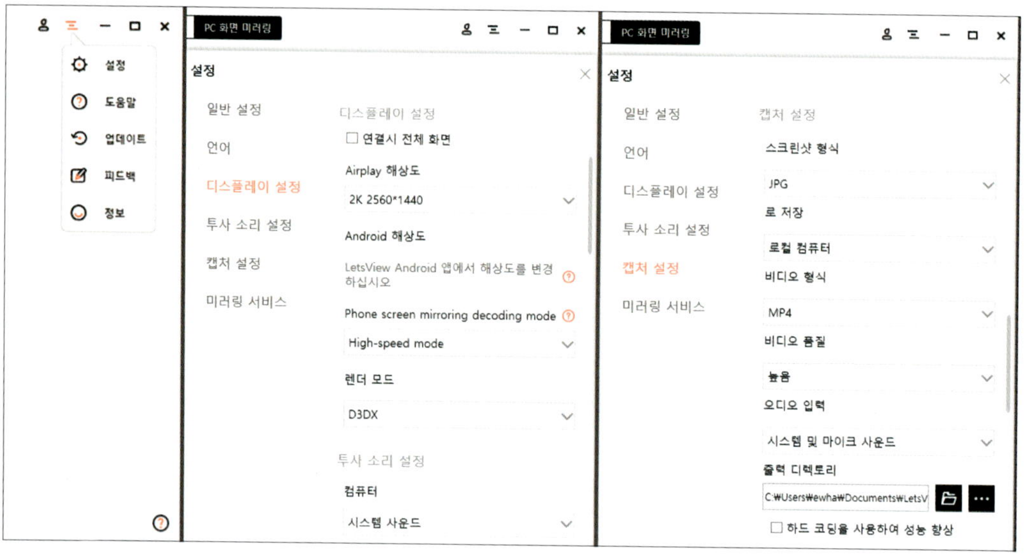

a. Airplay 해상도: 1080P 또는 2K(1080P 권장, 2K는 고화질이거나 PC가 구형이면 녹화 시 오히려 랙이 걸리게 됩니다.)

b. Phone screen mirroring decoding mode: High-speed mode

c. 오디오 입력

- 태블릿 소리와 목소리 모두 녹음할 경우: 시스템 및 마이크 사운드
- 목소리만 녹음할 경우: 마이크
- 태블릿 소리만 녹음할 경우: 시스템 사운드

d. 출력 디렉토리: 녹화 동영상이 저장될 위치 설정

PC 설정 완료 후 태블릿 화면으로 돌아옵니다. 다음과 같은 화면이 떠 있는 것을 확인할 수 있습니다.

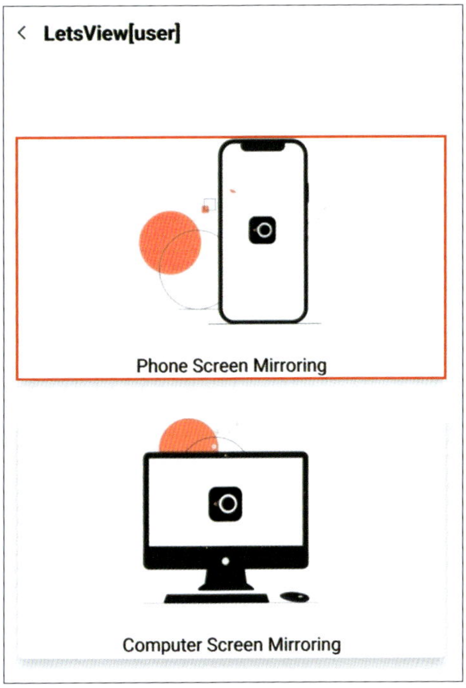

위의 버튼은 PC 모니터에 태블릿 화면을 띄우는 것이고 아래의 버튼은 태블릿에 모니터 화면을 띄우는 것입니다. 여기서 위의 버튼을 눌러 PC 화면에 태블릿 화면이 보이게 합니다.

이후 PC 화면에 나타난 창에서 상단의 동그란 녹화 버튼을 누르고 녹화를 시작하시면 됩니다(이때 태블릿에서 뒤로 가기 버튼을 누르면 미러링이 자동으로 꺼집니다. 홈 버튼을 눌러서 나가주시고 앱을 절대 종료하지 마세요!).

최근에는 안드로이드 기기들도 크게 발전하고 있어서 강의 영상 제작이 매우 편리해졌습니다. 앞서 살펴본 아이패드나 안드로이드 계열 스마트패드가 매우 발전하고 있지만 그럼에도 좋은 영상을 만들려면 여전히 PC를 활용한 영상 편집이 꼭 필요합니다. 최신형 스마트 기기가 없는 분들이나 편집하는 데 드는 시간을 줄이고 싶은 분들은 렛츠뷰 프로그램을 활용해보실 것을 추천드립니다.

CHAPTER 3

동영상 편집 프로그램·앱을 통해 강의 동영상 콘텐츠 편집하기

1 윈도우 무비메이커 Windows Movie Maker를 통해 초급 동영상 콘텐츠 편집하기

1) 윈도우 무비메이커 Windows Movie Maker 프로그램 개요

윈도우 무비메이커Windows Moviemaker는 마이크로소프트Microsoft에서 제작하여 배포한 무료 동영상 편집 소프트웨어입니다. 이 프로그램의 특징은, 윈도우 사용자라면 누구나 편리하게 무료로 활용할 수 있고 진입 장벽이 낮아 대중화되어 있다는 점입니다. 이 소프트웨어를 활용하면 원하는 동영상과 이미지 그리고 슬라이드쇼를 구성할 수 있으며, 간단하게 음악이나 오디오를 넣고 자막을 구성하기도 쉽습니다.

윈도우 무비메이커를 이용하면 사진이나 영상을 가져와서 자르고, 이어붙이고, 효과를 주며 텍스트를 입력하여 영상을 만들 수 있습니다. 사용하기 간편하고 배우기도 쉬워서 영상 편집을 처음 접하는 경우 혹은 간이 편집을 하고자 하는 경우에 많이 쓰이는 프로그램입니다. 편집된 동영상을 페이스북, 유튜브, 비메오 등의 SNS 사이트에 공유할 수 있는 기능까지 갖춘 종합 영상 편집 도구입니다. 물론 상용 프로그램인 어도비 프리미어 프로나 베가스처럼 섬세하고 정확한 편집은 어렵지만, 윈도우 무비메이커만 있다면 강의 동영상 제작을 위한 웬만한 기초적인 편집은 모두 가능하며, 자막도 대부분 어려움 없이 만들 수 있습니다.

2) 프로그램 설치하기

PC 시스템 최소 요구 사양

윈도우 운영체제 윈도우7 32비트와 64비트, 윈도우8 32비트와 64비트, 윈도우10 32비트와 64비트, 윈도우 서버 2008 R2 SSE2를 지원합니다. 여러분이 사용하시는 대부분의 운영체제에서 무리 없이 돌아가는 가벼운 프로그램입니다. 프로세서는 2.4GHz(단일 프로세서) 이상 설치가 되어 있어야 하며 HD급 이상의 영상 편집을 할 경우에는 듀얼 코어 이상의 프로세서를 권장합니다. 브라우저는 익스플로러 7.0 이상, Safari 3.1 이상이 설치되어 있어야 합니다. 또 메모리는 1GB RAM 이상, 해상도 1024×576이 최소 사항이고, 그래픽 카드는 DirectX 9.0c 이상 및 Shader Model 2 이상을 지원하는 것이 필요합니다. 마찬가지로 대부분의 기본 사양 PC에서 작동되는 프로그램입니다. 물론 PC 성능에 따라 편집이나 파일 변환 속도는 크게 차이가 있습니다.

지원하는 장비

스마트폰(안드로이드 또는 아이폰 계열)과 DSLRDigital Single-Lens Reflex 카메라 및 소형 핸디 카메라를 포함한 다양한 장비를 통해 촬영된 다양한 포맷의 디지털 영상 파일을 지원합니다.

지원하는 파일 포맷

WMV, DV-AVI, Microsoft Record TV Show, 3GP, 3GPP, MPEG-2, MPEG-1, Motion JPEG, JPEG, TIFF, GIF, Bitmap, PNG, QuickTime(.mov, .qt), AVCHD, MPEG-4 등의 포맷을 지원합니다. 여러 동영상 파일뿐 아니라 JPEG, GIF와 같은 이미지 파일들 그리고 MP3나 AVI와 같은 음성 파일도 지원해서 영상과 음성 이미지를 자유자재로 편집할 수 있습니다.

윈도우 무비메이커 다운로드 방법

윈도우 무비메이커가 포함된 'Windows Live Essential' 패키지의 지원이 2017년 종료되어 마이크로소프트 공식 웹사이트에서는 다운로드가 불가능합니다. 하지만 신형 윈도우에서 무리 없이 작동되며 설치파일은 **프로그램 다운로드 링크**에서 무료로 제공됩니다('구글'이나 '네이버' 등 검색엔진을 통해 무비메이커를 검색하면 다운로드 링크를 걸어둔 웹사이트가 많습니다).

해당 사이트로 이동하면 다음과 같은 화면이 뜹니다.

먼저 원하는 언어를 선택한 뒤 [Download Now] 버튼을 클릭합니다.

다운로드가 완료되면 wlsetup-all 파일이 생성됩니다. 이 파일을 더블클릭하면 어떤 프로그램을 설치할 것인지 묻는 창이 뜨는데, 여기서 [설치하려는 프로그램의 선택] 문구를 클릭합니다. 세부 리스트 중 사진 갤러리 및 무비메이커에 ✔한 뒤 하단에 있는 [설치] 버튼을 누릅니다. 이제 편집할 준비가 됐습니다.

프로그램 다운로드 링크: http://www.winmoviemaker.com

윈도우 무비메이커의 인터페이스

무비메이커 프로그램의 상단은 각종 메뉴로 이루어져 있으며 왼쪽은 실시간 영상을 보여주는 출력 모니터, 오른쪽은 스토리보드 창으로 구성됩니다.

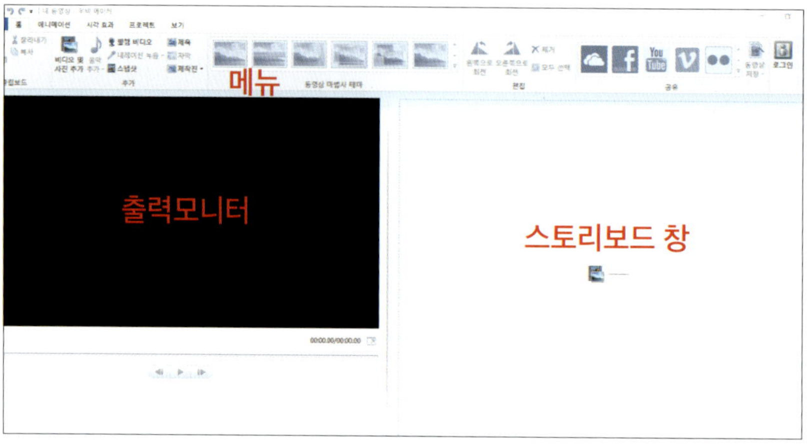

오른쪽 하단의 슬라이드 바를 움직이면 소스 클립의 크기를 조절할 수 있습니다. [-]를 누르면 작아지고 [+]를 누르면 커집니다. 전체를 한눈에 보고자 할 때는 축소해서, 미세한 편집을 할 때는 확대해서 작업할 수 있습니다.

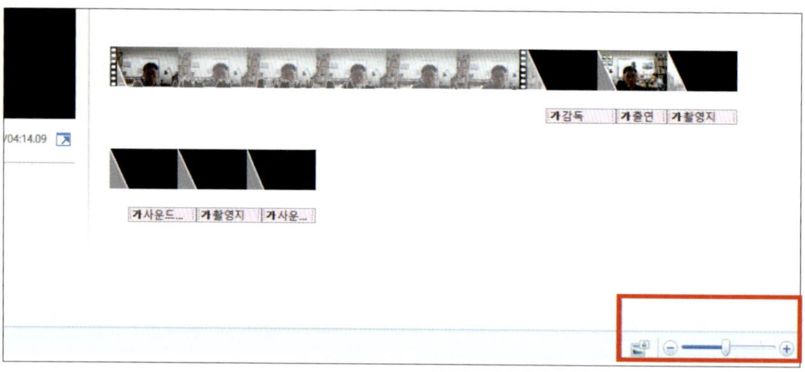

3) 윈도우 무비메이커로 파일 불러오기

촬영한 강의 영상을 가져오려면 메뉴에서 [비디오 및 사진 추가] 버튼을 찾아 클릭합니다.

또 다른 방법은 오른쪽 스토리보드 창의 화면을 클릭하는 것으로, 이때 팝업 창이 새롭게 열리면서 영상이나 사진 파일을 불러올 수 있습니다.

[Ctrl] 키를 누르고 여러 개의 파일을 선택하면 해당 파일들을 동시에 불러올 수 있습니다. 사진 이미지도 같은 방법으로, 전체를 드래그하여 선택해서 가져올 수 있습니다.

또 다른 방법은 메뉴에서 [파일] → [장치에서 가져오기]를 선택하는 것입니다. 먼저 스마트폰을 USB 연결선으로 PC의 USB 포트와 연결합니다.

[사진 갤러리로 사진과 동영상을 가져옵니다]라는 팝업 창이 생성되면 [확인]을 클릭합니다.

가져올 장비를 선택한 뒤 [가져오기]를 클릭합니다.

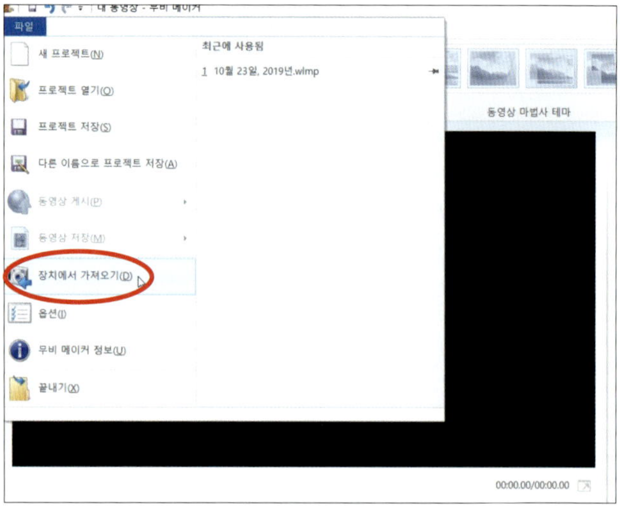

[사진 및 비디오를 찾는 중] 창이 뜨면서 스마트폰의 데이터를 불러옵니다. 그리고 다음과 같은 창이 뜨면 [가져올 항목 검토 및 그룹으로 지정하기]에 ✓하고 [다음]을 클릭합니다.

가져올 사진 파일 중에서 원하는 파일을 선택하고 [가져오기]를 클릭합니다.

다음과 같은 창이 뜨면서 PC로 파일이 전송됩니다.

이제 원하는 촬영 날짜의 영상 클립을 선택하여 사용하면 됩니다.

4) 불러온 영상 재생하기

왼쪽 출력 모니터 하단의 재생 버튼을 클릭하거나 키보드의 스페이스 바를 누르면 재생이 됩니다. 빠른 편집에는 스페이스 바 활용이 편리합니다. 다시 스페이스 바를 눌러 영상을 멈출 수 있습니다. 또는 키보드에서 [K]를 눌러도 재생되며 [K]를 다시 누르면 정지합니다. 이전 프레임으로 가려면 [J], 다음 프레임으로 가려면 [L]을 누릅니다. 출력 모니터 하단의 슬라이더를 마우스로 클릭한 채 드래그하면 영상에서 원하는 부분을 빠르게 검색할 수 있습니다.

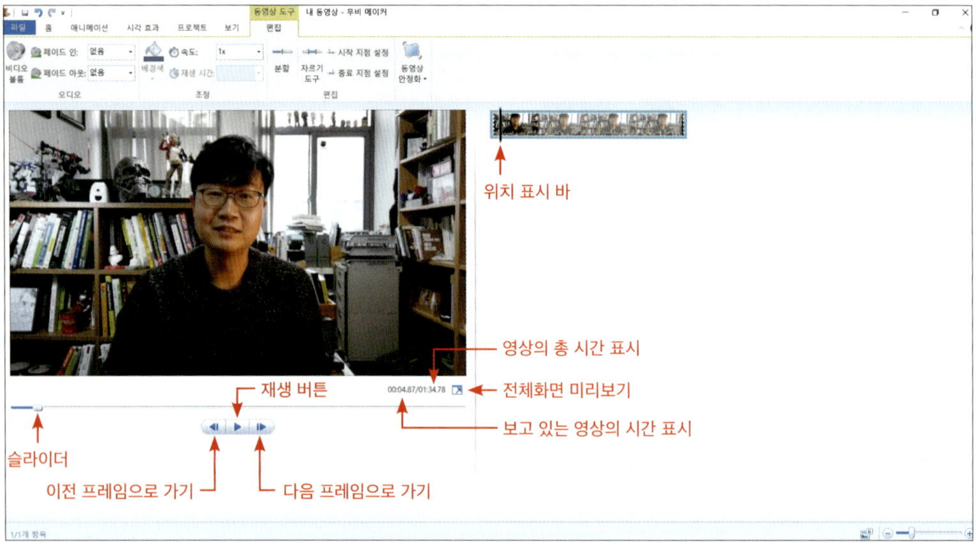

출력 모니터의 오른쪽 하단에 있는 시간은 현재 보고 있는 영상의 위치와 영상의 전체 시간을 표시합니다. 오른쪽 스토리보드 창에는 영상 클립이 존재하는데, 위치 표시 바에 마우스 포인터를 가져가면 포인터가 손 모양으로 바뀝니다. 이때 위치 표시 바를 잡고 드래그해서 영상의 원하는 부분을 볼 수도 있습니다.

TIP

*** 유용한 클립보드 영상 편집 기능**

오른쪽 스토리보드 창의 빈 곳에 마우스 오른쪽 버튼을 클릭하면 [비디오 및 사진 추가]를 비롯한 소메뉴가 나타납니다. [붙여넣기]는 클립보드 영상을 임의로 한 개 선택했을 때 창 안에 계속 같은 파일을 복사하여 붙여넣을 수 있게 해주는 기능을 합니다. [모두 선택]은 스토리보드 창의 모든 영상을 선택할 수 있으며 [확대], [축소]는 스토리보드 창의 영상들을 확대하거나 축소하는 기능을 하여 편집의 효율을 높여줍니다.

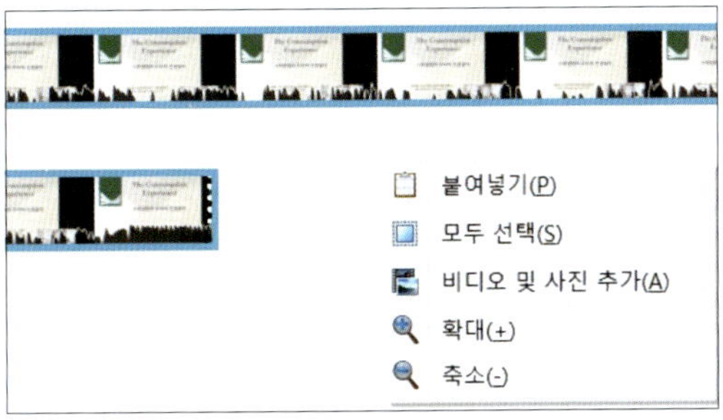

5) 영상 편집하기

영상 편집은 촬영된 영상의 순서를 정하고 일련의 편집을 통해 최종 영상의 길이를 조절하는 작업입니다. 원하는 영상을 한 컷씩 차례로 작업할 수도 있고, 영상을 모두 가져온 뒤에 각각의 순서를 결정할 수도 있습니다. 다음은 모두 가져온 다음 순서를 배열하는 방법입니다.
즉 원하는 영상을 선택해 클릭하고 드래그해서 자신이 원하는 위치로 이동합니다.

길이 조절 방법

스토리보드 창의 영상 클립을 더블클릭하거나 메뉴 바의 [편집] 탭을 클릭하면 홈 창에서 영상의 길이를 조절할 수 있는 메뉴인 [자르기 도구]가 나타납니다.

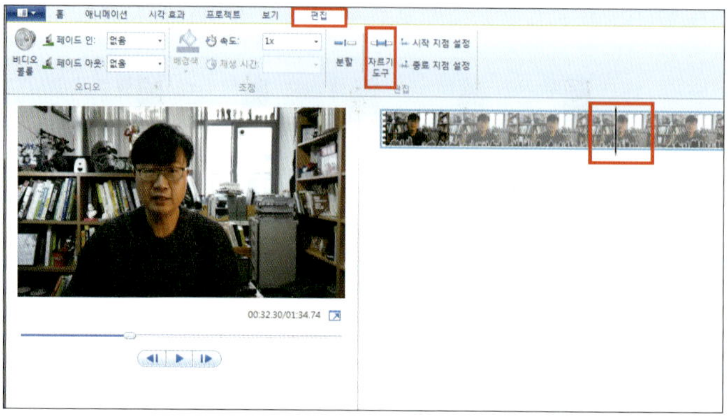

다음은 [자르기 도구]를 클릭해 [자르기] 창으로 이동한 화면입니다. 잘못된 부분NG 컷을 잘라내려면 출력 모니터 하단의 자르기 마커 바를 드래그해 원하는 지점에 놓습니다.

이처럼 단순히 마우스를 드래그하는 것으로 영상의 일부를 잘라낼 수 있습니다. 이런 방법으로 영상을 사용할 시작점IN과 끝 지점OUT을 결정하고 난 다음 [자르기 저장] 버튼을 클릭하면 그 지점 양옆의 NG컷은 삭제됩니다.

불필요한 영상 삭제하는 방법

필요 없는 영상(클립 단위)을 삭제하려면 해당 영상을 클릭한 후 키보드에서 [Delete] 키를 누르면 삭제됩니다.

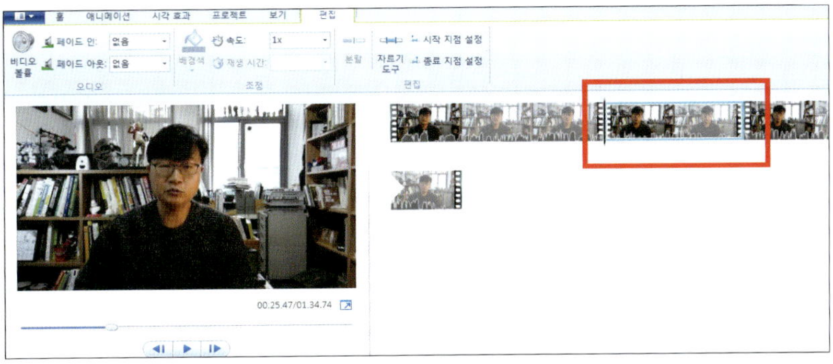

영상 나누는 방법

선택한 영상에서 위치 표시 바가 놓인 지점을 기준으로 두 개의 영상으로 나누는 방법입니다. 위치 표시 바를 분할하고자 하는 위치에 끌어다 놓고 [편집] 탭의 [분할] 버튼을 클릭합니다. 단축키는 [M]입니다. 긴 영상을 여러 개로 나누면 다양한 조합의 편집이 가능합니다.

영상 속도 조절하는 방법

영상의 속도를 조절하려면 [편집] 탭을 클릭하여 나오는 [속도] 항목 옆 메뉴 바를 누릅니다. 0.125×부터 64×까지 속도를 조절할 수 있으며, 1×는 정상 속도, 그 이하는 느린 속도이고 1×보다 높은 숫자는 빠른 속도입니다. 속도를 조절하고 싶은 클립을 클릭한 뒤 [속도] 메뉴에서 원하는 숫자를 선택하는 것으로 속도를 결정할 수 있습니다.

이때 속도를 가변적으로 적용하려면 검은색 플레이 바를 움직여가며 원하는 지점에 위치시킨 후 [분할] 버튼(단축키: [M])을 클릭해서 영상을 잘라내어, 각 클립에 각각 다른 속도를 적용할 수 있습니다.

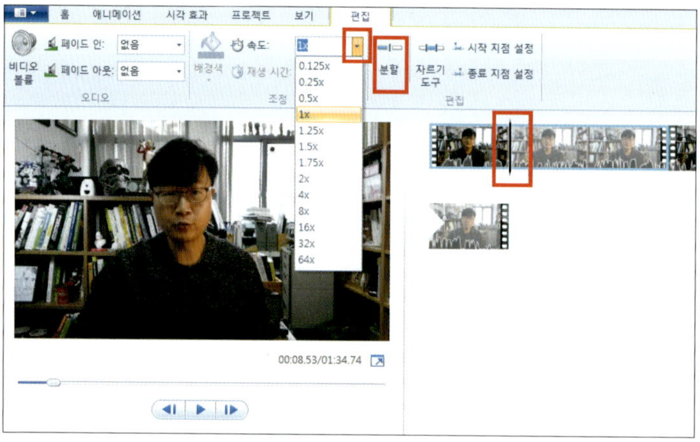

영상의 화면 비율을 정하는 방법

화면 비율aspect ratio은 프레임의 종횡비, 즉 가로와 세로의 비율을 뜻합니다. 먼저 용어를 설명하겠습니다.

• 스탠다드Standard 1.33:1(4:3)

일반적인 TV 화면과 PC에서 재생되는 동영상이 가지고 있는 화면 비율로서 320×240 동영상 역시 1.33:1(4:3)의 비율을 가집니다. 강의 영상에도 스탠다드 비율을 주로 활용합니다.

- **와이드 스크린**Wide Screen **1.78:1(16:9)**

와이드 스크린은 와이드TV 또는 HDTV의 표준규격으로 화면의 가로:세로 비율이 16:9입니다. 일반 TV(4:3 화면)에서 와이드 화면을 감상하면 비율을 유지하기 위해 화면 위아래에 검은 띠가 생길 수 있습니다.

편집할 때 화면 비율을 설정하려면 메뉴에서 [프로젝트] 탭을 클릭합니다. [와이드 스크린]을 클릭하면 16:9 화면으로 설정되고 [표준]을 선택하면 4:3 화면으로 편집됩니다. 일단 편집은 자유롭게 하고 최종 완성 파일로 만들기(출력) 전에만 화면 비율을 설정하면 됩니다. 과거의 영상은 SD(4:3)였지만 최근에는 스마트폰 영상 화질도 HD를 지원하기 때문에 16:9 화면이 대부분입니다.

다음 사진에서 왼쪽은 와이드 스크린(16:9)을 선택한 화면이고 오른쪽은 표준(4:3)을 선택한 화면입니다. 원본이 HD화면이기 때문에 비율을 맞추기 위해 위아래에 검은 띠가 생긴 것이 보이지만, SD(4:3) 카메라로 촬영한 영상을 불러오면 꽉 차게 보입니다.

영상에 장면 전환 효과를 주는 방법

장면 전환 효과는 전체 스토리에서 시간-공간의 변화가 있을 때 사용하는 경우가 많습니다. 요즘에는 멋으로 또는 기분 전환을 위해서 사용하는 경우도 있습니다. 강의 영상에서 지루해지기 쉬운 시점이나 내용이 바뀌는 부분에 적절하게 사용하면 됩니다. 단 너무 자주 사용하면 촌스럽거나 진부한 인상을 줄 수 있으므로 유의해야 합니다.

디졸브, 와이퍼 효과를 적용하려면 메뉴 바에서 [애니메이션] 탭을 클릭한 뒤 효과를 적용할 클립을 선택하면 됩니다. 원하는 장면 전환 효과를 클릭하면 적용됩니다. 장면 전환 효과를 취소하려면 [전환] 패널 왼쪽 끝의 첫 번째 비어 있는 사각형(아래 화면에서 '전환 없음' 표시된 부분)을 클릭합니다. 바로 취소할 경우에는 키보드 단축키 [Ctrl]+[Z]를 누르면 됩니다.
효과가 적용된 클립에는 아래 귀퉁이에 회색 삼각형이 표시됩니다.

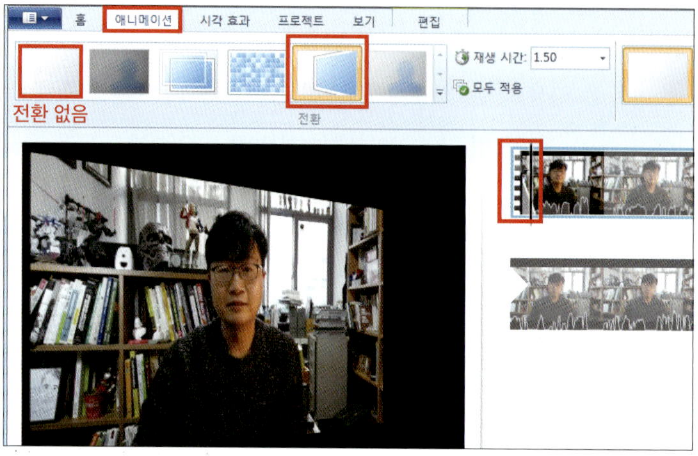

클립에 적용할 수 있는 모든 장면 전환 효과는, [에니메이션] 탭을 클릭했을 때 아래에 나타나는 효과들의 오른쪽 끝에 있는 ▲/▼ 화살표를 눌러가며 확인할 수 있습니다.

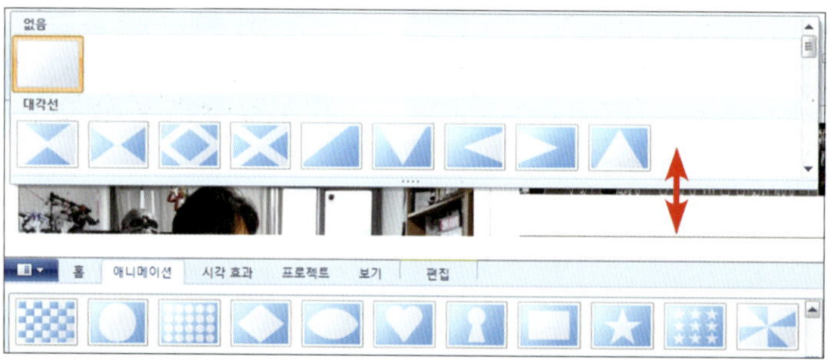

장면 전환 효과를 모든 영상 클립에 적용하는 방법

전체 영상 클립들에 동일한 장면 전환 효과를 적용하려면 적용할 효과를 누르고 오른쪽의 [모두 적용]을 클릭합니다.

오른쪽 클립보드 창의 클립 귀퉁이에 효과 표시가 나타나 모두 적용되었음을 알 수 있습니다. 전체 적용한 효과를 삭제하려면 클립 하나를 클릭하고 키보드 단축키 [Ctrl]+[A]를 누르면 전체 선택이 됩니다. 그 상태에서 첫 번째 비어 있는 사각형(전환 없음)을 클릭하면 효과가 전부 해제됩니다.

장면 전환 시간을 조절하는 방법

장면 전환 시간을 조절하려면 [편집] → [재생 시간] 항목 옆 메뉴 바를 클릭해서 선택하거나 시간을 직접 입력한 뒤 키보드 [Enter]를 누릅니다.

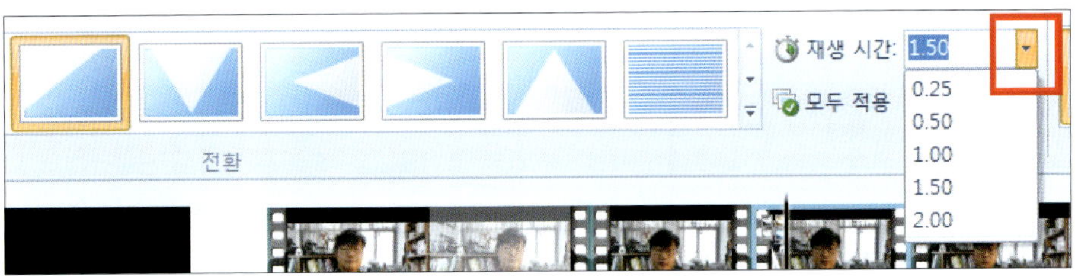

이미지 파일로 편집할 경우 시간 조절하는 방법

이미지들을 불러온 후 각각의 이미지에 기본값으로 7초씩을 할당합니다. 시간을 늘리거나 줄이려면 해당 이미지를 클릭하고 [재생 시간] 항목 옆 메뉴 바를 클릭해서 원하는 시간을 선택합니다(동영상 길이 조절과는 방식이 다르다는 점에 유의하세요). 영상뿐 아니라 이미지 파일이 유용할 때가 많습니다. 예컨대 강의 제목을 집어넣은 간단한 시작 화면을 PPT로 만들고 이미지로 저장해 강의 영상과 함께 편집한다면 깔끔한 강의 영상을 쉽게 제작할 수 있습니다.

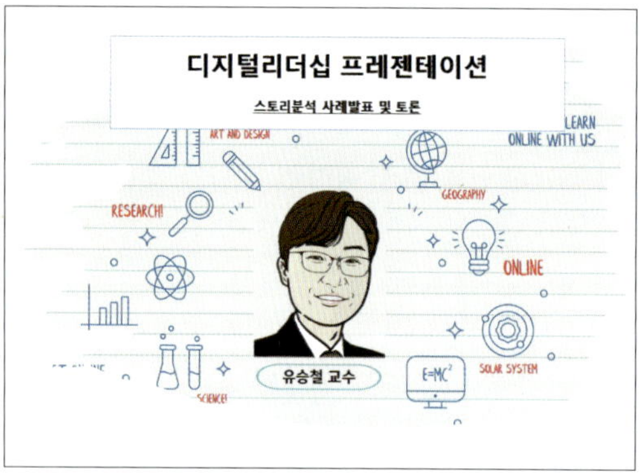

음악 추가하는 방법

[홈] 탭에서 [음악 추가] 버튼을 클릭합니다. 여러분이 가지고 계신 저작권 문제가 없는 음악 파일을 쓰시길 권장합니다. [새 온라인 음악 찾기] 밑으로 [AudioMicro]는 유료 음악 구입 사이트이며 [Free Music Archive]와 [Vimeo]는 현재 서비스가 되지 않음을 참고하시기 바랍니다. [음악 추가] 창이 열리면 원하는 음악을 선택하고 [열기] 버튼을 누릅니다.

소리 조절하는 방법

상단의 메뉴 바에서 [음악 도구] 버튼을 클릭합니다. 왼쪽의 [음악 볼륨] 버튼을 클릭하면 그 하단에 조절 바가 열리는데, 이 바를 움직이면서 소리의 크기를 조절합니다.

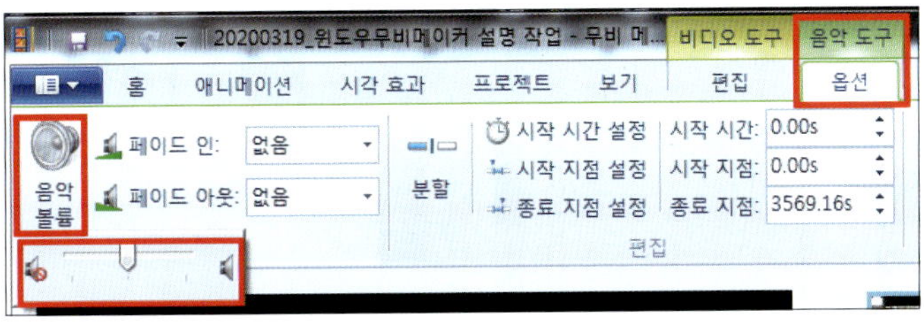

음악이 서서히 나오고 줄어들게 하려면 [페이드 인]과 [페이드 아웃] 항목 옆의 메뉴 바를 클릭해서 [느리게], [보통], [빠르게] 중에서 선택하면 됩니다.

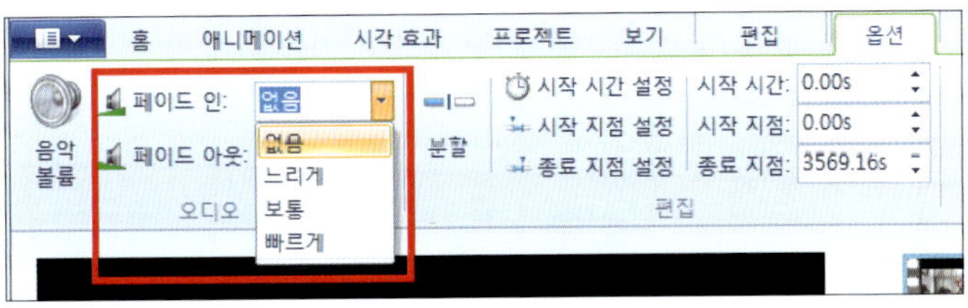

영상 클립 보기 형태를 바꾸는 방법

상단의 메뉴 바에서 [음악 도구] → [보기] → [원래대로] 버튼을 클릭하면 영상의 길이에 비례해서 각각의 클립이 보입니다. [축소] 버튼을 계속 누르면 영상의 길이와 관계없이 처음 프레임만 볼 수 있게 줄어들며, [확대] 버튼을 계속 누르면 더욱 많은 프레임을 볼 수 있습니다.

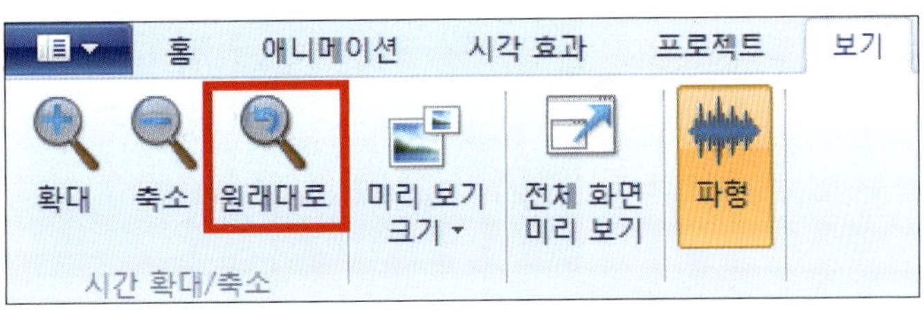

한편 [미리보기 크기]를 클릭하면 스토리보드에 나타나는 영상 클립의 크기를 선택할 수 있습니다. 또 [전체화면 미리보기]를 클릭하면 화면 전체로도 볼 수 있습니다.

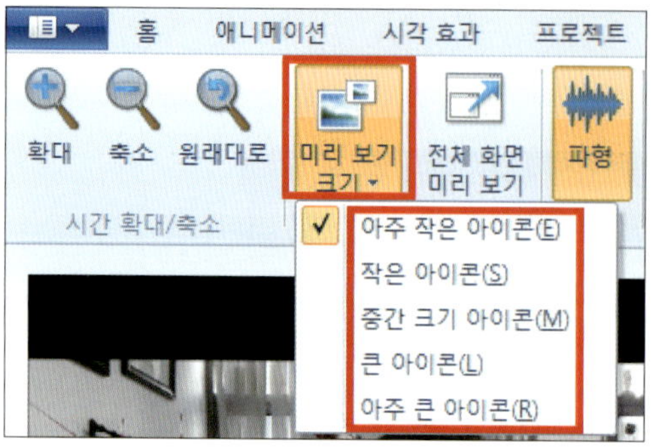

자막 넣는 방법

윈도우 무비메이커에서 영상에 자막을 넣는 방법에 대해 알아보겠습니다.

• 자막이 있는 제목 페이지 넣기

먼저 제목 자막을 넣는 기본 방법입니다.

무비메이커를 실행하고 왼쪽 상단의 [홈] 탭을 클릭합니다. [제목]을 클릭하면 영상의 맨 앞쪽에 자막 화면이 추가됩니다. 이곳에 원하는 제목 및 문구를 입력하면 됩니다. 앞서 살펴본 것처럼, 자막 대신에 PPT 등으로 만든 제목 페이지 이미지를 직접 넣으셔도 좋습니다.

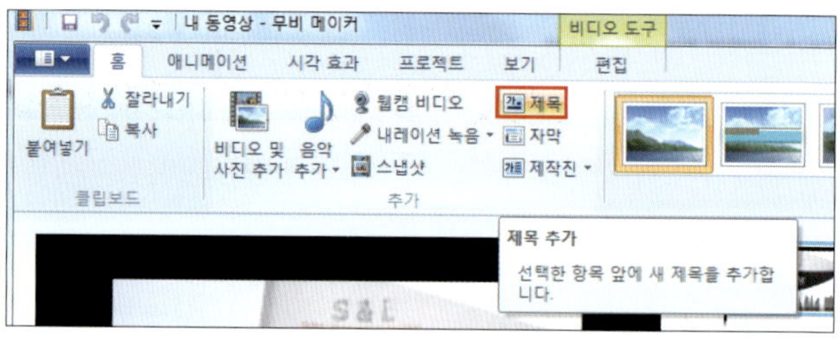

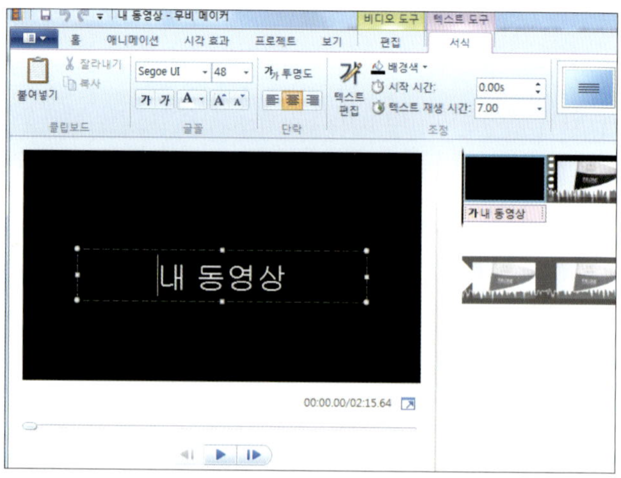

'내 동영상'이라고 표시된 글씨를 더블클릭하면 자막 글씨를 입력할 수 있는 준비가 됩니다. 워드 작업을 하시는 것처럼 자유롭게 타이핑해서 입력하면 됩니다. 다음과 같이 테스트로 제목을 넣어 보았습니다.

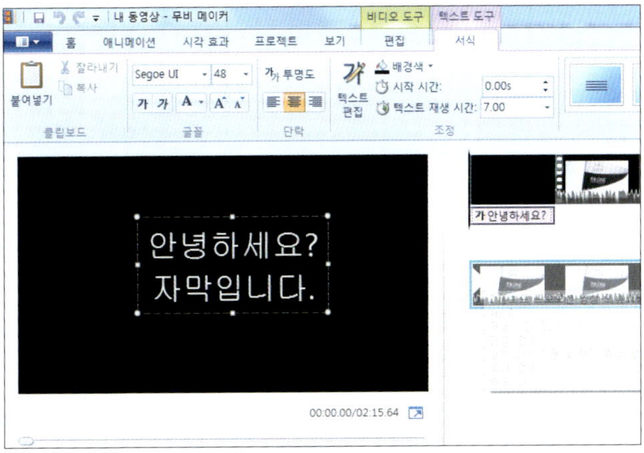

- **동영상 특정 부분에 자막 넣기**

동영상이 재생될 때 자막이 함께 나오도록 넣는 방법입니다. 스토리보드 창 영상 클립 위의 위치 표시 바를 클릭한 채로, 동영상의 자막을 넣고 싶은 부분에 끌어다 놓으세요.

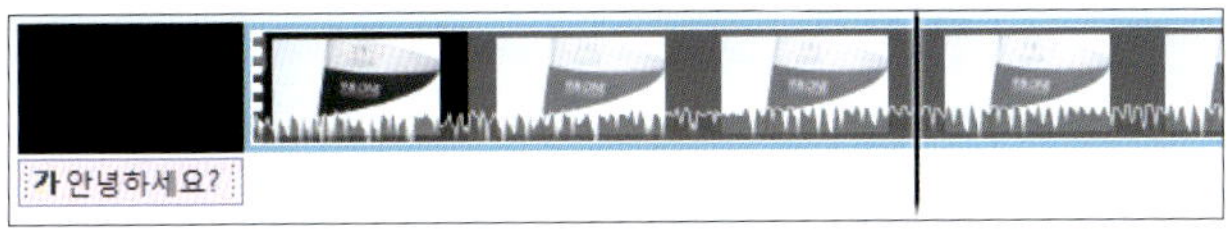

그다음 상단의 메뉴 바에서 [홈] 탭 → [자막]을 클릭합니다.

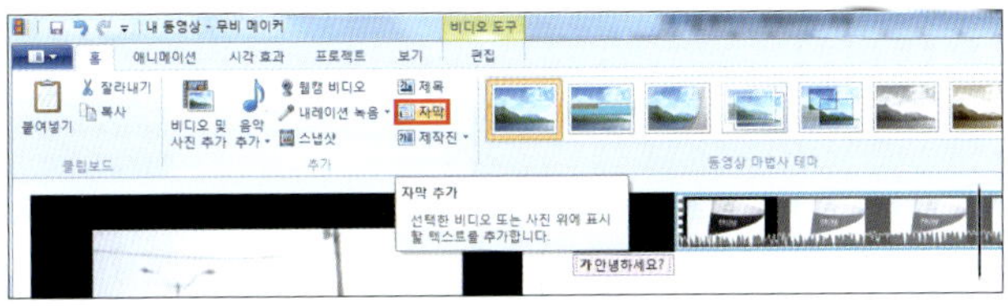

다음 사진처럼 왼쪽 출력 모니터의 영상 밑에 '여기에 텍스트 입력'이라는 문구가 나타나고 오른쪽 타임라인에는 조금 전 클릭했던 위치에 자막 표시가 생성되었습니다. 이제 자막을 입력해보겠습니다.

'여기에 텍스트 입력' 문구를 클릭한 후 해당 자막 창에 원하는 문구를 입력합니다.

그다음 오른쪽 타임라인의 자막 표시를 클릭한 채로 원하는 영상 위치의 밑으로 이동시킬 수 있습니다.

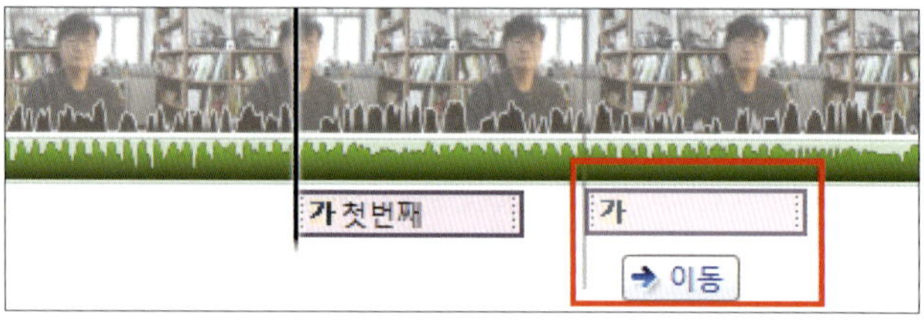

• **자막 응용하기**

자막을 입력할 때는 다양한 기능을 통해 자막에 개성이나 특징을 입힐 수 있습니다. 여러분이 평소에 사용하는 마이크로소프트 워드나 한글 프로그램에서 접했던 기능들이 동일하게 적용됩니다.

- **자막에 모션 넣기**: 오른쪽 상단에 이미 만들어놓은 움직임을 선택하는 것으로, 제목을 만들 수 있습니다. 배경색, 글자색, 크기 등도 지정할 수 있습니다.

제목 재생 시간을 설정하려면 메뉴 바에서 [서식] 탭 → [텍스트 재생 시간] 항목의 메뉴 바를 클릭하여 1~30초 중 원하는 시간을 선택하면 됩니다.

- **스크롤 자막 넣기**: 메뉴 바에서 [홈] 탭 → [제작진] 항목을 클릭하면 교사, 감독, 출연, 촬영지, 참여 조교나 학생 등의 이름을 자막으로 넣을 수 있습니다. 출력 모니터의 글자가 있는 부분을 더블클릭하고 입력하면 됩니다. 제작진 이름의 자막은 자동으로 아래에서 위로 스크롤되는 기능이 있습니다.

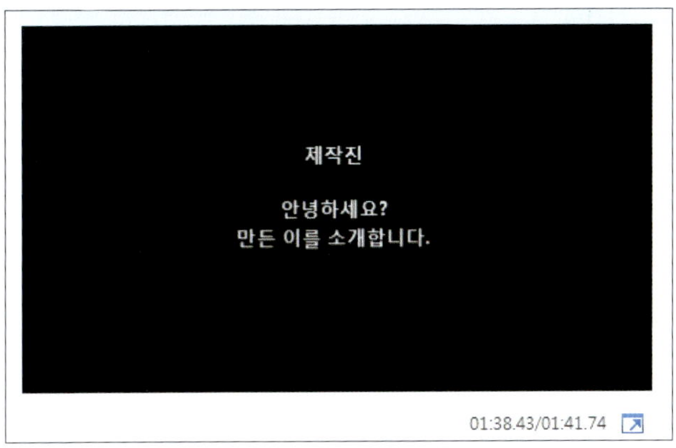

6) 시각 효과 주기 및 밝기 조절하기

메뉴 바에서 [시각 효과] 탭을 클릭하면 영상을 여러 가지 색상으로 바꿀 수 있습니다. 포커스 아웃 형태로 영상을 만들 수도 있고 페이드 인/페이드 아웃, 모션, 흑백, 반전 영상, 360도 회전 영상, 좌우로 흔들리는 영상과 다른 색상의 화면으로 만들 수도 있습니다.
시각 효과를 영상 클립에 적용하려면 먼저 영상 클립을 선택한 후 오른쪽 끝의 [밝기]를 클릭합니다. 여기서 노출이 잘못된 영상을 슬라이더 이동으로 쉽게 수정할 수 있습니다.

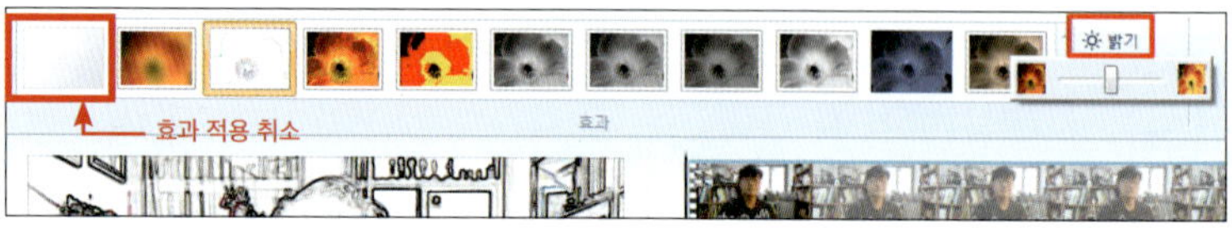

[다양한 효과] 버튼을 누르면 추가로 더 다양한 효과를 창에 추가할 수 있습니다. 그리고 첫 번째 효과 버튼을 클릭하면 효과 적용을 취소할 수 있습니다.

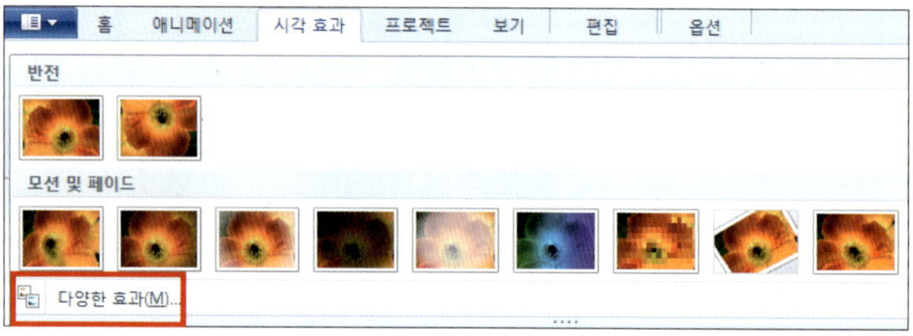

먼저 [사용 가능한 효과]에서 원하는 효과를 선택한 후에 [추가] 단추를 누르면 오른쪽 빈칸에 효과들이 추가되는 것을 볼 수 있습니다. 그다음에 [적용]을 누르면 효과 창에 새로운 효과가 생성됩니다.

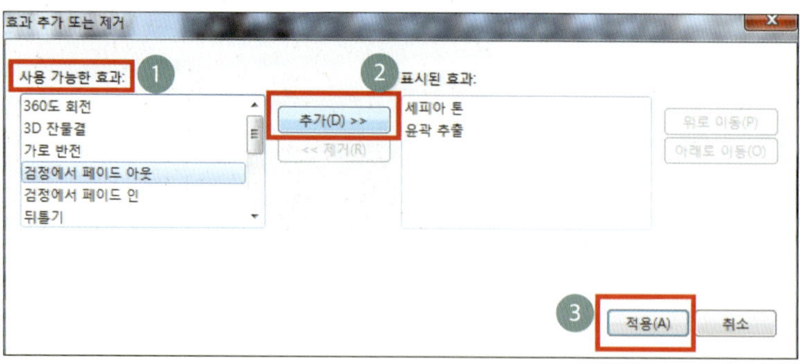

7) 애니메이션 효과 추가하기

애니메이션은 사진에 움직임을 주는 기능입니다. 사진을 불러와서 [애니메이션] 탭 → [이동 및 확대/축소]의 여러 움직임 중 원하는 움직임을 클릭하면 사진이 동영상처럼 움직입니다.

원하는 움직임을 선택한 후 [모두 적용]을 클릭하면 해당 움직임이 모든 사진에 적용됩니다.

애니메이션이 적용되면 클립 왼쪽 상단에 표시가 되는 것을 확인할 수 있습니다.

TIP

*** 애니메이션 효과를 활용한 뮤직비디오 제작 팁**

[홈] 탭 → [음악 추가]를 클릭하여 음악을 넣은 후 [애니메이션] 탭으로 와서 사진과 사진 사이에 장면 전환 효과를 주면 사진을 이용하여 간단하게 움직이는 동영상을 제작할 수 있습니다. 중간에 움직이는 자막까지 넣어주면 활발한 뮤직비디오가 됩니다.

8) 편집 완료한 동영상 저장하기

편집을 완료했으면 [홈] 탭 → 오른쪽 끝의 [동영상 저장]을 클릭합니다.

여러 화질의 비디오 중 선택하는 메뉴가 열립니다. 메뉴에서 원하는 동영상 형태를 선택합니다. 첫 번째 [고해상도 디스플레이용]을 선택하면 HD 해상도 1440×1080 화면의 영상을 만들 수 있습니다. 원하는 화질의 영상을 선택하면 [동영상 저장] 창이 열립니다. 파일 이름을 입력하고 [저장]을 클릭하면 MP4 포맷의 동영상 파일이 만들어집니다.

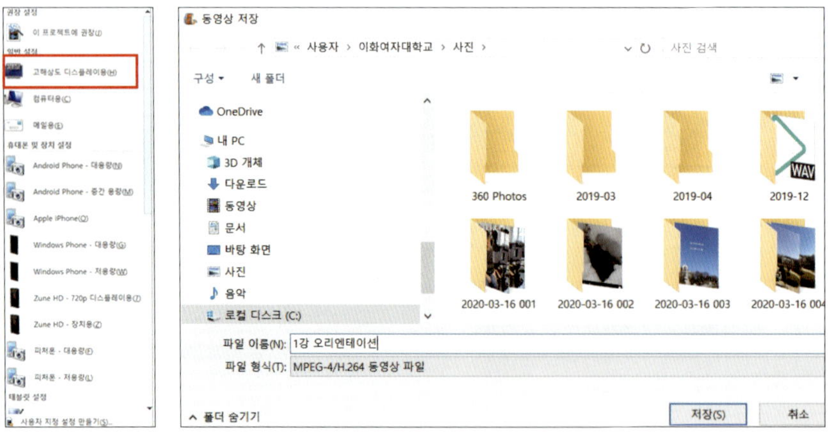

동영상 파일이 다 만들어지면 완료되었음을 알리는 창이 열립니다.

[재생] 버튼을 클릭하면 방금 만든 MP4 포맷의 영상 파일이 기존에 설정해둔 미디어 플레이어에서 재생됩니다.

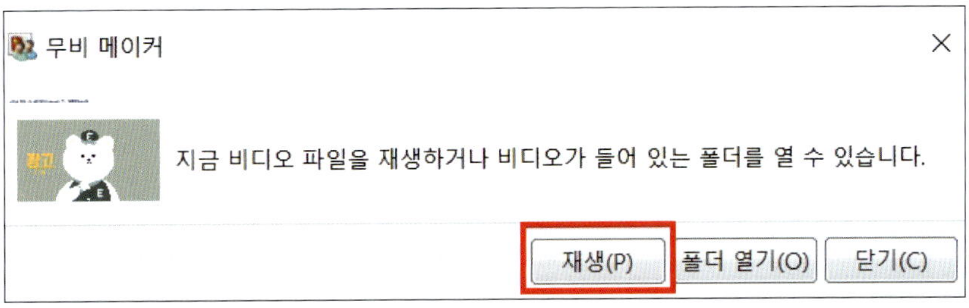

동영상 저장 설정하는 방법

어떤 저장 설정을 선택하는지에 따라 화면 크기와 파일 용량이 달라집니다. 해상도가 클수록 고화질로 만들 수 있지만 파일의 크기도 커지고, 해상도가 작으면 화질은 좋지 않지만 파일 크기는 작아집니다. 이 점을 고려하여 사용자의 용도에 따라 선택하면 됩니다. 일반적인 강의 영상의 경우 꼭 고화질을 고집할 필요는 없습니다. 요즘에는 유튜브의 대표적인 저장 형식인 MP4 파일 포맷을 많이 사용하므로 MP4 파일 포맷을 권장합니다.

동영상 저장 설정 시 참고 사항

일반적으로 [이 프로젝트에 권장]을 사용하셔도 무방하지만 다양한 설정에 대해 알고 있으면 영상의 목적에 맞게 가변적으로 활용할 수 있습니다. 전반적으로 고해상도를 사용하는 웹 환경으로 인해서 대중적으로 사용되는 디스플레이의 크기는 1920×1080이며 화면 비율은 와이드 스크린(16:9), 4:3을 사용합니다.

저장 메뉴에 나열되는 저장 방식을 간략하게 설명해드리겠습니다.

- 권장 모드: 디스플레이 크기 1920(가로)×1080(세로) 픽셀, 비율 와이드 스크린, 비트 전송률 24.13Mbps, 예상 파일 크기 비디오 1분당 172.58MB
- 최신 설정 모드: 디스플레이 크기(고해상도 디스플레이용) 1920(가로)×1080(세로) 픽셀, 비율 와이드 스크린, 비트 전송률 24.19Mbps, 예상 파일 크기 비디오 1분당 173.03MB
- 컴퓨터용 모드: 디스플레이 크기 854(가로)×480(세로) 픽셀, 비율 와이드 스크린, 비트 전송률 5.69Mbps, 예상 파일 크기 비디오 1분당 40.71MB

휴대폰 및 장치 설정 종류는 먼저 가장 대중적인 스마트 운영체제를 중심으로 설명하겠습니다.

- Android Phone 대용량 모드: 디스플레이 크기 1920(가로)×1080(세로) 픽셀, 비율 와이드 스크린, 비트 전송률 24.19Mbps, 예상 파일 크기 비디오 1분당 173.03MB
- Apple iPhone 모드: 디스플레이 크기 1280(가로)×720(세로) 픽셀, 비율 와이드 스크린, 비트 전송률 10.19Mbps, 예상 파일 크기 비디오 1분당 72.90MB
- Windows Phone 대용량 모드: 디스플레이 크기 854(가로)×80(세로) 픽셀, 비율 와이드 스크린, 비트 전송률 5.13Mbps, 예상 파일 크기 비디오 1분당 36.68MB
- Android Phone(1080p): 디스플레이 크기 1920(가로)×1080(세로) 픽셀, 비율 와이드 스크린, 비트 전송률 24.18Mbps, 예상 파일 크기 비디오 1분당 173.03MB
- Apple iPad: 디스플레이 크기 1280(가로)×720(세로) 픽셀, 비율 와이드 스크린, 비트 전송률 10.19Mbps, 예상 파일 크기 비디오 1분당 72.90MB

다음으로 대중적으로 사용되는 웹사이트와 SNS를 중심으로 설명해드리겠습니다.

- Facebook 모드: 디스플레이 크기 1280(가로)×720(세로) 픽셀, 비율 와이드 스크린, 비트 전송률 2.19Mbps, 예상 파일 크기 비디오 1분당 15.68MB
- Vimeo 모드: 디스플레이 크기 1920(가로)×1080(세로) 픽셀, 비율 와이드 스크린, 비트 전송률 5.19Mbps, 예상 파일 크기 비디오 1분당 37.14MB
- YouTube 모드: 디스플레이 크기 1920(가로)×1080(세로) 픽셀, 비율 와이드 스크린, 비트 전송률 5.19Mbps, 예상 파일 크기 비디오 1분당 37.14MB

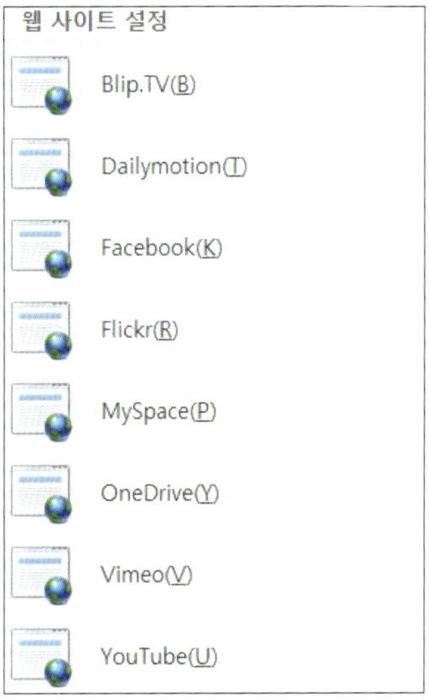

동영상 사용자를 지정하는 방법

[동영상 저장] 메뉴를 클릭하면 최하단에 [사용자 지정 설정 만들기]가 보입니다. 이 메뉴는 사용자가 원하는 값을 만들어 저장해두었다가 다음에 작업할 때 선택하여 불러내면 바로 사용할 수 있다는 장점이 있습니다.

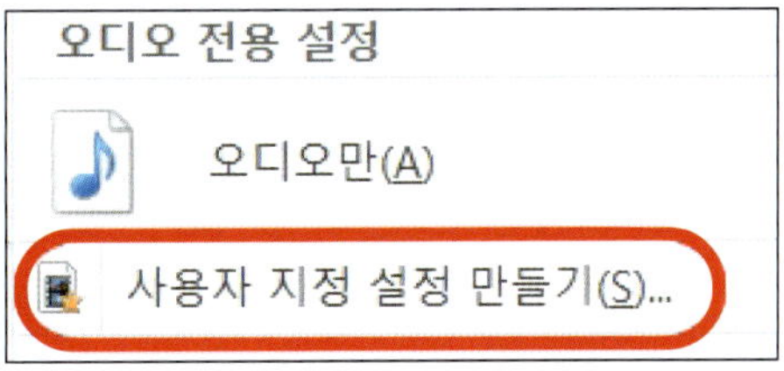

Full HD 1920×1080 해상도가 필요할 경우 사용자 지정 설정을 만들어서 작업할 때마다 사용할 수 있습니다.

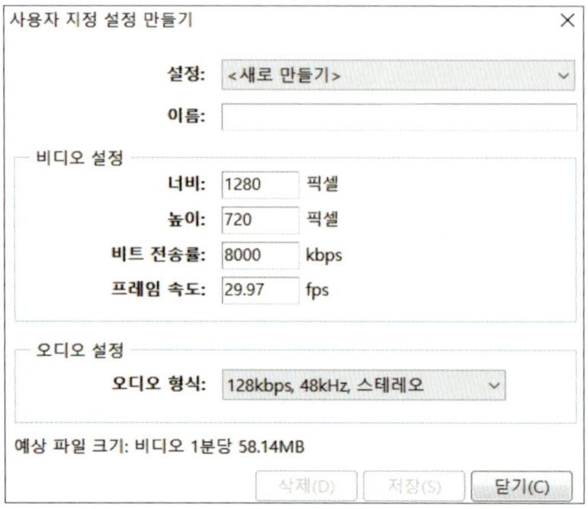

[설정]을 클릭하면 [고해상도 디스플레이용]을 선택할 수 있고, 이와 마찬가지로 다른 설정도 선택할 수 있으며, 이때 밑의 '비디오 설정'에는 자동으로 해당 설정값이 각각 입력됩니다. '비트 전송률 값'과 '프레임 속도 값'은 자동으로 권장하는 값을 사용하시면 됩니다.

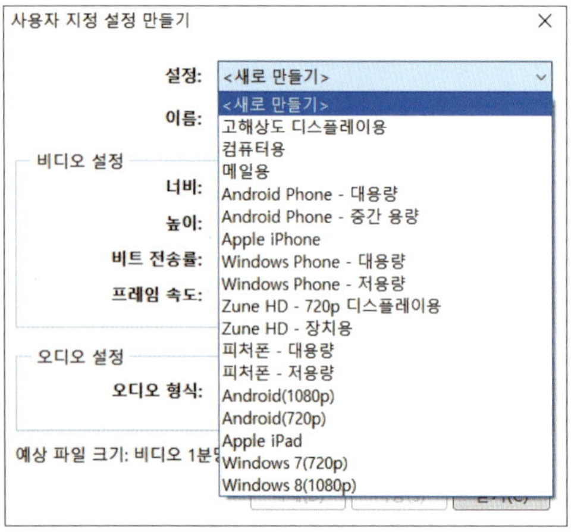

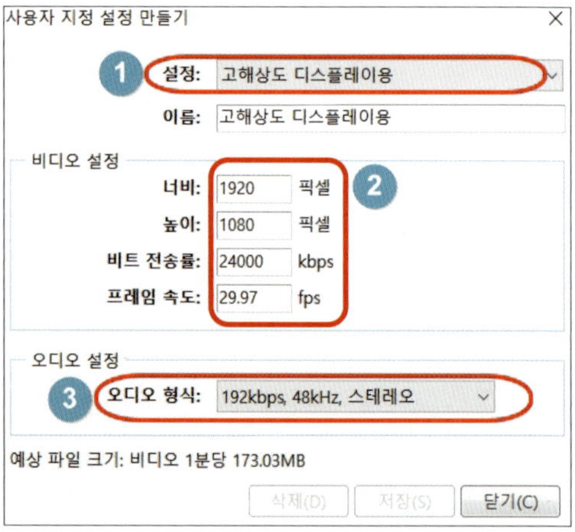

여기서 비트 전송률의 단위 기준인 비트레이트는 bpsbit per second라고 표시하는데 '1초당 얼마만큼의 정보량'을 담을 것인지 결정하는 것입니다. 당연히 많은 정보량을 담을수록 좋은 결과물을 얻을 수 있습니다. 즉 비트레이트는 단위 시간당 전송률을 말하며, 단위로는 Kbps, Mbps, Gbps 등이 있습니다. bps는 1초 동안 전송되는 비트 수를 의미하고 앞에 붙은 K, M, G 등은

1,000단위로 올라가는 SI 단위계(국제단위계Système International d'unités: SI, 약칭 SI) 도량형을 나타내는 하나의 접두어입니다. 따라서 1Gbps=1,000Mbps=1,000,000Kbps=1,000,000,000bps가 됩니다.

웹캠을 활용한 영상 녹화

PC에 웹캠이 설치된 경우 직접 강의를 녹화할 수 있습니다. 학생들과 친근한 상호작용을 위해 간단한 교사의 인사말 등은 별도의 카메라 없이 웹캠으로 녹화하고 전체 강의 영상과 함께 편집해 활용하시면 좋습니다. [홈] 탭에서 [웹캠 비디오]를 클릭합니다.

웹캠 창이 열리며 화면에 사용자가 보입니다. [녹음/녹화] 버튼을 누르면 영상이 녹화됩니다.

[중지] 버튼을 눌러 저장 창이 열리면 [저장] 버튼을 눌러 저장합니다.

녹화된 영상은 오른쪽 스토리보드에 클립으로 바로 나타납니다.

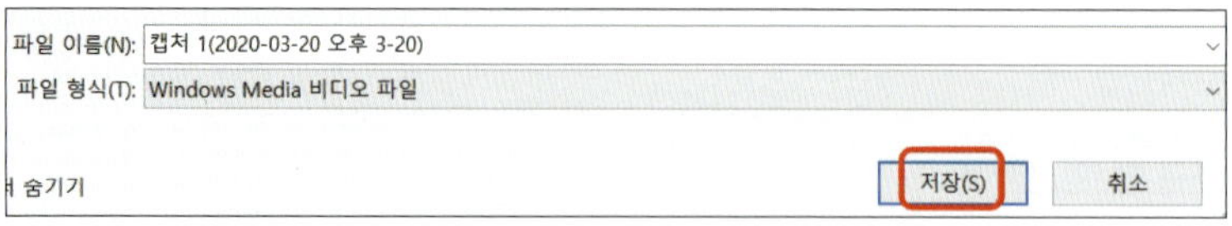

윈도우 무비메이커는 입문 단계에서 가장 쉽게 배우고 바로 활용할 수 있는 편리한 프로그램입니다. 현재 단종되기는 했지만, 윈도우 활용자라면 누구든지 사용할 수 있어서 여전히 사랑받고 있습니다. 또 많은 상용 프로그램과 비교해도 매우 안정적인 편집 능력을 자랑합니다. 여러분이 상용 프로그램으로 작업한 경험이 없고 단순한 강의 영상 편집 작업만 하신다면 사용하시기에 가장 적합한 프로그램입니다. 무비메이커를 통한 작업이 능숙해지면 다른 상용 프로그램에도 도전해보시기 바랍니다.

2 어도비 프리미어 프로 Adobe Premiere Pro를 통해 중급 동영상 콘텐츠 편집하기

1) 어도비 프리미어 프로 Adobe Premiere Pro 프로그램 개요

어도비 프리미어 프로Adobe Premiere Pro(이하 프리미어 프로)는 실시간의 타임라인 기반 영상 편집 응용 소프트웨어입니다. 영상 및 이미지 편집 분야 기업인 어도비 시스템즈Adobe Systems가 만든 그래픽 디자인 및 영상 편집, 웹 개발 응용 프로그램의 제품군인 '어도비 크리에이티브Adobe Creative'에 속해 있으며 대중에게도 널리 알려진 영상 편집 프로그램입니다. 프리미어 프로의 기능은 정말 다양하고 유용합니다. 이 절에서는 강의 영상 편집에 꼭 필요한 간편 기능만을 설명하려고 합니다. 윈도우 무비메이커와 달리 프리미어 프로는 유료 프로그램이므로 고품질 영상 편집을 꾸준히 다루실 분에게 권장합니다.

https://www.adobe.com/

2) 프로그램 설치하기

프리미어 프로를 설치합니다. 기초적인 편집은 무료 프로그램으로도 문제없이 가능하니 부담 없이 평가판으로 먼저 시도해보시고 필요한 경우에 구매하시길 추천합니다.

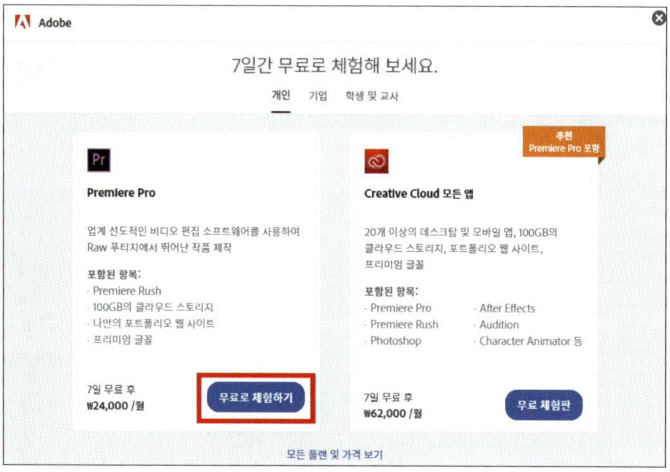

3) 프로그램 사용하기

프로젝트 생성 방법

먼저 프리미어 프로에서 새로운 프로젝트를 만들어 편집 작업을 진행합니다.
프리미어 프로를 실행하고 [새 프로젝트/New Project]를 클릭합니다.
또는 왼쪽 상단에서 [파일] → [새로 만들기] → [프로젝트]를 클릭합니다.

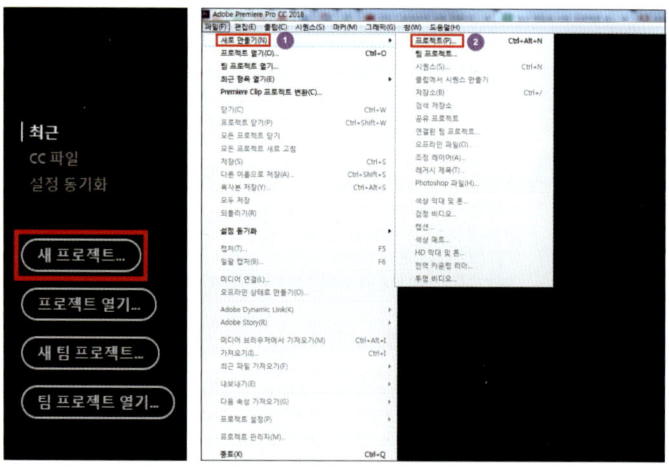

프로그램 다운로드 링크:
https://www.adobe.com/kr/products/premiere.html#mini-plans-web-cta-premiere-pro-card

[새 프로젝트/New Project] 대화상자가 나타나면 [이름/name] 항목에 [프리미어 시작하기]를 입력하고 [위치/Location] 항목 옆의 [찾아보기/Browse]를 클릭합니다.

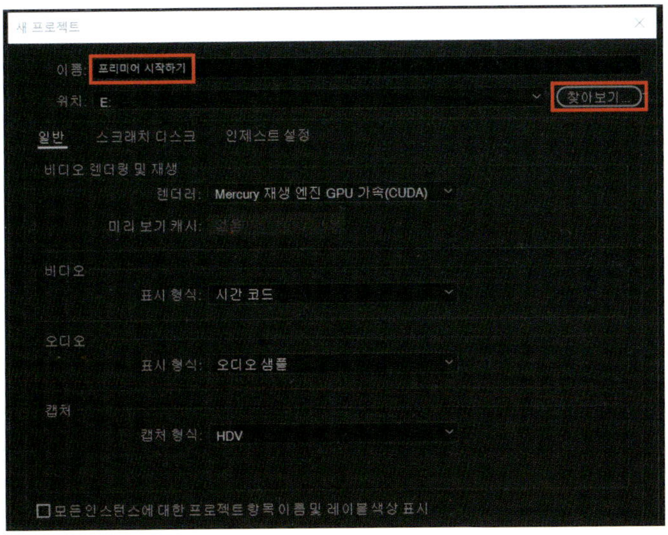

여기서는 '프리미어 시작하기'라는 폴더를 만들어서 저장 폴더로 선택했습니다.

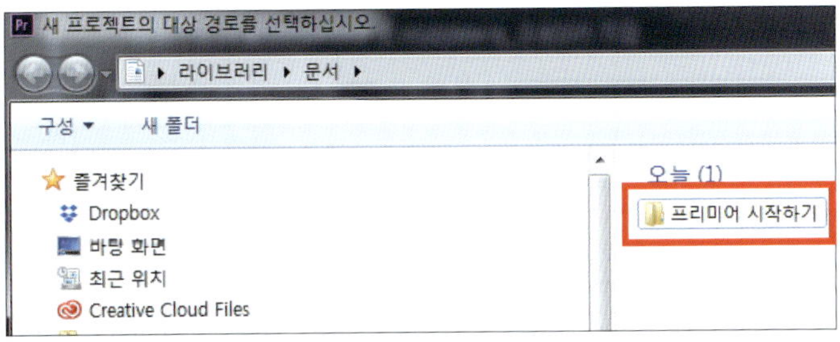

캡처 형식을 고화질 비디오 모드인 HDVhigh-definition video 모드로 선택한 후 [확인]을 클릭합니다.

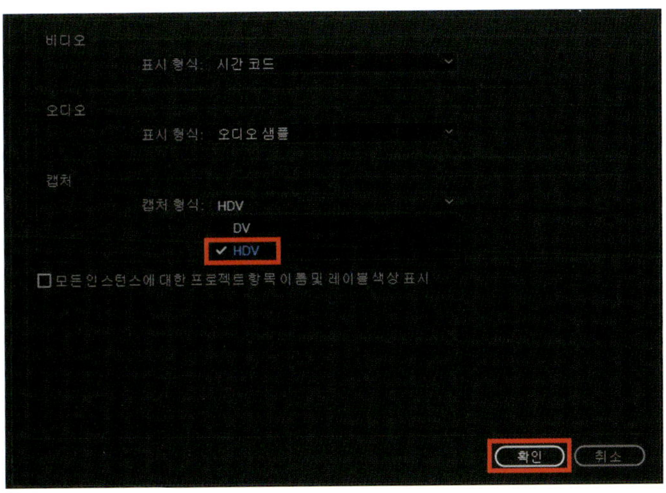

왼쪽 상단의 [패널 닫기]를 클릭하면 패널이 사라져 넓은 편집 작업 창을 확보할 수 있습니다.

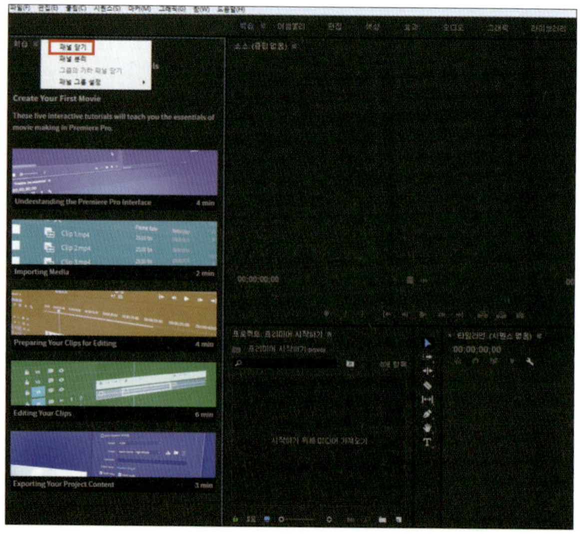

프리미어 프로를 사용할 준비가 되면 왼쪽 하단 [프로젝트: 프리미어 시작하기] 창 밑의 빈 공간을 더블클릭합니다.

팝업 창이 생성되면 해당 폴더를 선택하고 편집할 강의 파일을 선택한 후에 [열기]를 누릅니다.

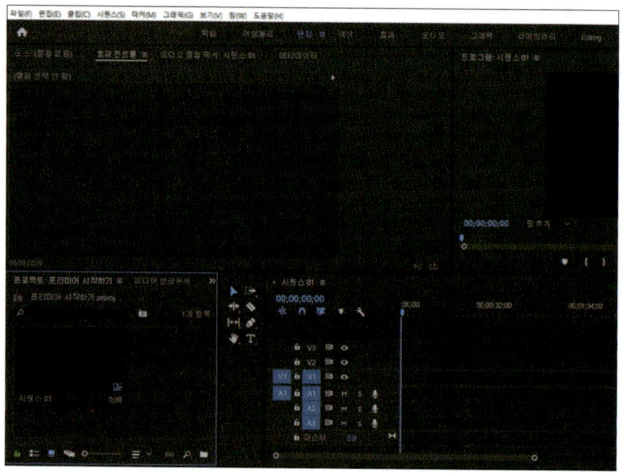

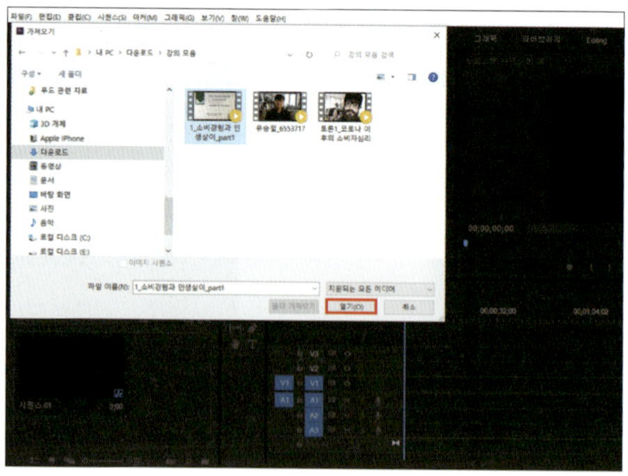

새 시퀀스 만드는 방법

가져온 영상 파일을 클릭하고 상단의 [파일] 탭 → [새로 만들기] → [클립에서 시퀀스 만들기]를 클릭합니다. MP4 강의 파일이 프로그램 모니터 패널에 나타납니다. 이제 영상을 편집할 수 있는 기본적인 준비가 되었습니다.

영상 클립을 클릭한 채 오른쪽의 빈 공간('미디어를 여기로 끌어 시퀀스를 생성합니다' 문구가 있는 공간)으로 끌어다가 놓습니다. 그러면 타임라인 창에 불러온 편집할 강의 파일이 나타납니다.

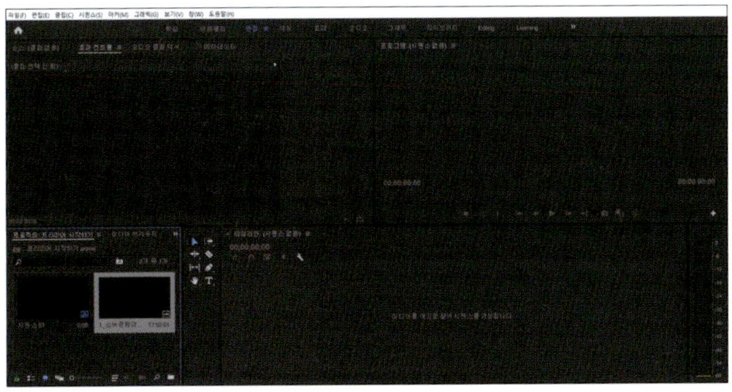

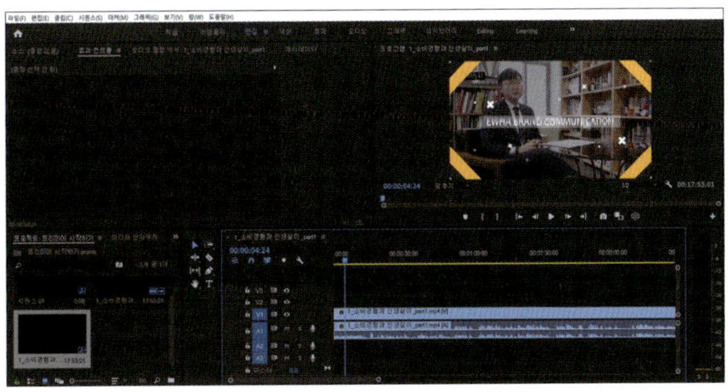

다음 화면에서 ①은 프로그램 모니터이며 ②는 타임라인 작업 창에 불러온 강의 파일입니다.

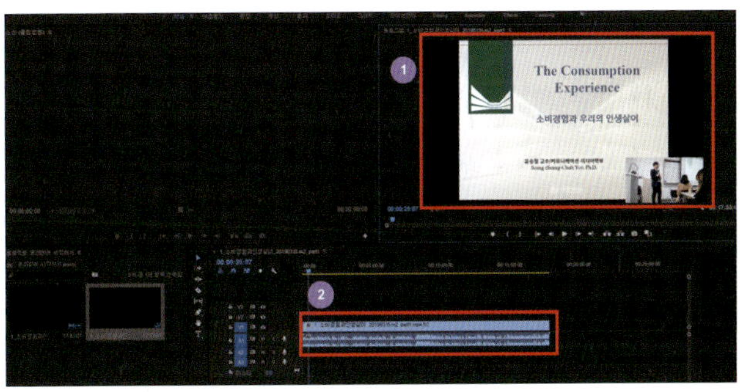

음성이나 노래 파일을 가져오고 싶다면 왼쪽 하단 [프로젝트: 프리미어 시작하기] 창 밑의 빈 공간을 더블클릭합니다.

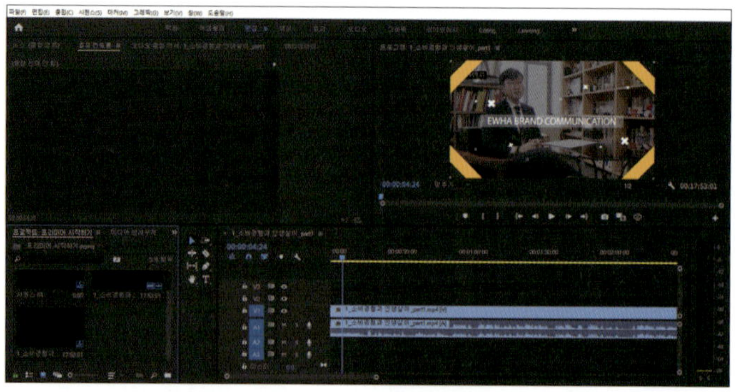

팝업 창이 생성되면 사용할 사운드 파일을 선택한 후에 [열기]를 누릅니다.

사운드 파일을 클릭한 채 오른쪽의 타임라인으로 끌어다가 놓습니다.

영상 자르는 방법

영상 파일에서 원하지 않는 부분이 있다면 편집 기준선(파란색 선)을 클릭한 채 해당 부분으로 이동시킵니다. 여기서 키보드 단축키 [-]를 누르면 타임라인이 축소되며

[+]를 누르면 타임라인이 확대됩니다. 이 [-]와 [+]를 통해 영상 파일을 확대 또는 축소시킴으로써 더욱 쉽게 원하는 지점으로 편집 기준선을 이동시킬 수 있습니다.

소스를 자르는 키보드 단축키 [C]를 눌러서 마우스 커서를 면도칼 모양으로 변하게 한 후 타임라인의 편집 기준 선을 클릭합니다.

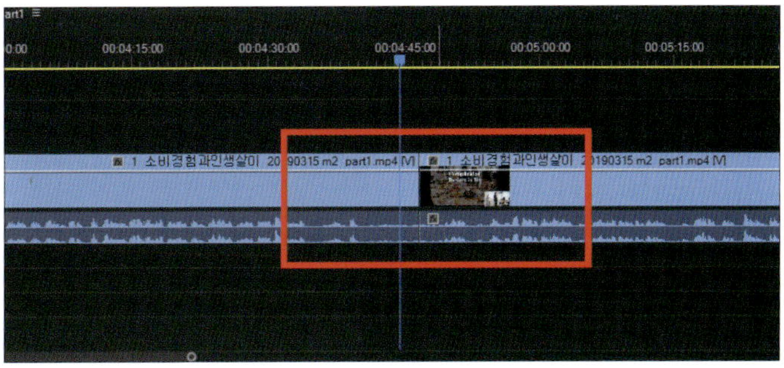

영상 클립 삭제하는 방법

소스를 선택하는 기능을 지닌 선택selection 툴의 키보드 단축키 [V]를 눌러 선택 툴로 변경한 후 [Shift]를 누른 채 다음 화면과 같이 비디오 클립을 선택합니다.

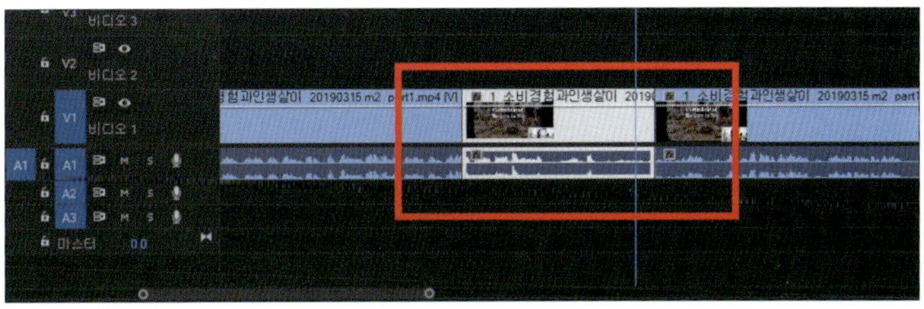

키보드에서 [Delete]를 누르면 다음 화면과 같이 선택한 비디오 클립이 삭제됩니다.

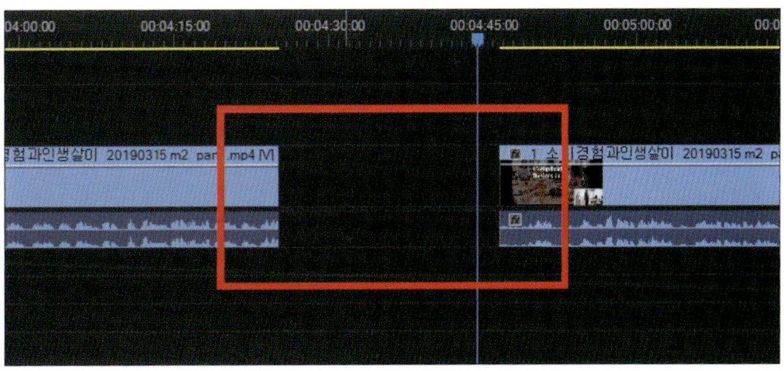

영상 클립 공백 및 빈 클립 영역 채우는 방법

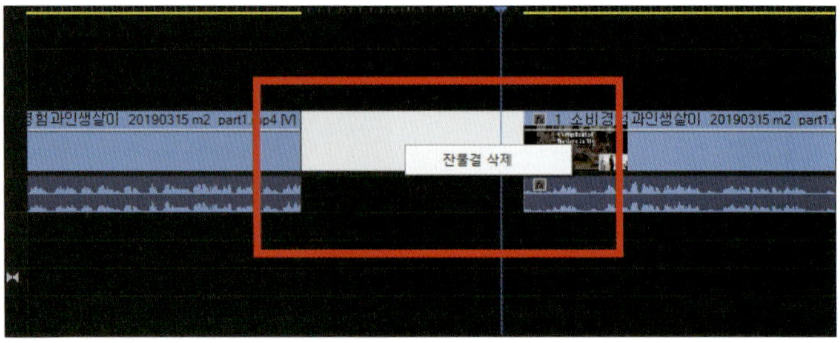

삭제한 클립들이 있던 공백에 마우스를 대고 오른쪽 버튼으로 클릭합니다. 그런 다음 [잔물결 삭제/Ripple Delete]를 클릭하면 클립 사이의 여백을 없애줍니다.

사운드 편집 방법

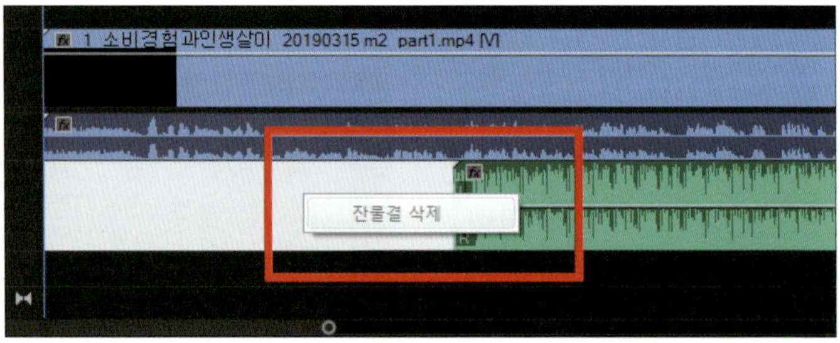

앞서와 같이 [잔물결 삭제/Ripple Delete]를 클릭하여 클립 사이의 여백을 없애주는 효과가 가장 간편합니다. 또는 오디오 클립을 선택하고 드래그하여 맨 앞으로 이동시키거나 원하는 지점으로 이동시킬 수 있습니다.

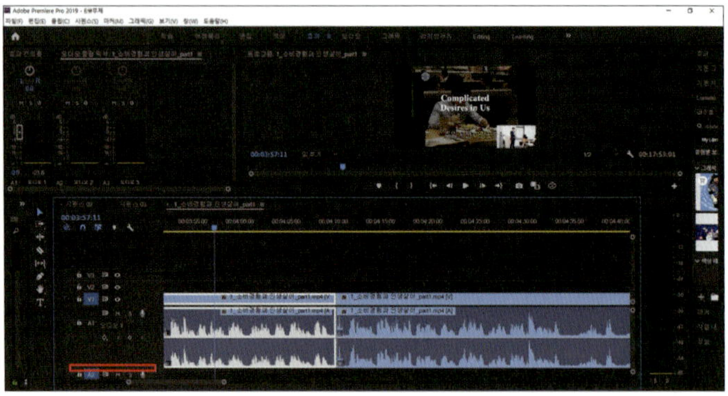

다음 화면에서 빨간 박스 안을 자세히 보시면 검은 줄이 있습니다. 그 줄을 클릭한 채 밑으로 잡아당기면 오른쪽의 오디오 파장이 더 크게 확대되는 것을 볼 수 있습니다. 이것은 오디오를 좀 더 세밀하게 자르기 위한 기능입니다. 오디오 또한 키보드 단축키 [C]를 눌러 원하는 잡음이나 NG 부분을 자를 수 있습니다.

강의가 끝나갈 때 사운드를 조금 더 부드럽게 연출하려면 사운드 부분에서 키보드 단축키 [P]를 누릅니다. 그러면 펜 모양 아이콘이 생성됩니다. 그리고 마지막 부분 10초 전에 해당 편집선을 클릭하면 작은 동그라미가 생기고, 마지막 부분에서 한 번 더 클릭하면 동그라미가 추가로 생성되는데 그걸 클릭한 채로 바닥까지 끌어내립니다. 이것으로 사운드 페이드 인/아웃sound fade in/out을 조절하여 강의가 시작할 때 소리가 자연스럽게 커졌다가 강의가 끝날 때 소리가 자연스럽게 작아지게 할 수 있습니다.

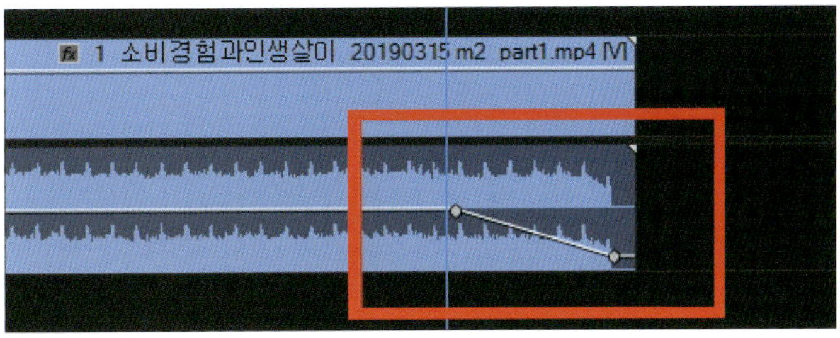

영상 파일 출력 후 최종 완성하는 방법

키보드 단축키 [Ctrl]+[M]을 누릅니다. 그러면 [내보내기 설정/Export Settings] 대화상자가 나타납니다. [형식/Format] 항목에서 [H.264]를, [사전 설정/Preset] 항목에서 [소스 일치-높은 비트 전송률/Match Source-High bitrate]를 클릭한 후 맨 밑의 [내보내기/Export]를 클릭합니다.

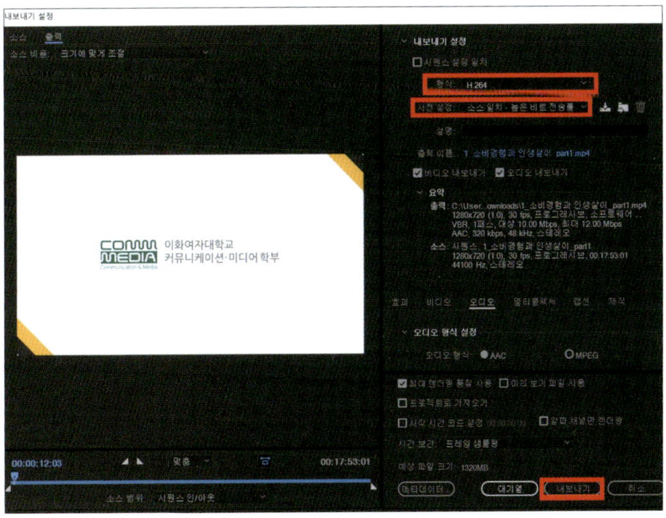

[파일 이름/Output Name] 항목에서 표시된 파일 이름을 클릭하고 [저장/Save]를 클릭합니다.

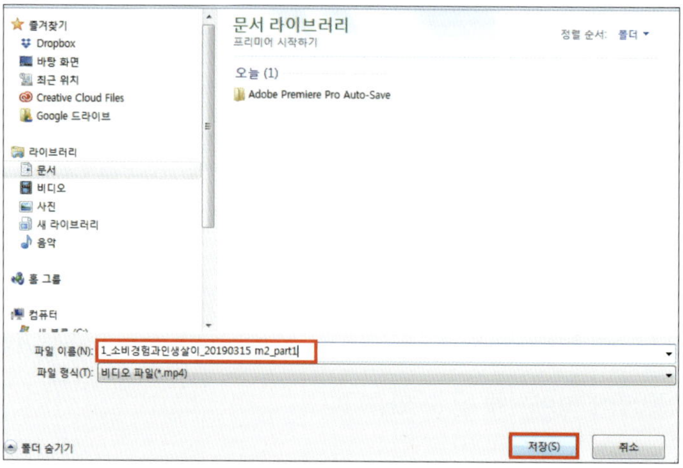

마지막으로 [내보내기/Export]를 클릭하면 영상 출력이 진행됩니다. 완성된 파일은 해당 저장 위치에서 확인할 수 있습니다. 한꺼번에 여러 영상을 작업해서 동시에 내보내려면 [대기열]을 클릭해 대기시켜둘 수 있습니다.

TIP

*** 어도비 프리미어 프로를 통한 영상 출력 시 주의 사항**

PC의 성능에 따라 다소 차이는 있지만 일반적으로 어도비 프리미어 프로를 활용할 경우 영상 출력 시간이 워낙 많이 소요되기 때문에 대기열에 걸어두고 외출을 하시거나 다른 업무를 보셔도 됩니다. 영상 출력 중에는 가능한 한 출력용 PC를 사용하지 않는 것이 좋습니다. 또 영상 출력은 PC의 자원을 상당히 소요하는 작업이므로 PC의 사양(CPU와 Ram 그리고 그래픽 카드)에 따라 출력 시간 등이 크게 달라집니다. 출력 작업을 하면서 PC에서 다른 작업을 동시 진행하는 경우 종종 출력이 멈추는 경우도 있고 PC가 꺼지는 일도 있으니 유의하시기 바랍니다. 만일을 대비해서 작업 파일을 중간중간 저장해두시면 좋겠습니다.

어도비 프리미어 프로는 고품질 영상을 제작하고 싶은 분에게 적합한 유료 프로그램입니다. 사용이 비교적 간편한 편이지만 고급 편집을 하려면 많은 시간과 노력이 필요하기도 합니다. 유료인 만큼 비용 투자도 염두에 두셔야 합니다. 정기적으로 동영상 콘텐츠를 제작해야 하고 세밀한 편집에 욕심을 내고 계신 분이라면 도전할 만한 프로그램입니다.

3 키네마스터 KineMaster 앱을 통해 스마트폰으로 편집하기

1) 키네마스터 KineMaster 앱 개요

국내 모바일 멀티미디어 소프트웨어 전문 기업 키네마스터KineMaster가 출시한 동영상 편집 앱 키네마스터KineMaster는 모바일 기반의 편집 프로그램으로, 배우기가 매우 편리하고 안정적인 편집 성능을 보여주는 편집 앱입니다. 초등학생부터 성인까지 폭 넓은 유저층을 보유하고 있으며 최근 수차례의 업데이트를 통해 기능을 보강하고 있기도 합니다. 무료 버전으로 사용해보시고 필요에 따라 구매하시는 것을 권장합니다.

2) 앱 설치 및 준비하기

안드로이드 스마트폰은 플레이스토어Play Store에서, iOS의 경우 앱스토어App Store에서 키네마스터를 다운로드합니다.

[시작하기]를 클릭하고 오른쪽 상단의 빨간 원형 아이콘을 클릭합니다.

초기 화면 비율은 16:9로 설정합니다.

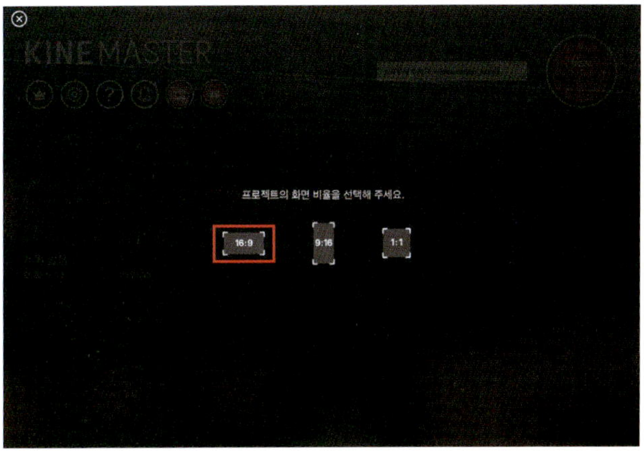

3) 영상 불러오기

화면 오른쪽 상단의 [미디어]를 클릭하고 원하는 영상을 찾아 불러옵니다.

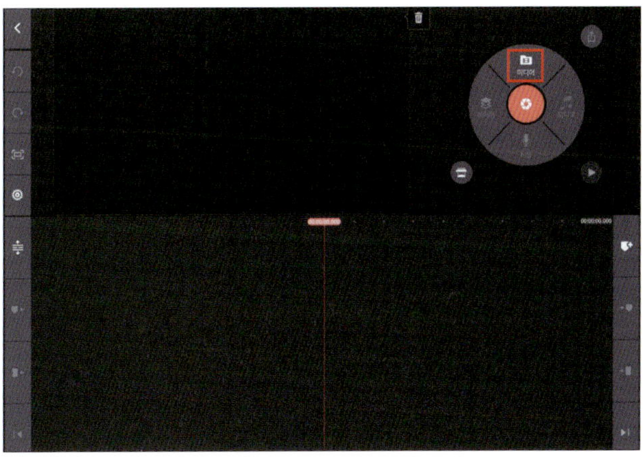

4) 영상 편집하기

영상 자르는 방법

자르고자 하는 영상을 클릭하여 열고 화면 중간의 편집 타이머(빨간 선으로 표시되는 부분)를 클릭한 채 영상에서 자르고자 하는 해당 시간 영역에 끌어다둡니다. 그리고 화면 오른쪽 상단의 [트림/분할]을 클릭해줍니다.

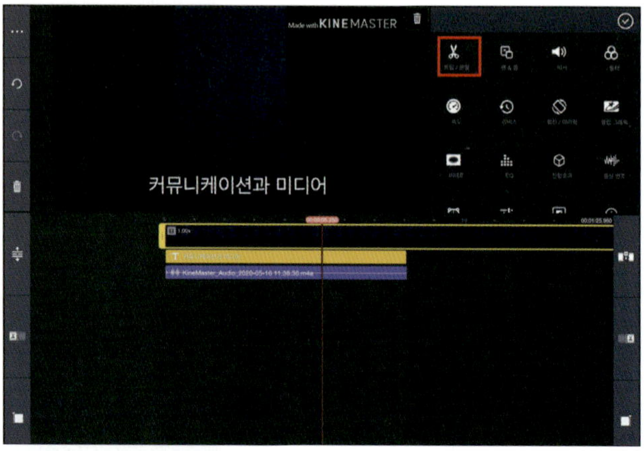

[플레이헤드에서 분할]을 클릭하고 영상이 두 파트로 나뉜 것을 확인합니다.

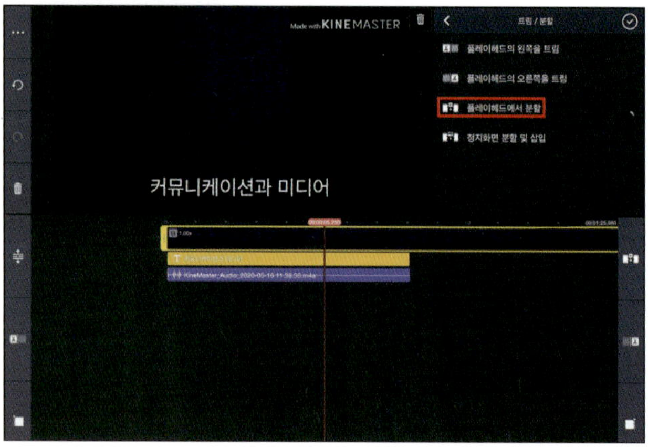

영상에 텍스트를 삽입하는 방법

편집 타이머를 원하는 위치에 두고 화면 오른쪽 상단의 [레이어] → [텍스트]를 클릭합니다.

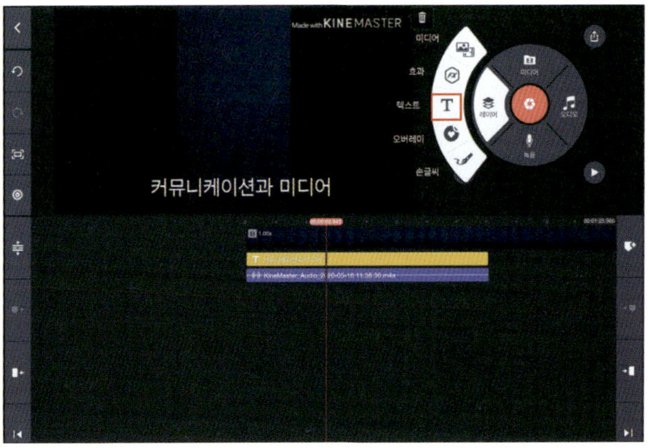

원하는 텍스트를 입력한 후 화면 오른쪽 상단 끝의 ✔ 버튼을 클릭해 텍스트가 생성된 것을 확인합니다.

생성된 텍스트는 재생되고 있는 화면에서 움직일 수도 있고, 레이어 끝의 화살표를 잡고 회전시키거나 크기를 조정할 수도 있습니다.

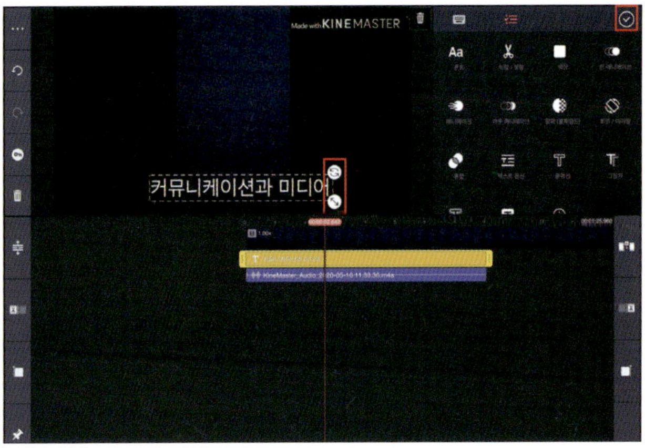

텍스트 레이어를 클릭한 후 왼쪽의 [폰트], [색상] 등의 기능을 이용해 폰트를 꾸밀 수 있습니다.

모든 텍스트의 설정이 완료되면 오른쪽 상단 끝의 ✔ 버튼을 클릭해줍니다.

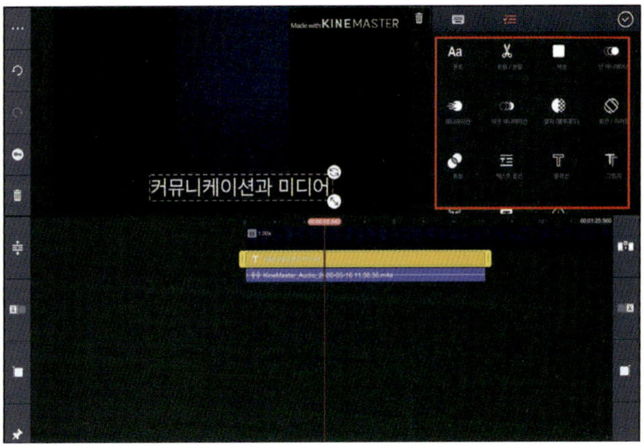

영상에 추가 음성을 삽입하는 방법

화면 오른쪽 상단의 [녹음]을 클릭합니다.

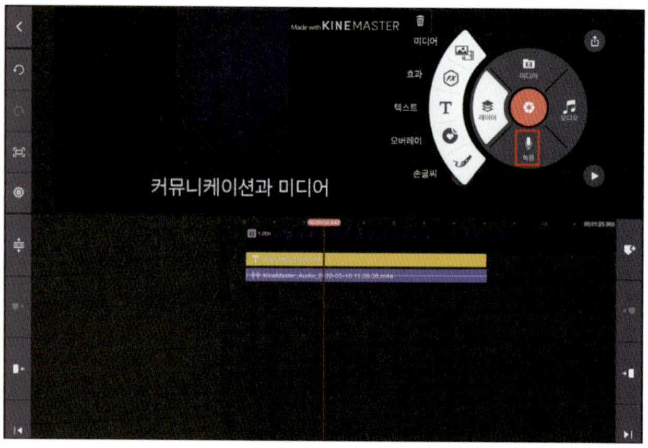

편집 타이머를 음성을 삽입하고자 하는 위치에 두고 왼쪽의 [시작]을 클릭합니다.

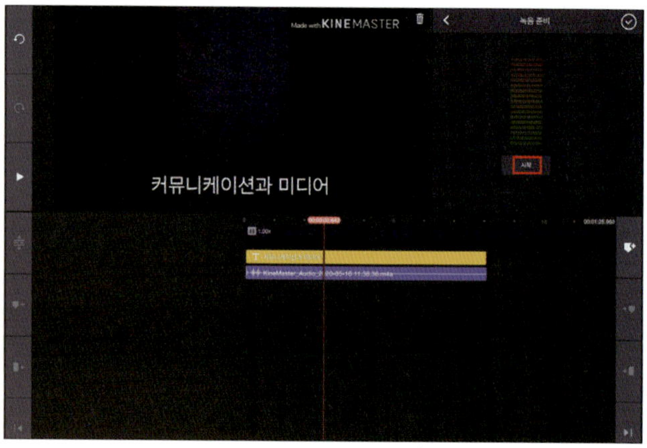

원하는 부분에서 [정지]를 클릭합니다.

[들어보기]를 통해 녹음한 음성이 제대로 녹음되었는지 확인하고, 제대로 녹음되었다면 오른쪽 상단 끝의 ✔ 버튼을 클릭해줍니다. 이때 음성의 최대 길이는 레이어 중 가장 상단에 위치한 영상의 길이와 동일합니다.

불필요한 레이어 및 영상을 삭제하는 방법

불필요하다고 생각되는 레이어를 선택하고 왼쪽 메뉴 바 중간에 나타나는 휴지통 모양 아이콘을 클릭합니다. 영상 삭제 후 오른쪽 상단 끝의 ✓ 버튼을 클릭해줍니다.

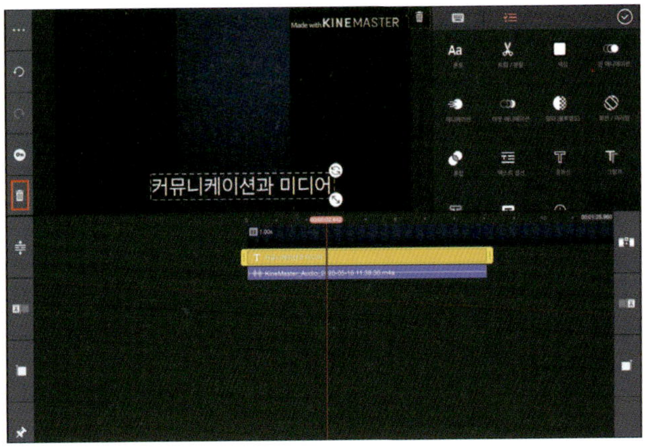

레이어와 영상 길이를 조정하는 방법

길이를 조정하고자 하는 레이어를 선택한 후, 레이어의 양끝 핸들 부분을 잡고 끌며 길이를 조정해줍니다. 길이 조정 후 오른쪽 상단 끝의 ✓ 버튼을 클릭해줍니다.

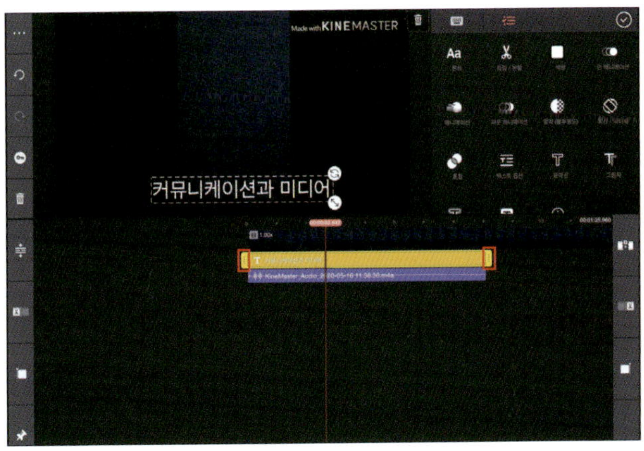

5) 영상 내보내기

다음 화면에서 오른쪽 상단 끝 빨간 박스 안의 내보내기 아이콘을 클릭합니다.

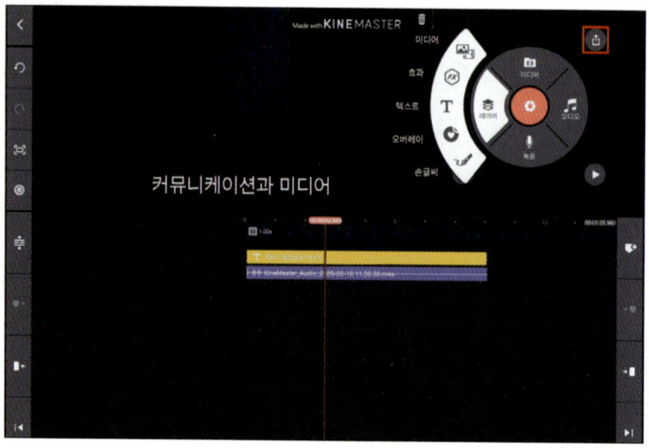

해상도는 FHD, 프레임 레이트는 30(일반적으로 많이 쓰는 설정)으로 선택한 후 [내보내기]를 클릭합니다.

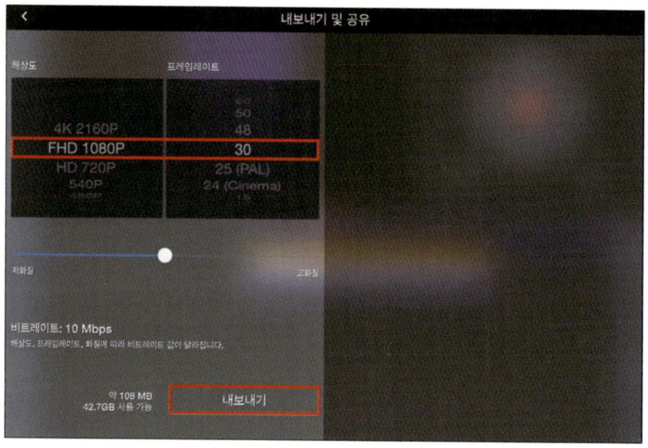

키네마스터는 PC 기반의 편집 프로그램보다 더 가볍고 쉽게 작업할 수 있는 프로그램입니다. 또 스마트폰으로 촬영한 영상을 언제 어디서든 간편하게 편집하고 공유할 수 있다는 장점도 있습니다. 하지만 스마트폰의 화면 사이즈가 작아서 정밀한 편집이 어려운 경우가 많고, 영상이나 음악과 같은 다양한 자료들을 불러오기에는 아무래도 불편하다는 단점이 있습니다. 자주 영상을 촬영해야 하고 이동이 잦은 경우, 혹은 가볍고 빠르게 편집하고자 하는 경우에 특히 사용하는 것을 추천합니다.

4 오데시티 Audacity를 통해 음성 강의 편집하기

1) 오데시티 Audacity 프로그램 개요

오픈소스 크로스 플랫폼 오디오 소프트웨어 오데시티Audacity는 Windows, Mac OSX, GNU / Linux 및 기타 운영체제에서 사용할 수 있으며 무료로 제공되는 멀티트랙 오디오 편집기이자 녹음기입니다. 무료임에도 매우 강력한 음성 편집 기능을 지니고 있어서 다른 영상 편집 프로그램을 보완할 수 있는 훌륭한 프로그램입니다. 특히 파워포인트 등에 음성을 입힐 때, 배경음악을 편집할 때, 오디오북 등을 제작할 때 매우 좋은 프로그램으로 추천합니다.

2) 프로그램 설치하기

오데시티Audacity 프로그램을 설치합니다. 프로그램을 다운로드하기 위해 왼쪽 하단의 파란색

프로그램 다운로드 링크: https://www.fosshub.com/Audacity.html

[DOWNLOAD AUDACITY]를 클릭합니다.

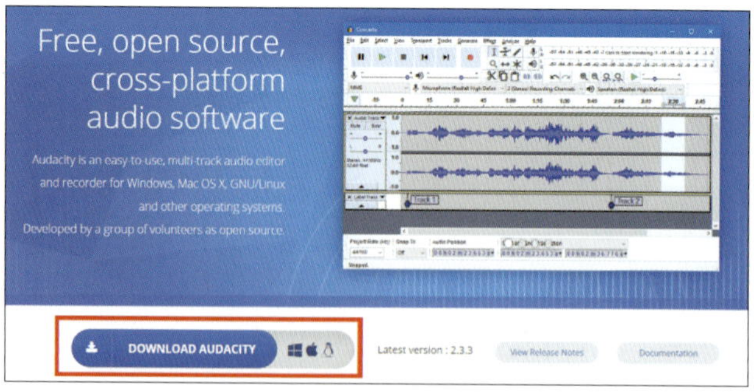

운영체제별로 선택하여 다운로드할 수 있으니 본인의 운영체제에 맞는 것을 선택하여 다운로드합니다. 윈도우 체제인 경우에는 'Audacity for Windows' 버전을 다운로드합니다.

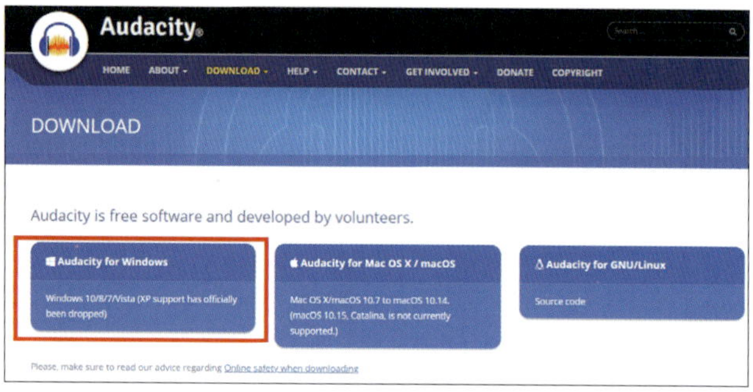

3) 프로그램 사용하기

녹음하는 방법

녹음되는 오디오의 볼륨을 반드시 체크해야 합니다. PC 바탕화면 오른쪽 하단 끝에 있는 사운드 아이콘을 마우스 오른쪽으로 클릭합니다. 소메뉴가 생성되면 [볼륨 믹서 열기]를 클릭합니다. 볼륨믹서 창이 뜨면 스피커, 시스템 사운드, 스테레오 믹스 메뉴가 보입니다. 여기서 적절한 정도로 오디오 볼륨을 조절합니다.

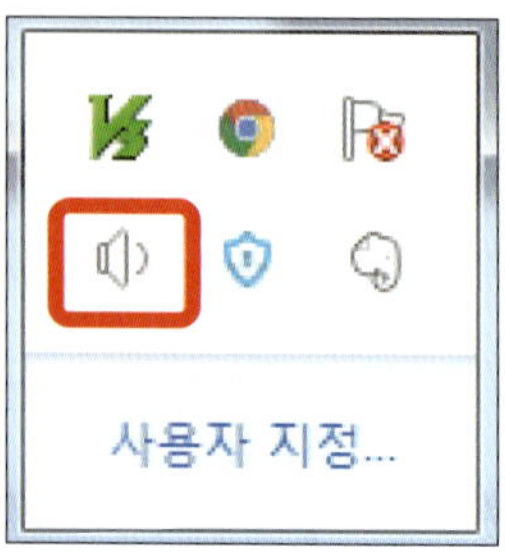

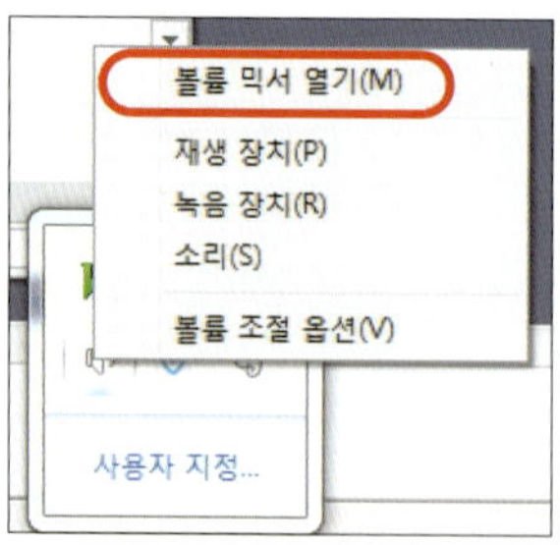

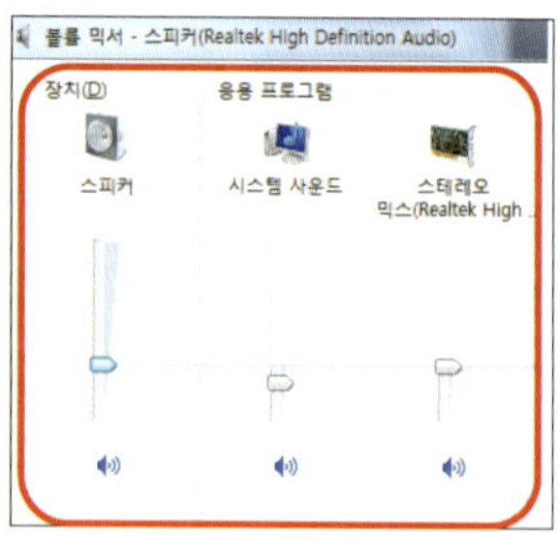

마이크를 PC의 마이크 잭에 연결한 뒤에 오데시티를 실행하고, 메뉴에서 [구동] → [녹음] → [녹음](단축키: [R])을 클릭합니다.

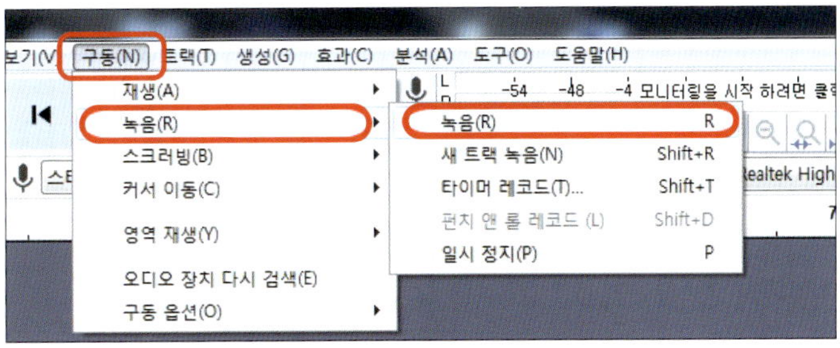

녹음이 시작되면 목소리가 파란색 오디오 파형으로 ②의 창에 표시됩니다. 만약 ①의 동적 레벨 표시 구간이 빨간색으로 표시된다면 클립현상(원본 파일의 소리 크기 레벨이 너무 높아서 소리가 잡음처럼 들리는 현상)이 일어나는 것입니다. 녹색 표시는 안정적인 소리를 유지한다는 것을 의미합니다. ③은 현재 녹음이 진행 중인 바를 표시합니다.

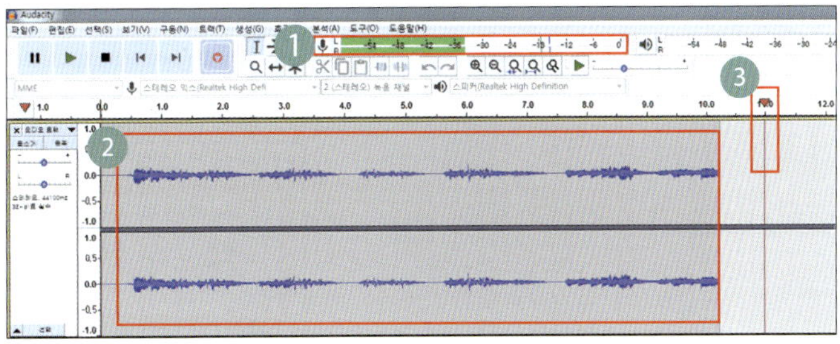

오디오 파일을 불러오는 방법

화면 왼쪽 상단 끝의 [파일]을 클릭하고 [가져오기] → [오디오]를 클릭합니다.

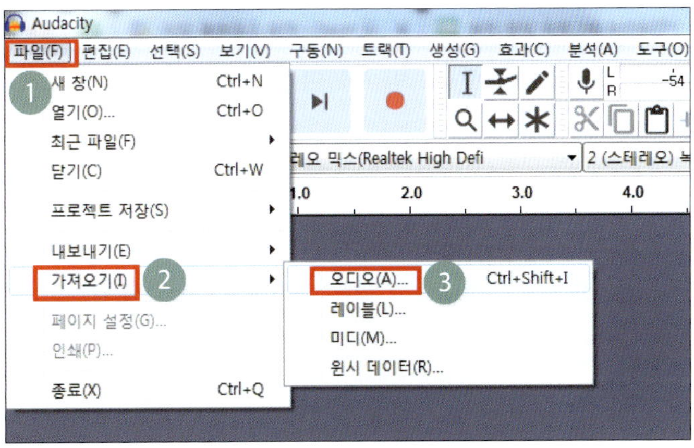

새로운 창이 생성되면 원하는 오디오 파일을 선택하고 [열기]를 클릭합니다.
작업 창에서 가져온 음악의 트랙을 확인할 수 있습니다.

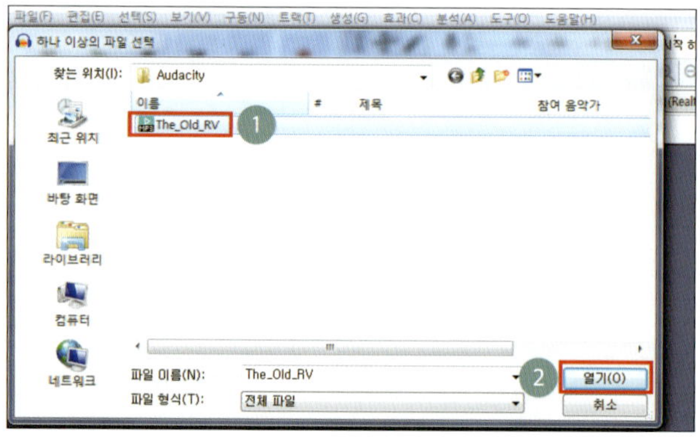

가져온 파일을 작업하기 위한 인터페이스를 설명하면 다음과 같습니다.

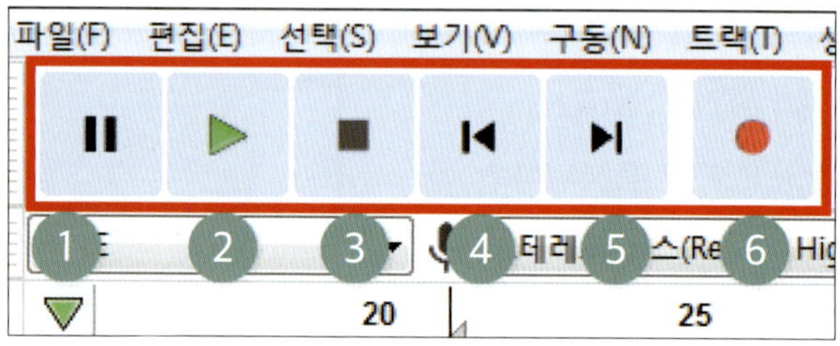

① 일시 정지(단축키: [P])
② 재생(단축키: [Space] 1회)
③ 정지(단축키: [Space] 2회)
④ 처음으로 이동(단축키: [Home])
⑤ 끝으로 이동(단축키: [End])
⑥ 녹음(단축키: [R])

스페이스 바를 한 번 누르면 재생이 되고, 다시 스페이스 바를 누르면 정지하는 원리입니다. 이 아이콘을 이용해 음악을 수시로 확인하면서 편집합니다. 참고로 단축키를 사용하면 좀 더 빠르고 편리하게 작업할 수 있습니다. 처음에는 단축키가 좀 어색하겠지만, 한 번에 한 개의 단축키에 적응될 때까지 반복적으로 사용하다가 익숙해진 후 그다음 단축키를 익히시는 것을 추천합니다. 추가적으로 알아두시면 좋은 단축키는 다음이 있습니다.

① 구간 반복 단축키: [Shift]+[Space]
② 시작하기 선택 단축키: [Shift]+[Home]
③ 끝까지 선택 단축키: [Shift]+[End]
④ 새 트랙 녹음 단축키: [Shift]+[R]

녹음 아이콘을 클릭하면 PC 자체에서 나오는 음성이나 소리를 녹음할 수 있으며, 녹음된 오디오 파일을 불러온 음악에 합성할 수도 있습니다.

음악 트랙을 자르는 방법

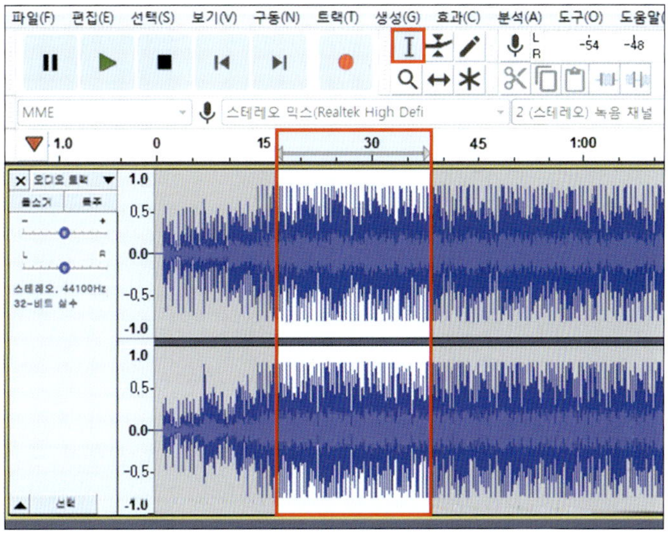

자르고자 하는 영역은 [선택 도구](단축키: [F1])를 사용하여 선택하는데, 이때 해당 부분을 시작점에 클릭한 채로 원하는 부분까지 드래그하여 선택할 수 있습니다. 마우스로 드래그할 때 선택한 범위는 다음 화면처럼 흰색 배경 범위로 표시됩니다. 오디오 파형에서 자르기를 시작하려는 위치에 클릭하면 라인과 함께 손 모양 아이콘이 보이게 됩니다. 이 아이콘을 클릭한 채로 드래그하여 원하는 부분까지 끌어다 놓게 되면 해당 부분이 끝점으로 지정됩니다. 이미 지정이 완료됐어도 손 모양 아이콘을 클릭한 채 드래그해서 수정할 수 있습니다.

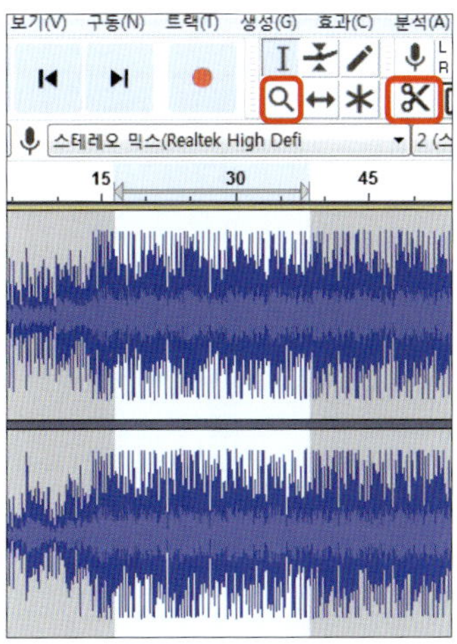

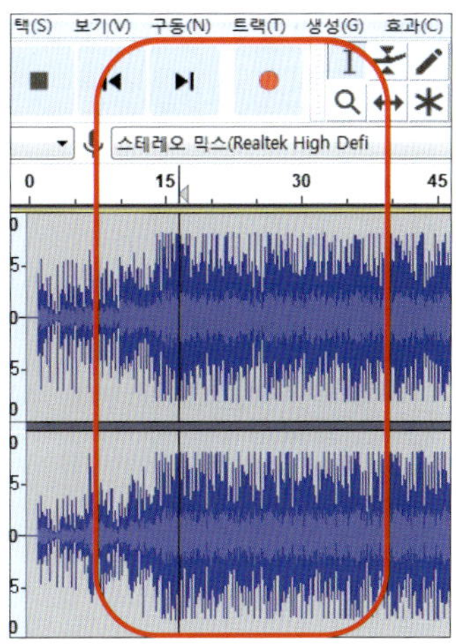

화면 상단의 가위 모양 아이콘(단축키: [Ctrl]+[X])을 누르면 선택 부분은 삭제되고 앞뒤의 파일이 바로 붙습니다. 파일이 잘못 잘리지 않도록 자르고자 하는 부분을 돋보기 모양 아이콘(단축키: [F4])으로 확대하여 자세히 살핀 후 자르는 것이 좋습니다.

만약 방금 한 수정을 취소해야 한다면 단축키 [Ctrl]+ [Z]를 누릅니다. 그러면 원래의 파일로 복구되며, 메뉴 상단 중앙의 좌우 화살표를 통해 실행 취소 혹은 재실행을 할 수도 있습니다. ↶은 실행 취소를, ↷은 재실행을 의미합니다.

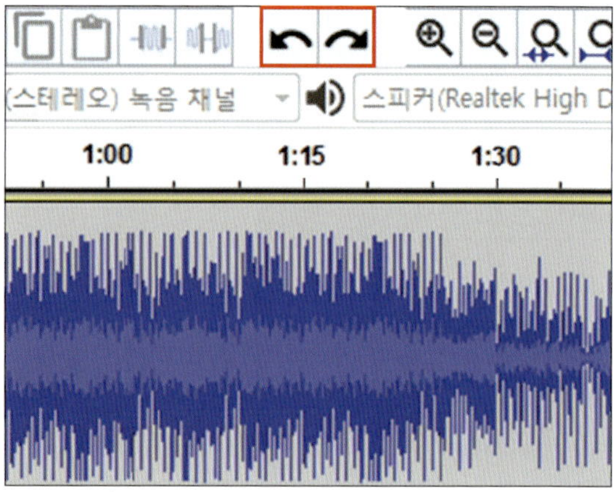

트랙을 확대하거나 축소하는 방법

돋보기 모양 아이콘(단축키: [F4])을 사용하면 해당하는 영역의 트랙을 확대하여 볼 수 있습니다. 여기서 돋보기 모양 아이콘을 연달아 클릭하면 점차 확대되고, 마우스 오른쪽 버튼으로 연달아 클릭하면 반대로 점차 축소됩니다. 이러한 마우스 기능을 알고 있으면 보다 신속하게 작업이 이루어집니다.

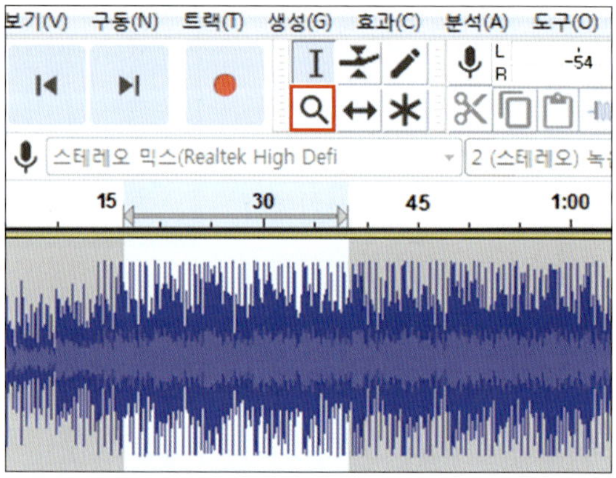

잡음을 무음으로 처리하는 방법

강의를 녹음한 파일에서 특정 부분에 노이즈(잡음)가 있다면 돋보기 모양 아이콘(단축키: [F4])과 메뉴 바의 [편집] 탭 → [특수 제거] → [오디오 무음 처리](단축키: [Ctrl]+[L])를 사용하여 제거할 수 있습니다.

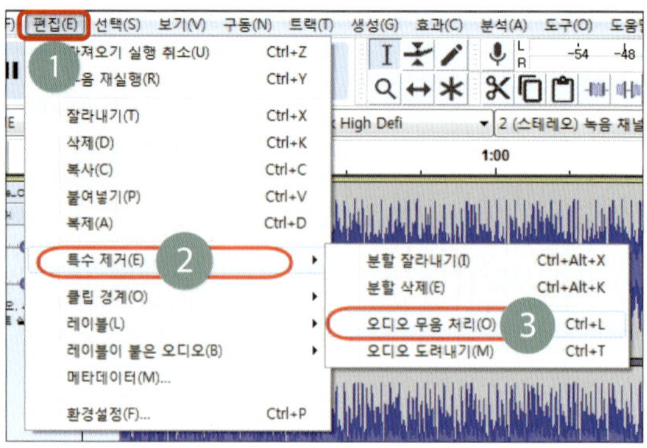

먼저 돋보기 모양 아이콘(단축키: [F4])을 연달아 클릭하여 트랙을 확대합니다. 특히 특정 부분의 노이즈를 제거하려면 반드시 돋보기 모양 아이콘을 사용해 노이즈 파형을 제대로 봐야 합니다. 해당 노이즈의 부분을 선택한 후에 [오디오 무음 처리](단축키: [Ctrl]+[L])를 선택합니다.

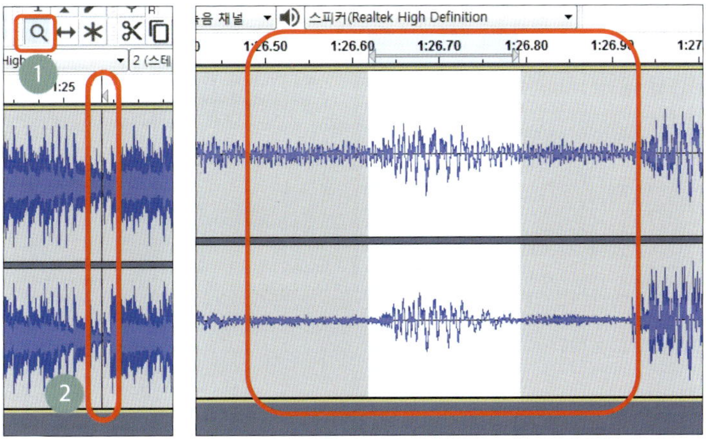

선택한 노이즈를 삭제하면 노이즈가 있었던 부분이 무음이 되면서 텅 비어집니다. 이 상태는 선택 도구로 선택되어진 상태이므로 단축키 [Delete]를 누르면 다음 왼쪽 화면과 같이 공백 공간이 삭제되고, 다음 오른쪽 화면과 같이 앞뒤 파형이 합쳐집니다. 이때 오디오 파일을 재생해본 후 삭제를 취소하고 싶다면 단축키 [Ctrl]+[Z]를 눌러 원상태로 복구할 수 있습니다. 정확하면서도 자연스럽게 자르는 것은 연습을 통해 감을 잡을 수 있을 것입니다.

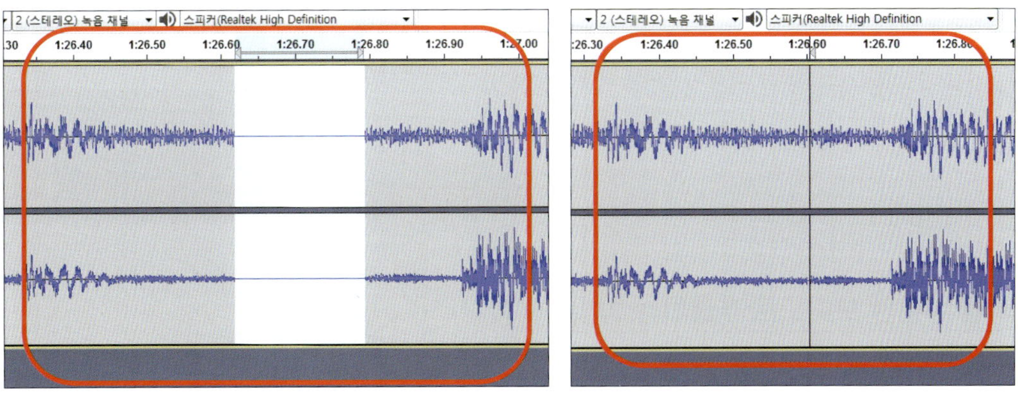

페이드 인, 페이드 아웃 효과 주는 방법

페이드 인 효과는 강의 시작 부분에서 생활잡음을 줄이거나 자연스럽게 음악이 시작되는 분위기를 연출할 때 사용합니다. 먼저 강의 첫 부분에서 원하는 길이만큼 파형을 선택해줍니다. 보통 페이드 인의 길이는 5~7초를 적용합니다(15초가 넘어가면 오디오가 무음 혹은 에러로 오인할 수 있습니다). 메뉴 바의 [효과] 탭 → [페이드 인(등장 효과)]을 클릭해줍니다.

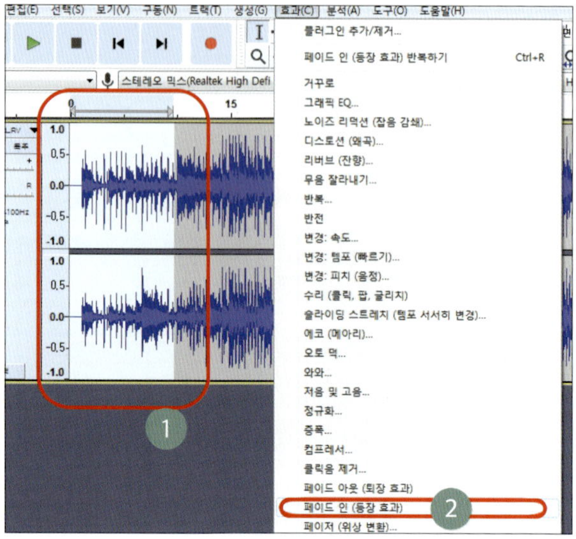

마찬가지로 강의가 끝나가면 부드러운 마무리를 연출하기 위해 끝 부분의 파형을 8초 정도 선택해준 뒤 메뉴 바의 [효과] 탭 → [페이드 아웃(퇴장 효과)]을 클릭해서 페이드 아웃 효과를 적용합니다.

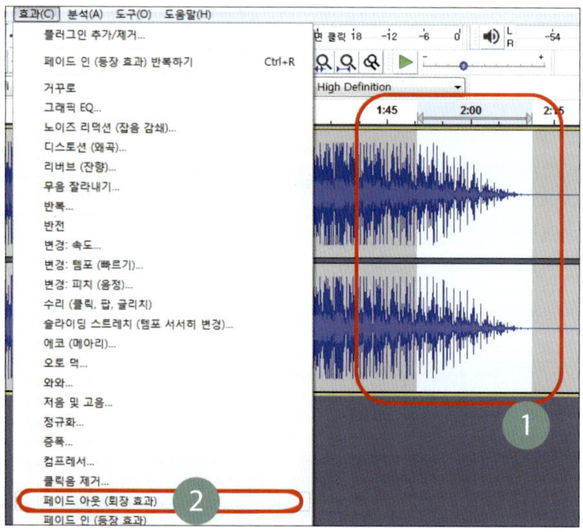

특정 부분만 오디오로 추출하는 방법

오디오 파일에서 특정한 부분만 추출하여 오디오로 사용하고자 할 때는, 추출하려는 범위를 클릭하고 드래그하여 선택한 후 메뉴 바에서 [편집] 탭 → [특수 제거] → [오디오 도려내기](단축키: [Ctrl]+[T])를 선택합니다. 그러면 해당 범위를 제외한 앞뒤의 오디오 파형들이 삭제됩니다.

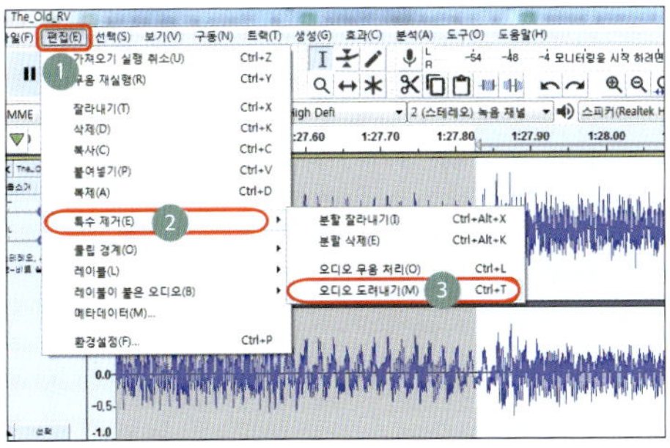

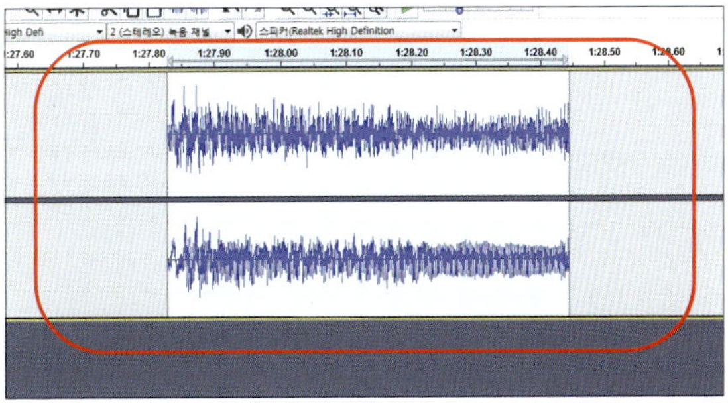

오디오 파일로 저장하는 방법

최종 작업이 완료됐다면 메뉴 바에서 [파일] 탭 → [내보내기] → [MP3로 내보내기]를 클릭합니다. MP3는 가장 대중적으로 사용되는 오디오 파일 유형입니다.

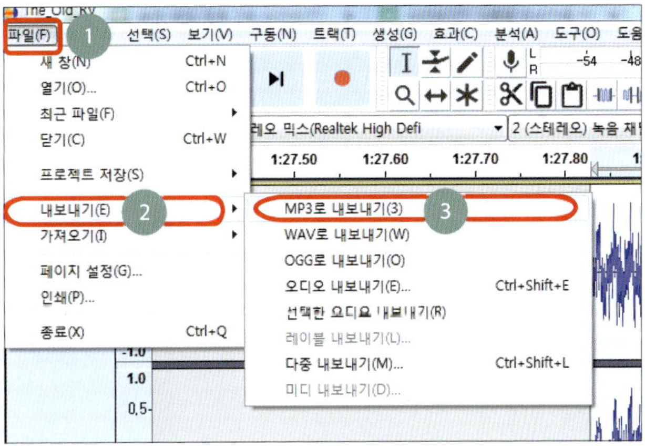

팝업 창이 생성되면 파일 이름을 표기하고 저장합니다. 강의 파일들은 한 개로 끝나는 것이 아니라 수십 개까지도 과목별로 생성되기 때문에 파일 이름에 날짜를 기입해주면 파일 관리가 효율적으로 이루어질 수 있습니다. 파일 형식은 가장 대중적인 'MP3 파일'을 선택하고 비트레이트 모드, 품질, 가변 속도, 채널 모드를 기본 세팅(주어지는 값)으로 둔 후 [저장]을 클릭하시면 됩니다.

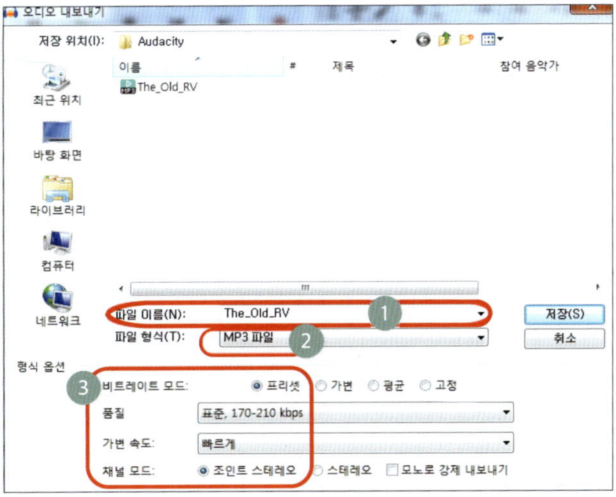

[저장]을 클릭한 후에는 메타데이터 태그를 편집할 수 있는 창이 생성됩니다. 해당 목록에 교사명, 강의 제목, 차시, 날짜, 과목명 등을 입력하시면 됩니다. 메타데이터는 음악 파일에 기록되는 데이터로서 음악의 제목이나 아티스트, 작곡가, 앨범 아트 등의 정보가 기록되며, 이를 활용하면 음원의 검색과 정렬이 수월해집니다.

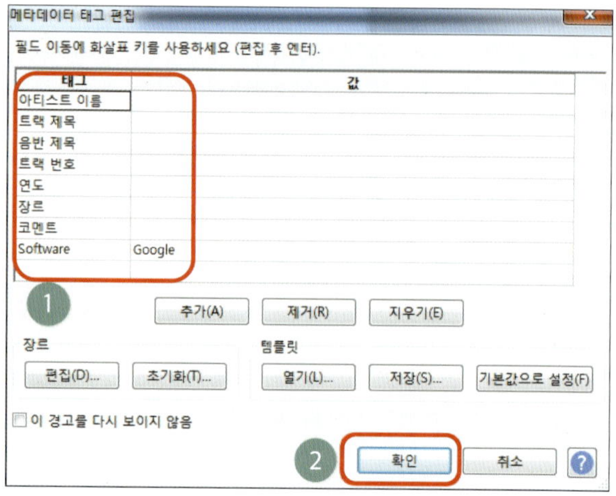

저장 작업을 진행하는 표시 창이 생성됩니다. 방금 작업한 오디오 파일의 제목과 경과 시간, 남은 시간이 표시됩니다. 오디오의 시간 길이가 길수록 경과 시간은 증가되므로 이 점을 꼭 참고하시기 바랍니다.

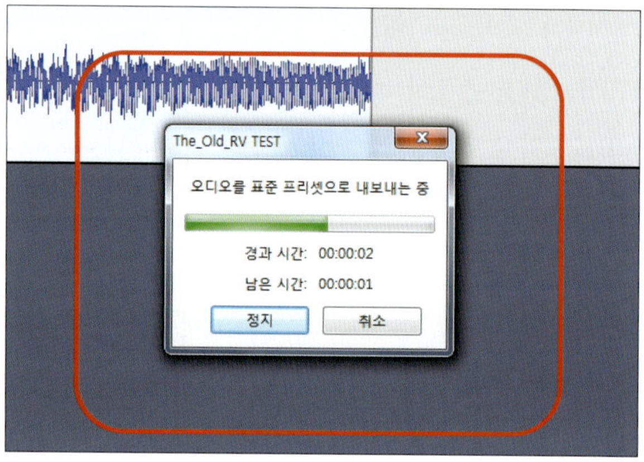

TIP

*** 오디오 제작 상식: 파일 포맷에 대한 이해**

우리가 자주 사용하는 MP3 파일 포맷은 MPEG-1 Audio Layer-3의 줄임말로 오디오 신호를 효과적으로 사용하기 위하여 고안된 압축 방식입니다. 널리 사용되는 오디오 파일 형태이며, 다양한 기기와의 호환성이 좋습니다. WAV 또는 WAVE는 웨이브폼 오디오 포맷Waveform audio format(웨이브 오디오 포맷)의 준말로 개인용 PC에서 오디오를 재생하는 마이크로소프트와 IBM의 오디오 파일 포맷 표준을 말합니다. 또 오그ogg는 멀티미디어용 오픈소스의 구현을 목표로 하는 오그 프로젝트Ogg Project를 의미하며, 보비스Vorbis는 실제 소리를 압축하는 포맷의 명칭입니다. 상대적으로 적은 용량의 파일로 압축할 수 있는 장점이 있으나 일부 MP3 플레이어나 응용프로그램에서 재생할 수 없다는 단점이 있습니다. 그러나 최근 출시되는 MP3 플레이어나 응용프로그램에서는 ogg 파일의 재생이 가능합니다.

오데시티는 무료이지만 매우 강력한 음성 편집 소프트웨어입니다. 물론 어도비에서 출시한 어도비 오디션Adobe Audition 등 뛰어난 프로그램이 속속 등장하고 있지만 이런 프로그램들은 구입하기에 가격 부담이 상당합니다. 또 윈도우 무비메이커와 같은 무료 편집 프로그램도 음성 편집을 지원하긴 하지만 그 기능은 매우 제한적입니다. 오데시티만 잘 활용한다면 강의 영상뿐 아니라 팟캐스트나 BGM을 포함한 라디오 영상 등 음성 기반의 대부분의 작업을 손쉽게 완성하실 수 있을 것입니다.

5 오캠oCam을 통해 동영상 콘텐츠 캡처하기

1) 오캠 oCam 프로그램 개요

국내 기업인 오소프트ohsoft에서 출시한 오캠은 PC/노트북 모니터에 재현된 영상을 녹화할 수 있는 편리한 녹화 프로그램입니다. 온라인게임과 인터넷 영상을 간편하게 녹화할 수 있으며 다양한 포맷으로 제한 없는 길이의 자유로운 녹화가 가능합니다. 또한 GIF(움짤) 녹화, 전문 게임 녹화 기능까지 내장되어 있으며 웹캠 녹화 역시 가능합니다.

최소 설치 사양

오캠은 윈도우XP부터 윈도우10까지 다양한 운영체제를 지원합니다. 낮은 사양의 PC(Pentium4 2.5GHz의 RAM 1G)에서도 원활하게 작동하는 가벼운 프로그램입니다. 단 녹화할 영상물의 길이가 20분 이상이고 고품질로 녹화하려면 고사양 PC를 사용하는 것을 권장드립니다.

2) 프로그램 설치하기

오소프트에서 제공하는 공식 다운로드 링크에서 다운로드해 설치합니다. 다운로드 웹페이지에서 최하단으로 내려가면 실행파일(OhSoft EXE)과 압축파일(OhSoft ZIP)이 보입니다. 둘 중 원하는 것을 선택해 다운로드합니다. [실행]을 클릭하면 프로그램이 설치되고, 바로 다음 오른쪽 화면과 같은 프로그램 팝업 창이 생성됩니다.

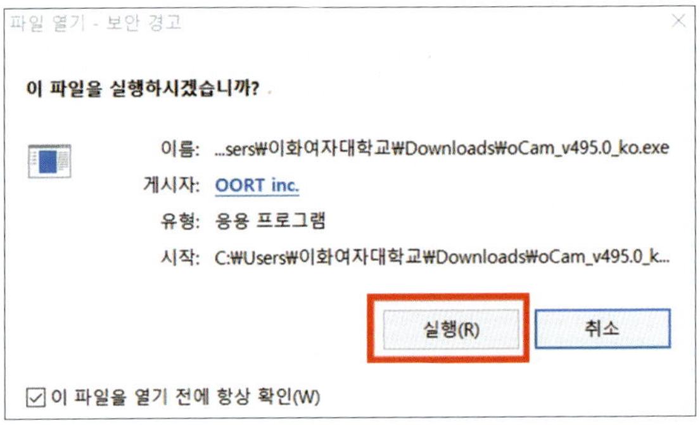

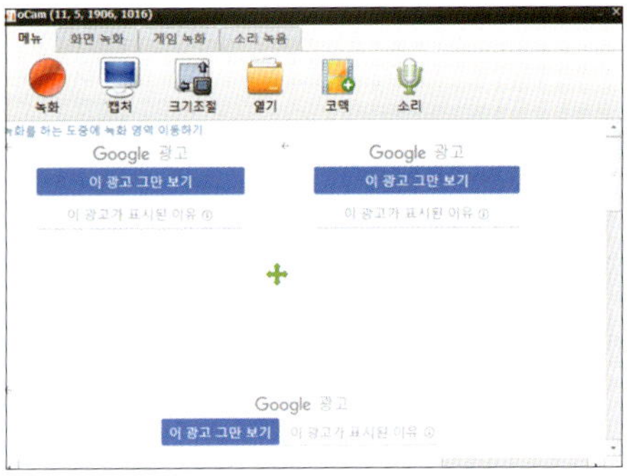

3) 프로그램 사용하기

프로그램 인터페이스 개요

녹화 영역은 화면에 보이는 커다란 녹색 테두리의 크기를 조절하고 원하는 위치로 이동하여 설정할 수 있습니다. 이 테두리 안에 있는 모든 것이 영상으로 녹화됩니다. 녹색 테두리의 모서리를 클릭한 채로 드래그하여 세부적으로 녹화 영역을 설정할 수 있습니다. 테두리 가운데에는 테두리 전체를 원하는 녹화 위치로 드래그하여 이동시킬 수 있는 이동 아이콘이 있습니다.

프로그램 다운로드 링크: https://ohsoft.net/kor/ocam/download.php?cate=1002

더욱 세밀하게 이동시키려면 키보드에서 화살표 키를 이용합니다. 보다 넓게 이동시키려면 [Ctrl]+화살표 조합을 활용하면 됩니다. [Shift]+화살표 조합으로는 녹화 창의 크기를 조절할 수 있으며 [Sift]+[Ctrl]+화살표 조합으로는 녹화 창 크기를 더 빠르게 조절할 수 있습니다. 이 모든 내용은 마우스만 활용해도 충분히 조작할 수 있으니 굳이 외우지 않으셔도 됩니다.

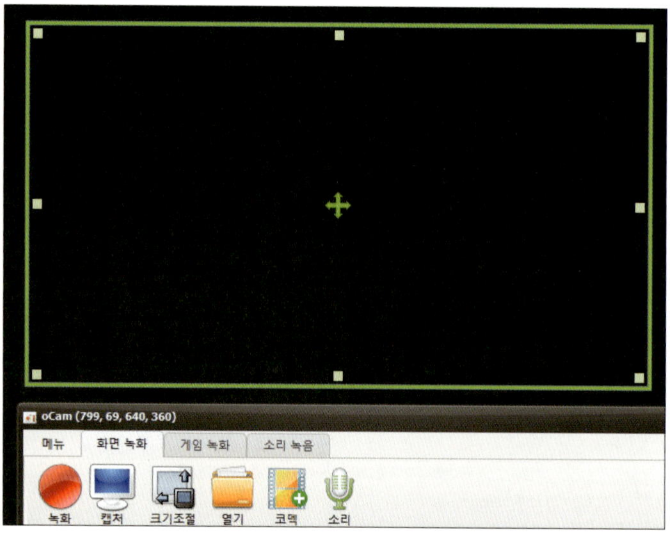

창 상단 왼쪽의 [녹화] 버튼을 클릭하면 녹화가 바로 시작됩니다. [캡처] 버튼을 클릭하면 지정한 영역의 화면을 정지 이미지로 캡처할 수 있으며, [크기조절] 버튼을 클릭하면 녹화될 영상의 파일 크기를 선택할 수 있습니다. 또 [열기] 버튼을 클릭하면 녹화된 영상 파일을 확인할 수 있습니다.

일반적으로 사용되는 영상 크기 규격으로는 유튜브용 사이즈 1920×1080(FULL HD)과 1280×720(HD) 두 종류를 권장합니다. 그 외 규격은 영상의 화질이 떨어져서 강의 내용 중 글씨가 깨지거나 흐릿하게 표현되어 알아보기 힘들 수 있습니다. 따라서 강의용으로 쓰기에 적합하지 않습니다.

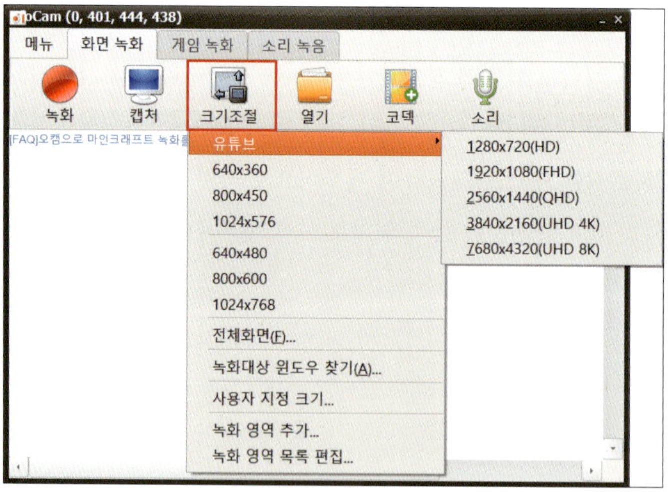

상단의 [열기] 버튼을 클릭하면 녹화된 영상이 저장된 폴더를 볼 수 있습니다. 또 [코덱] 버튼을 클릭하면 오캠에서 녹화할 영상의 코덱을 설정할 수 있습니다. 각종 내장코덱 및 외장코덱을 설정할 수 있고 움짤 GIF 애니메이션 녹화를 선택할 수도 있습니다.

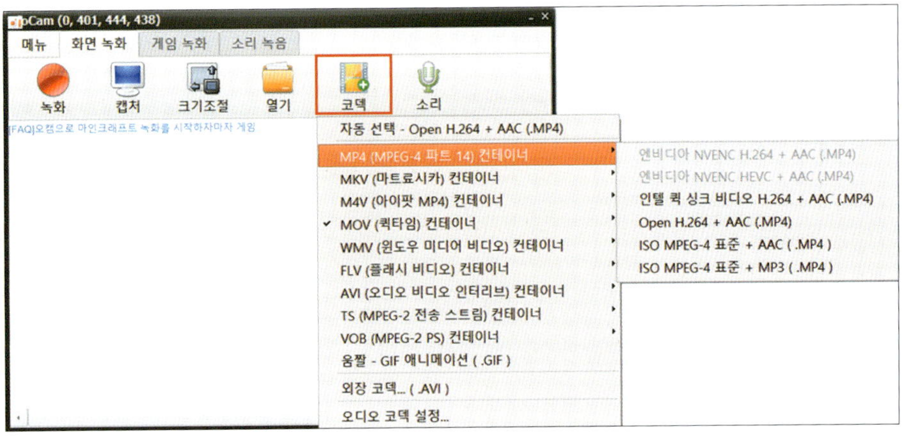

일반적으로는 가장 상단에 있는 [자동 선택], 즉 'MP4 기반 H264 코덱과 AAC(오디오 코덱)'를 클릭하시면 됩니다. 용량 대비 화질이 좋아서 편집과 보관이 용이하여 유튜브를 비롯한 많은 영상 기반 소셜 콘텐츠 사이트에서 이 코덱을 선택하며, 강의 영상으로도 가장 많이 사용되는 코덱입니다.

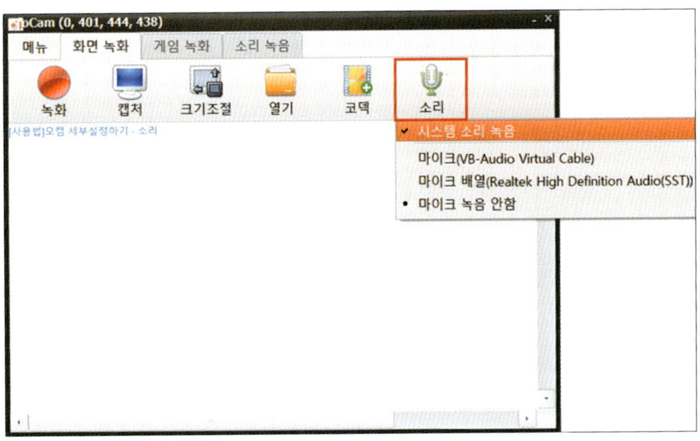

한편 [소리] 버튼을 클릭하면 다음과 같은 메뉴가 나타납니다. PC 자체에서 재생되는 소리를 녹음할 때는 [시스템 소리 녹음]을 클릭하십시오. 이때 [마이크 녹음 안 함]은 자동으로 선택됩니다. 핀마이크나 스탠드 마이크를 PC에 연결하여 사용할 때 시스템 소리를 녹음하지 않으려면 ✔ 버튼을 클릭해서 풀어주면 됩니다. 필요에 따라서 음성 옵션을 조정해주세요.

만약 소리가 나지 않으면 PC의 바탕화면 오른쪽 하단 끝에 있는 사운드 아이콘을 클릭해보세요. 다음과 같은 알림 창이 뜹니다. 마이크 이미지 밑에 빨간색 표시 영역이 보이면 마이크가 연결되지 않았다는 의미입니다. 마이크를 연결하면 이 부분에 녹색 표시가 생성됩니다.

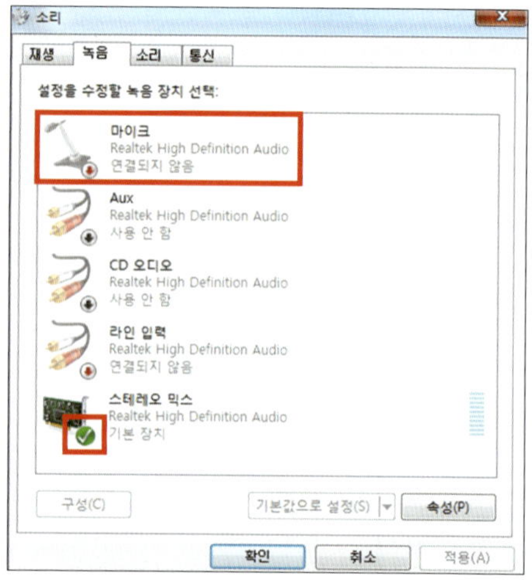

그럼 마이크는 어디에 연결할까요? PC 앞면이나 뒷면의 마이크 모양 아이콘이 그려져 있는 단자를 찾아서 연결하세요.

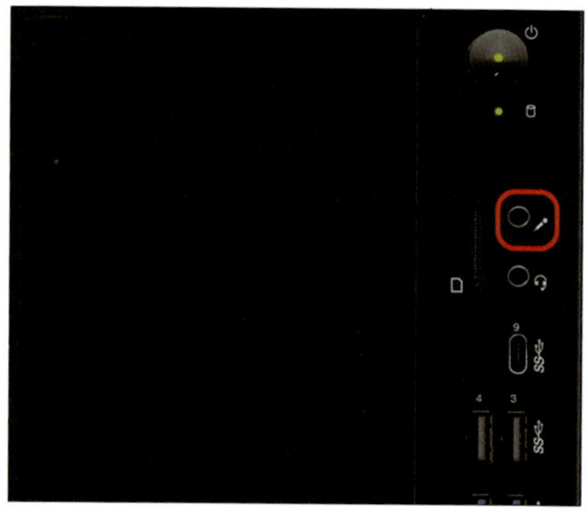

오캠은 강의 영상 제작뿐 아니라 각종 콘텐츠 제작에 폭넓게 활용할 수 있는 무료 소프트웨어로, 출시 이후 현재까지 널리 사랑받고 있습니다. 이 프로그램을 사용할 때 단축키를 쓰면 매우 편리합니다. 녹화 시작은 단축키 [F2], 녹화 일시정지는 [Shift]+[F2], 이미지 캡처는 [F3]입니다. 강의 영상 제작에 오캠을 자주 활용하실 분이라면 단축키를 외워두시거나 따로 메모하여 PC 앞에 붙여두시면 편리합니다. 오캠은 매우 가볍고 편리한 녹화 프로그램입니다. 오캠만 있다면 인터넷의 특정 사이트에서 진행되는 실시간 영상을 파일로 다운로드하여 강의 영상에 편집해넣는 등 다양한 영상 콘텐츠를 구현할 수 있습니다. 물론 이때 저작권에 유의하셔야 하고 인용 표시를 잊지 말아야 합니다.

6 유튜브 다운로더 Youtube Downloader를 통해 동영상 콘텐츠 다운로드하기

1) 유튜브 다운로더 Youtube Downloader 프로그램 개요

유튜브 다운로더Youtube Downloader는 무료 비디오 다운로더입니다. 세계 최대의 동영상 소셜 콘텐츠 사이트인 유튜브Youtube에 포스팅된 비디오를 영상 파일로 다운로드하거나 저장할 수 있고, 이 프로그램을 통해 다운로드한 비디오를 다양한 형식(주로 AVI 또는 MP4 비디오)으로 쉽게 변환할 수도 있습니다. 강의 동영상 콘텐츠를 제작할 때 타인이 기존에 제작한 영상물들을 편집해서 활용하는 경우도 있기 때문에 매우 요긴하게 활용할 수 있는 프로그램입니다.

2) 프로그램 설치하기

유튜브 다운로더 공식 다운로드 링크를 활용해 다운로드한 후 설치하면 됩니다. 이때 자신의

https://www.youtubedownloaderhd.com/

PC 운영체제에 맞는 것을 선택합니다. Windows, Mac, Linux 링크를 지원하고 있습니다. 윈도우 사용자인 경우 [Youtube Downloader for Windows] 링크를 클릭하면 해당 파일이 다운로드됩니다.

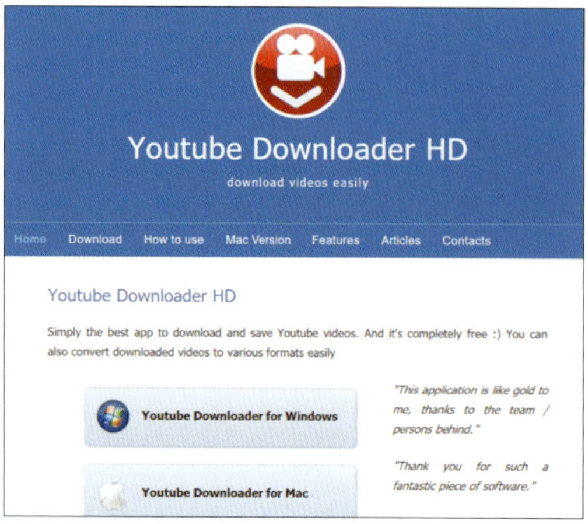

화면 하단에 프로그램의 실행 혹은 저장을 묻는 창이 뜨면 [실행(R)]을 클릭합니다. 게시자 확인 문제가 나오더라도 무시하고 [예]를 클릭한 후 실행하시면 됩니다.

'License Agreement'라는 제목의 라이선스 동의를 구하는 팝업 창이 뜨면 [I accept the agreement]를 선택하고 [Next]를 클릭합니다. 이어서 'Select Destination Location'이라는 제목으로 PC의 어느 위치에 파일을 설치할 것인지 지정하는 팝업 창이 뜨면 그대로 [Next]를 클릭합니다.

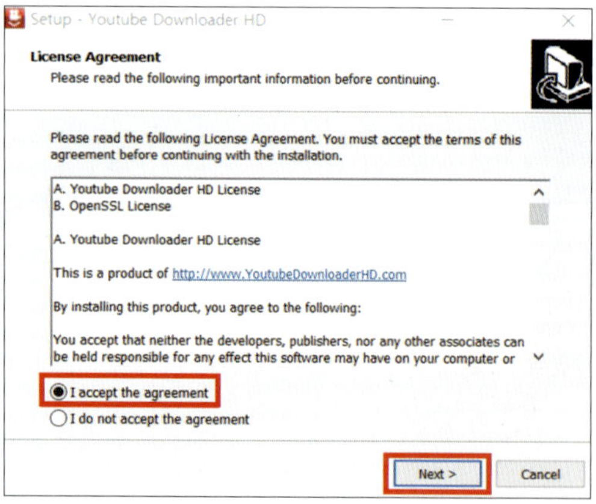

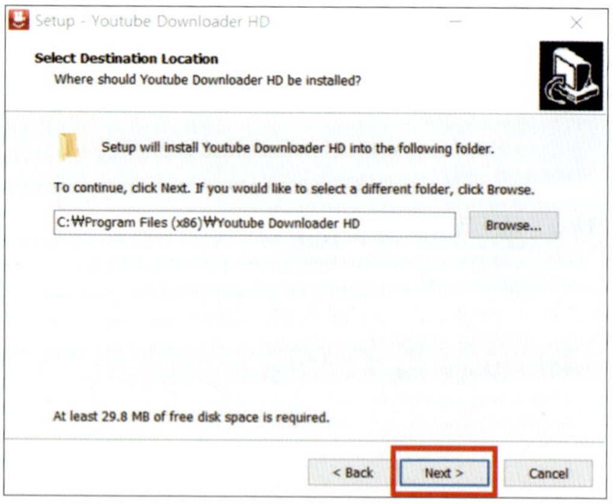

시작 메뉴 폴더를 지정하는 'Select Start Menu Folder'라는 제목의 팝업 창이 뜨면 최초 설정된 폴더로 지정하셔도 무방하니 [Next]를 클릭합니다. 그리고 추가 작업을 선택하는 'Select Additional Tasks'라는 제목의 팝업 창이 생성되면 [Create a desktop shortcut]를 선택한 후 [Next]를 클릭합니다. 이는 바탕화면에 바로가기를 설정하는 것으로, 이 프로그램을 자주 사용하실 예정이라면 바로가기를 만들어놓는 것이 편리합니다.

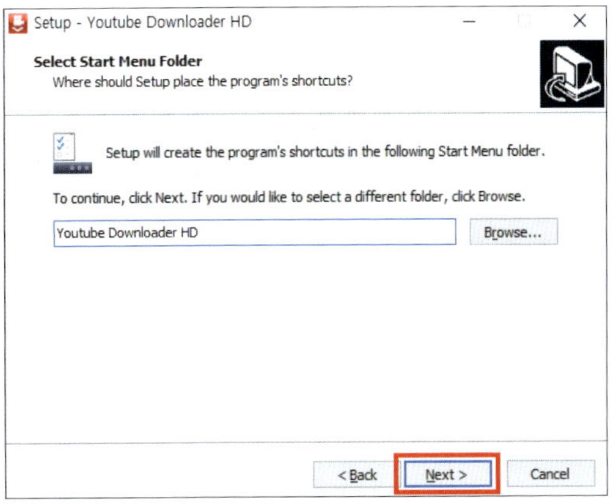

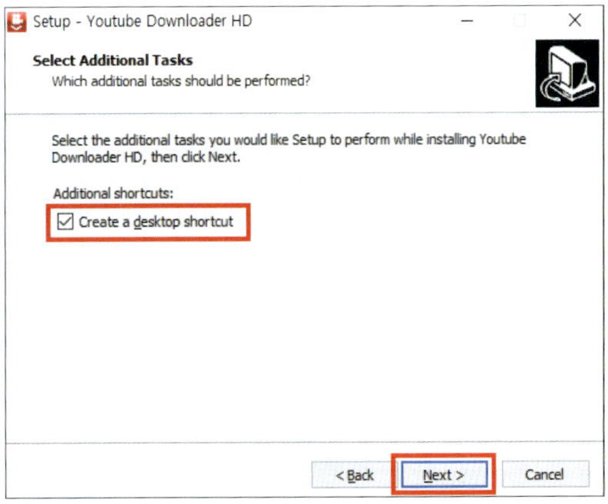

설치 준비를 알리는 'Ready to install' 팝업 창이 생성됩니다. 이제 여러분의 PC에 설치할 준비가 완료됐습니다. [Next]를 클릭합니다. 마지막으로 'Completing the YoutubeDownloader HD Setup Wizard'라는 팝업 창이 뜨면 설치가 거의 준비되었다는 것을 의미합니다. 여기서 바로 프로그램을 실행하기를 원하시면 [Launch Youtube Downloader HD]를 선택한 후 [Finish]를 클릭하세요. 최종적으로 설치가 완료됩니다.

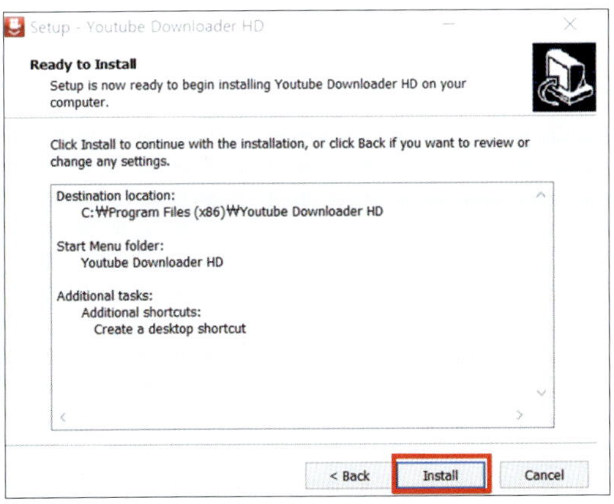

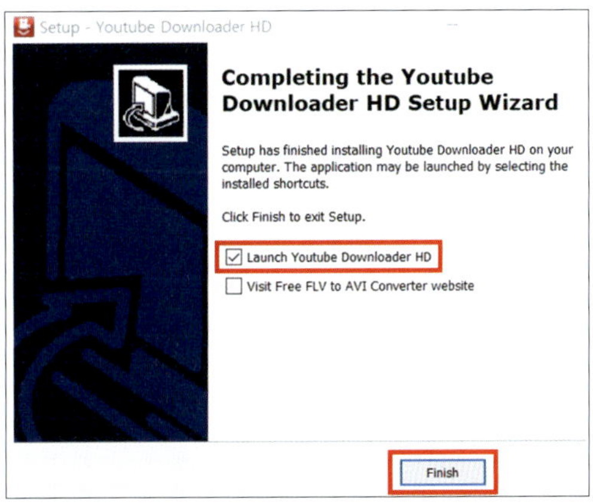

3) 프로그램 사용하기

이 프로그램의 사용 방법은 매우 쉬우며, 또 직관적으로 알 수 있습니다.
프로그램 창의 인터페이스별 기능을 설명해드리겠습니다.

① Video Quality: 다운로드할 영상의 화질을 선택하는 부분입니다. FLV video-Low Quality(240p)는 가장 저화질로 요즘에는 사용하는 경우가 드문 편이며, MP4 video-Normal Quality(360p), MP4 video-High Quality(480p), MP4 video-HD(720p) 또한 화질이 떨어집니다. 가장 많이 사용하는 것은 MP4 video-Full HD(1080p), MP4 video-Full HD(1080p 60fps)입니다. 움직임이 많은 교사의 영상인 경우에는 꼭 60fps를 선택합니다.

② Video URL: 유튜브 동영상의 주소 링크를 이곳에 입력합니다.

③ Save to: 저장 폴더를 선택하는 단계입니다. 입력 칸 옆의 [Browse]를 클릭해 파일 저장 위치를 설정합니다. 주로 영상 작업을 하는 폴더를 꼭 선택해주세요.

④ Download: 창 오른쪽 하단의 [Download] 버튼을 클릭하면 유튜브 동영상 다운로드가 시작됩니다.

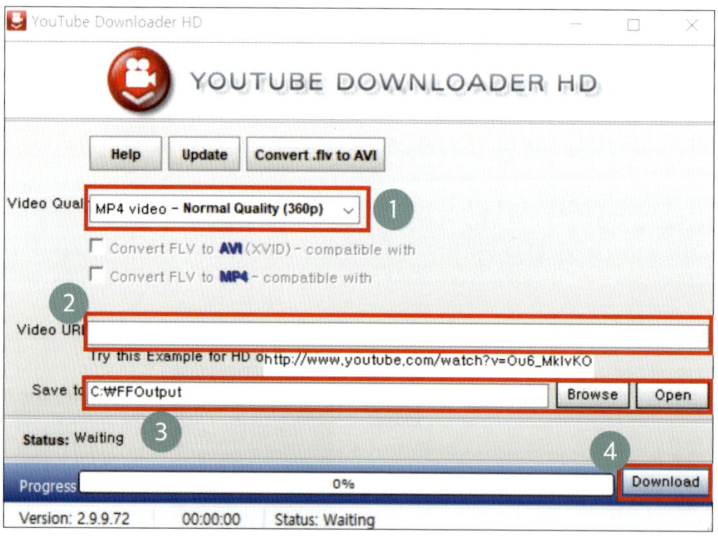

다운로드할 영상의 유튜브 페이지를 열고 오른쪽 하단의 [공유]를 클릭합니다.

다운로드할 웹주소URL가 생성됩니다. 오른쪽의 [복사]를 클릭해도 되고, 마우스 오른쪽 버튼을 클릭한 후 복사하거나 [Ctrl]+[C] 단축키를 사용해 복사해도 됩니다.
해당 링크를 복사하면 자동으로 해당 주소가 'Video URL' 칸에 입력됩니다.

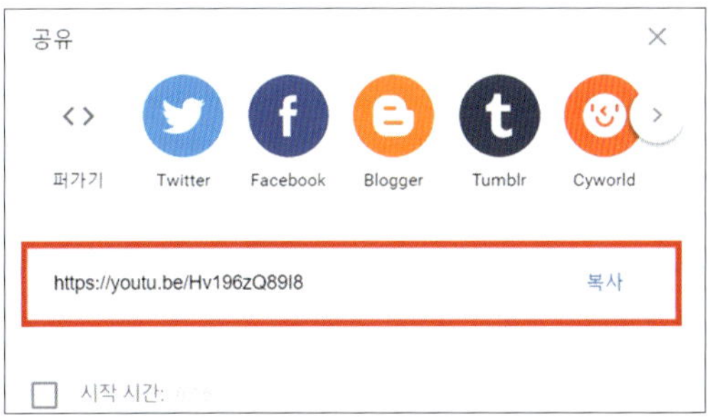

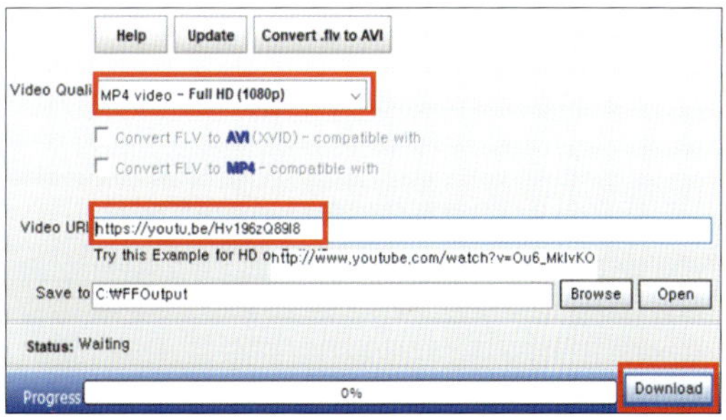

[Download] 버튼을 클릭하면 원하는 영상을 PC로 저장할 수 있습니다.

유튜브 다운로더를 사용하면서 다양한 영상을 계속 접하다 보면 60fps, 29.97fps, 24fps와 같은 용어를 자주 보게 됩니다. 영상에서 초마다 할당된 이미지 장면의 수fps, 즉 프레임이 재생되는 속도를 프레임 레이트frame rate라고 합니다. 보통 인간의 눈은 1초당 8개의 이미지가 제시되어야 하나의 자연스러운 동작으로 인식합니다. 따라서 영상의 프레임 레이트가 높을수록 더 자연스럽고 매끄러운 동작을 표현할 수 있습니다. 영화에서는 보통 24fps, TV에서는 30fps, 스포츠 영상물은 60fps, 슬로모션은 초당 1000frame까지 세팅됩니다. 물론 높은 프레임 레이트의 영상물은 당연히 파일 크기가 크게 마련입니다. 최근에는 PC의 저장 용량이 크게 나오고, 또 클라우드 서비스를 통한 파일 저장이 쉬워져서 60fps의 고화질 영상물을 활용하기 더 편리해졌습니다.

프레임 레이트	사용 용도
60fps(59.94fps)	미국 또는 한국과 같은 NTSC 포맷을 기본으로 하는 나라에서 사용하는 720p의 기본 프레임 레이트
50fps	유럽의 PAL 방식에서 사용하는 720p의 기본 프레임 레이트
30fps(29.97fps)	미국 또는 한국과 같이 NTSC 1080p 또는 1080i 방식으로 촬영할 때 사용하는 프레임 레이트
25fps	유럽의 PAL 1080p 또는 1080i 방식에서 사용하는 프레임 레이트
24fps (23.98 혹은 23.976fps)	영화 촬영 시 사용하는 프레임 레이트

이 절을 마치기 전에 추천해드릴 유튜브 다운로더의 유사 프로그램은 4K다운로더입니다. 유튜브뿐 아니라 페이스북이나 비모Vemo와 같은 다양한 소셜미디어를 지원하며 3D 영상까지도 지원합니다. 다운로드 화질도 8K까지 지원하는 등 매우 강력한 프로그램입니다. 가장 큰 장점은 유튜브 채널에 올라간 많은 영상을 한꺼번에 다운로드할 수 있는 기능이 있다는 것입니다. 물론 이 프로그램은 15달러를 지불해야 하는 유료 프로그램이지만 정기적인 강의 동영상 콘텐츠 제작을 고려하고 있는 분이라면 충분히 투자할 가치가 있습니다.
지금까지 살펴본 유튜브 다운로더는 가장 많이 쓰이는 유튜브 영상 저장 포맷입니다. 하지만 쉽게 다운로드해서 영상들을 쓰다 보면 저작권과 관련하여 문제가 생기는 경우가 왕왕 있습니다. 물론 교육 목적으로 활용하면 문제가 되는 경우가 덜하지만 만일의 사태를 대비해 조심하는 것이 좋습니다. 유튜브 다운로더 외에도 최근 많은 유사 무료 프로그램들 또는 특정 웹사이트를 통한 실시간 변환 솔루션들이 늘어가고 있습니다. 작동 원리는 모두 매우 유사하니 사용 목적과 스타일에 맞는 프로그램을 선택해서 사용하면 됩니다. 단 프로그램들의 주요 수익 모델이 '배너광고'인지라 다운로드 프로그램 중 간혹 악성 애드웨어나 바이러스를 포함하는 것도 있으니 주의가 필요합니다.

https://www.4kdownload.com/

7 파워포인트 PowerPoint 2019를 통해 강의 인트로 영상 제작·편집하기

1) 파워포인트 PowerPoint 2019 프로그램 개요

파워포인트는 아마도 워드 프로그램과 함께 모든 교사에게 가장 익숙한 프로그램 중 하나일 것입니다. 파워포인트만 잘 이용하면 프리미어나 애프터 이펙트와 같은 전문 프로그램이 아니더라도 쉽게 강의 동영상의 인트로를 제작할 수 있습니다. 강의 동영상의 인트로 장면에는 강의의 주제와 의미 등을 담을 수 있어서 강의를 개괄하고 학습자들의 흥미를 유발하는 데 매우 유용합니다.

2) 프로그램 실행하기

파워포인트PowerPoint 2019 프로그램을 찾아 실행합니다.

[새 프레젠테이션]을 클릭합니다.

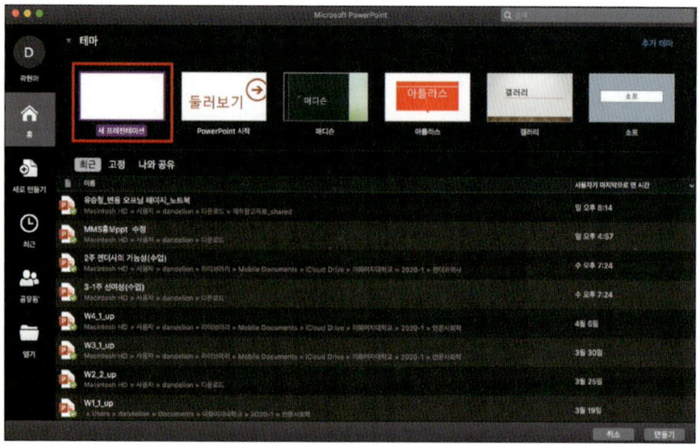

3) 화면 비율 조정하기

유튜브를 포함한 대부분의 영상은 가로가 긴 16:9 비율로 제공되기 때문에 영상 인트로를 제작할 때도 같은 비율로 맞추는 것이 좋습니다. 간혹 더 좁은 비율의 영상도 있으니 미리 확인하시기 바랍니다.

화면 상단 메뉴 바의 [디자인] 탭을 찾아 클릭합니다.

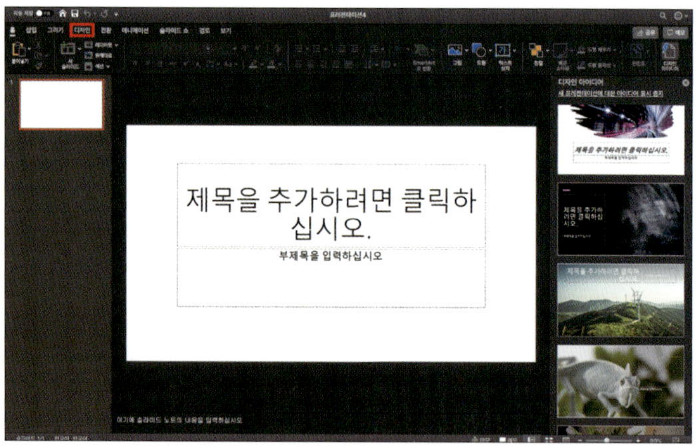

디자인 패널 오른쪽 끝의 [슬라이드 크기]를 클릭해 비율을 16:9(와이드 스크린)로 조정합니다.

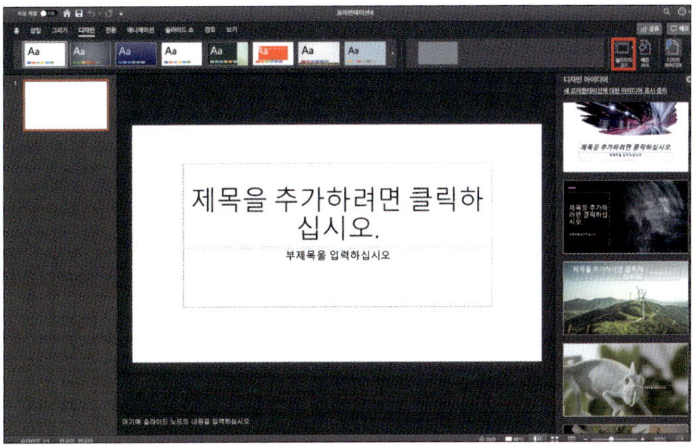

4) 이미지 삽입하기

화면 상단 메뉴 바의 [삽입] 탭을 찾아 클릭합니다.

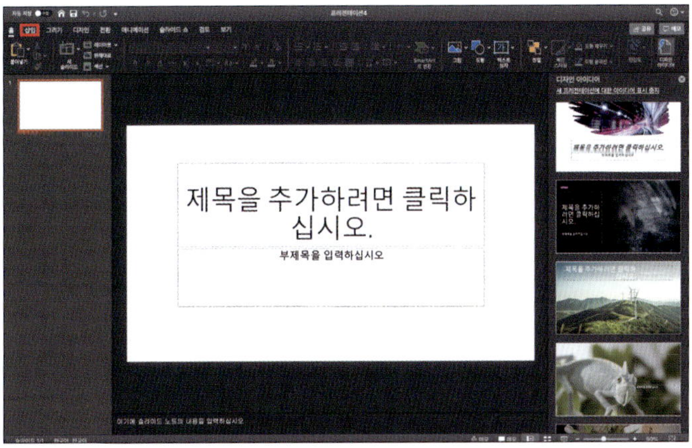

삽입 패널 왼쪽의 [그림]을 클릭해 삽입하고자 하는 이미지를 찾습니다.

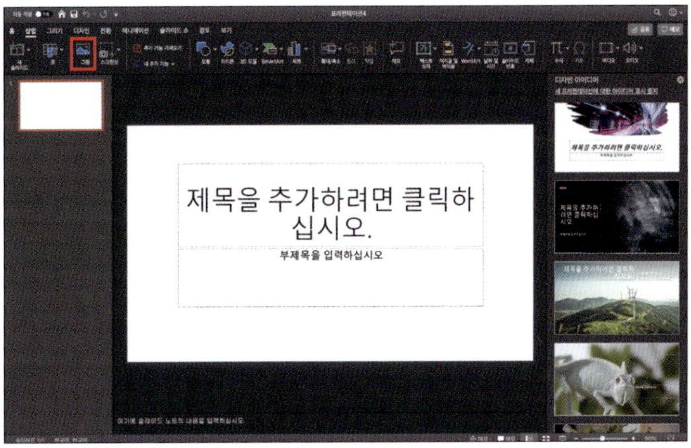

이미지를 선택하고 하단의 [삽입] 버튼을 클릭해 해당 이미지를 삽입합니다.

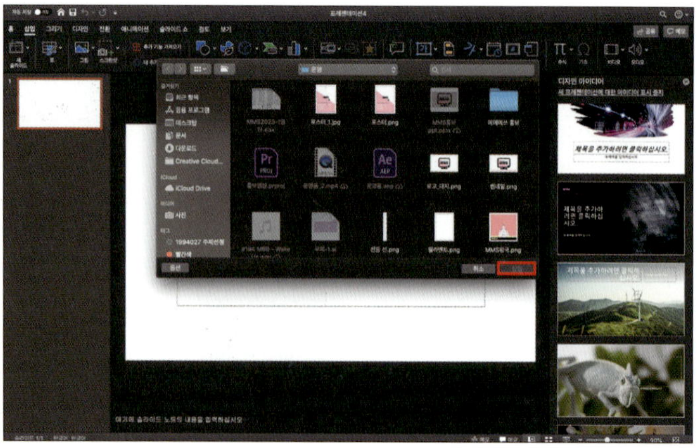

5) 텍스트 삽입하기

화면 상단 메뉴 바의 [삽입] 탭을 찾아 클릭합니다.

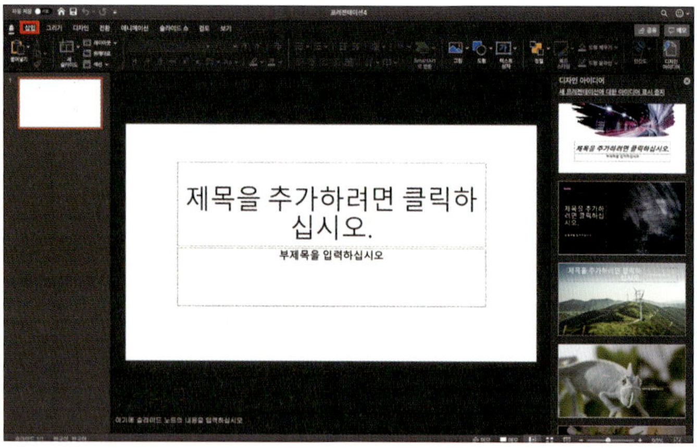

삽입 패널에서 [텍스트 상자]를 찾아 클릭한 후 프레젠테이션 페이지를 한 번 클릭하면 해당 위치에 텍스트 상자가 생성됩니다. 여기에 원하는 텍스트를 입력합니다.

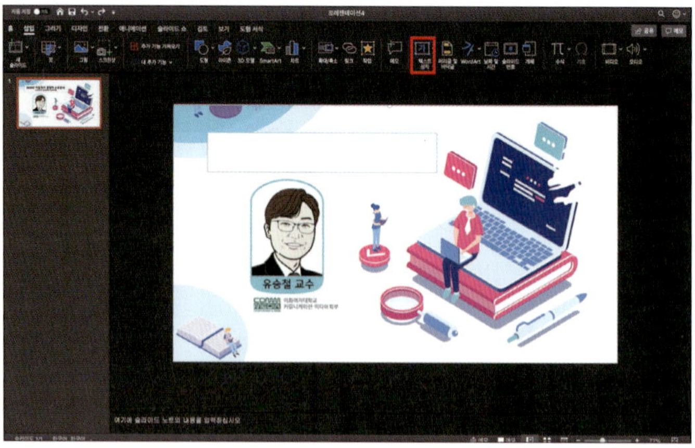

6) 텍스트를 워드 아트로 꾸미기

앞서 삽입한 텍스트 상자를 클릭하고 화면 상단 메뉴 바의 [도형 서식] 탭을 찾아 클릭합니다. 도형 서식 패널에서 다음 화면과 같은 워드 아트를 찾아 이 중 원하는 디자인을 클릭합니다. 텍스트에 해당 워드 아트가 적용된 것을 확인할 수 있습니다.

7) 애니메이션 적용하기

화면 상단 메뉴 바의 [애니메이션] 탭을 찾아 클릭합니다.

애니메이션을 적용하고자 하는 개체를 선택합니다.

애니메이션 패널에 나타난 애니메이션 효과들 중 적용하고자 하는 효과를 클릭하면 개체에 해당 효과가 적용된 것을 확인할 수 있습니다.

8) 배경음악 삽입하기

화면 상단 메뉴 바의 [삽입] 탭을 찾아 클릭합니다.

삽입 패널 오른쪽 끝의 [오디오]를 클릭하고 [파일의 오디오]를 클릭합니다.

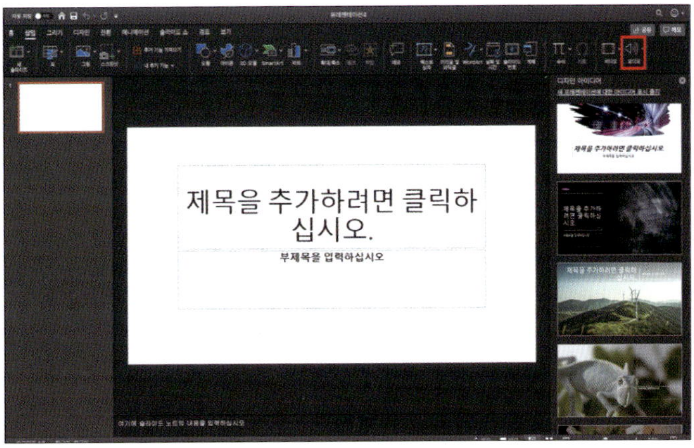

팝업 창에서 삽입하고자 하는 음악을 찾아 선택하고 팝업 창 하단의 [삽입]을 클릭합니다.

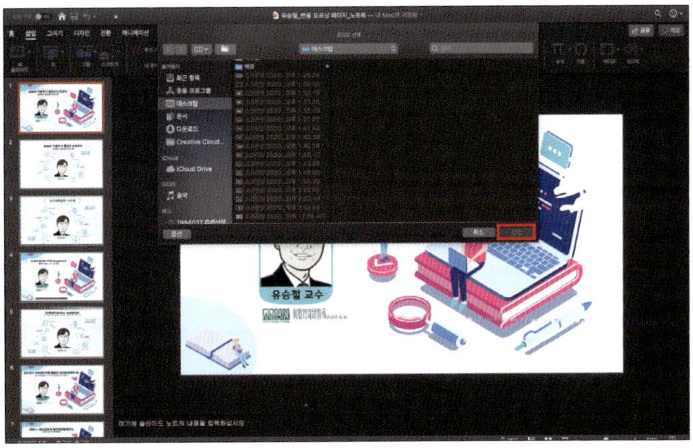

소리 아이콘이 나타난 것을 확인합니다.

소리 아이콘을 클릭한 후 화면 상단 메뉴 바의 [재생] 탭을 클릭합니다.

재생 패널 오른쪽 끝의 [백그라운드에서 재생]을 클릭해서 프레젠테이션의 시작과 동시에 배경음악이 재생되도록 합니다.

9) 영상으로 내보내기

메뉴 바 상단의 [파일] 탭을 찾아 클릭하고 [내보내기]를 클릭합니다.

파일 형식을 MP4로 바꿔줍니다.

슬라이드의 지속시간을 설정하고 저장할 위치를 선택한 후 팝업 창 하단의 [내보내기]를 클릭합니다.

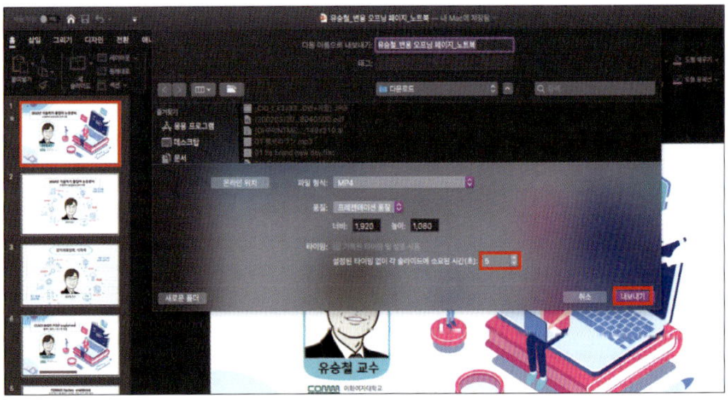

이제 수 분의 저장 시간을 기다리면 원하는 길이의 특수효과까지 더해진 인트로 동영상이 완성됩니다.

인트로/아우트로 영상이 없을 때 강의 영상은 시청자에게 매우 심심한 인상을 줍니다. 파워포인트로 긴 길이의 강의 영상을 제작하기는 다소 버겁지만 인트로나 아우트로 영상 정도는 조금만 시간을 투자한다면 매우 깔끔하게 만들 수 있습니다. 따라서 파워포인트를 익숙하게 다룰 수 있는 교사라면 굳이 고급 프로그램을 구비할 필요 없이 파워포인트만으로 적정한 수준의 인트로/아우트로 영상을 만들 수 있을 것입니다. 그럼 파워포인트를 활용하여 멋진 인트로/아우트로 영상을 제작해보시기 바랍니다.

CHAPTER 4

화상회의 프로그램을 통해 실시간 강의하기

1 줌 Zoom으로 실시간 강의하기

1) 줌 Zoom 프로그램 개요

줌은 스마트폰이나 PC 등의 다양한 장치를 통한 화상회의 프로그램 중 하나입니다. 한 회의에 최대 천 명이 비디오 참가자로 참여할 수 있으며, 팀으로 채팅하는 것도 가능합니다. 또한 여러 참가자가 같은 화면을 공유하고 대화하며 회의할 수 있어서 단체 토론 및 강의에 적합합니다. 매우 안정적인 화상회의 진행이 가능하기 때문에 국내에서도 가장 널리 사용되는 프로그램입니다.

2) 프로그램 준비하기

PC에서 준비하기

줌Zoom에 접속하여 회원가입을 합니다.

→ https://zoom.us

공식 사이트에서 '**회의용 Zoom 클라이언트**'를 다운로드해 설치합니다.

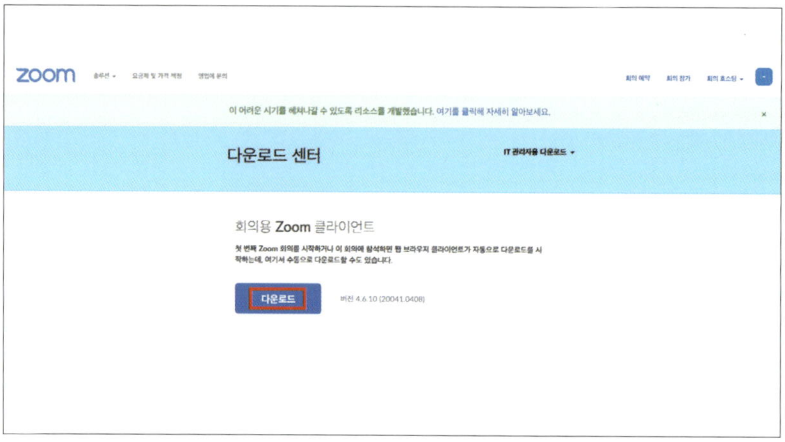

모바일에서 준비하기

안드로이드 스마트폰은 플레이스토어Play Store에서, iOS의 경우 앱스토어App Store에서 줌을 다운로드합니다.

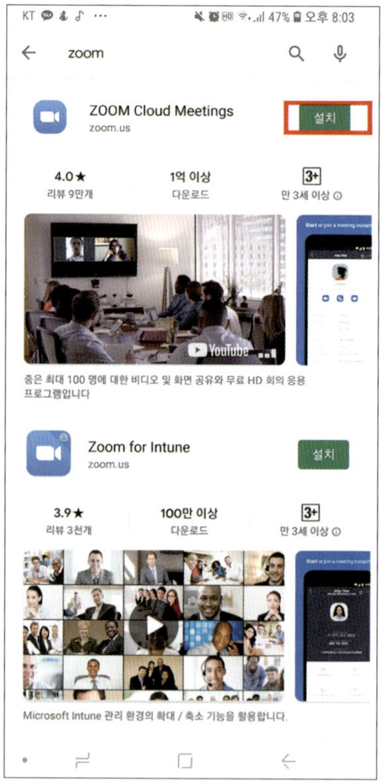

프로그램 다운로드 링크: https://zoom.us/download

3) 접속하기

PC에서 접속하기

웹페이지에서 오른쪽 상단의 [로그인]을 클릭해 이메일 주소와 비밀번호를 입력한 후 왼쪽 상단의 [회의] → [향후 회의]를 클릭합니다. 해당 페이지가 뜨면 [개인 회의실]을 클릭합니다.

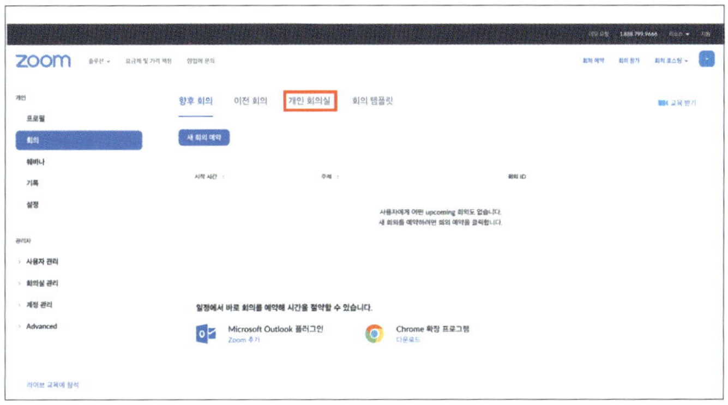

오른쪽 상단의 파란색 [회의 시작] 버튼을 클릭해 실행합니다.

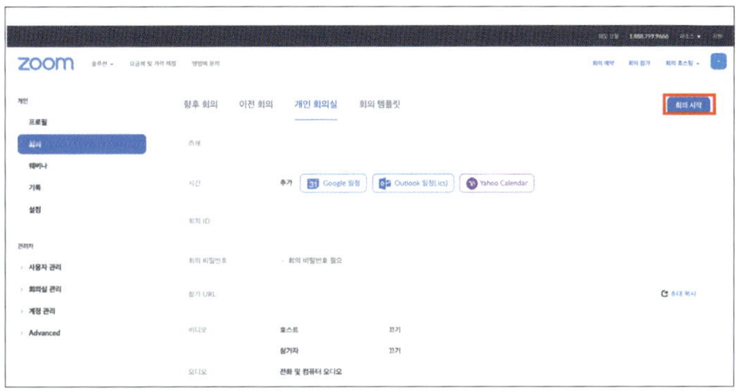

앱으로 접속하기

줌 앱을 열면 다음과 같은 화면이 나타납니다. 가입 후 로그인하여 접속합니다.

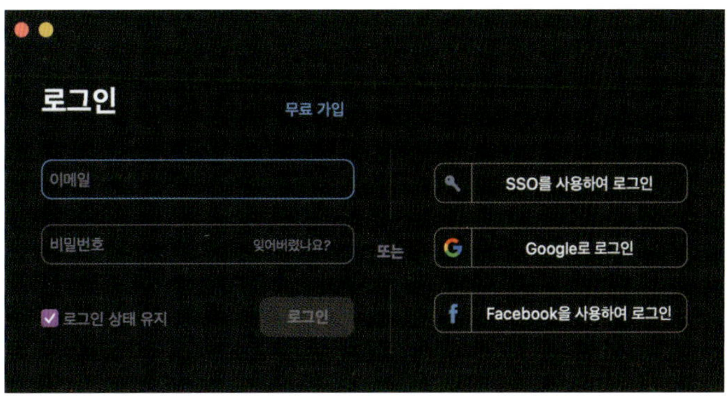

4) 환경설정

환경설정 화면에 들어가는 방법

줌에 접속한 초기 화면에서 오른쪽 상단의 프로필 밑에 있는 설정 아이콘을 클릭합니다. 필요에 따라 사용자 이름을 변경하거나 인물 뒤에 들어갈 배경화면을 변경할 수 있습니다.

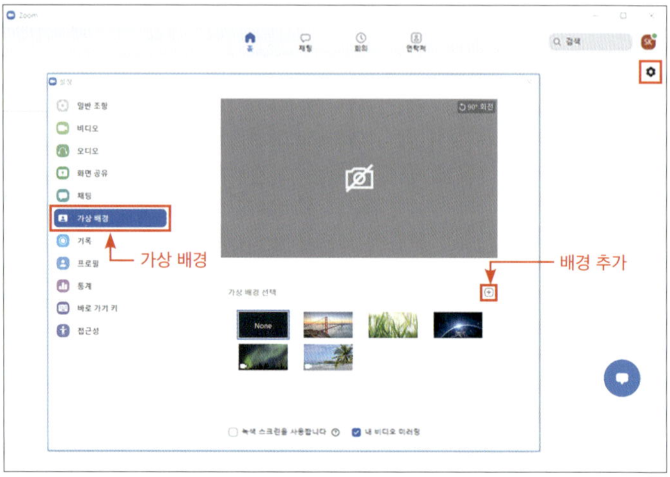

듀얼 모니터 사용 설정

설정 창 왼쪽의 메뉴에서 [일반 조항] → [듀얼 모니터 사용]을 클릭하면 듀얼 모니터를 사용할 수 있습니다. 듀얼 모니터는 PC 이외의 다른 기기를 함께 이용할 때 두 모니터를 모두 사용할 수 있도록 하는 기능입니다. 듀얼 모니터 기능을 켜고 화면을 공유하면 한쪽 화면에는 공유하는 화면이, 다른 한쪽 화면에는 참가자들의 비디오가 나타납니다.

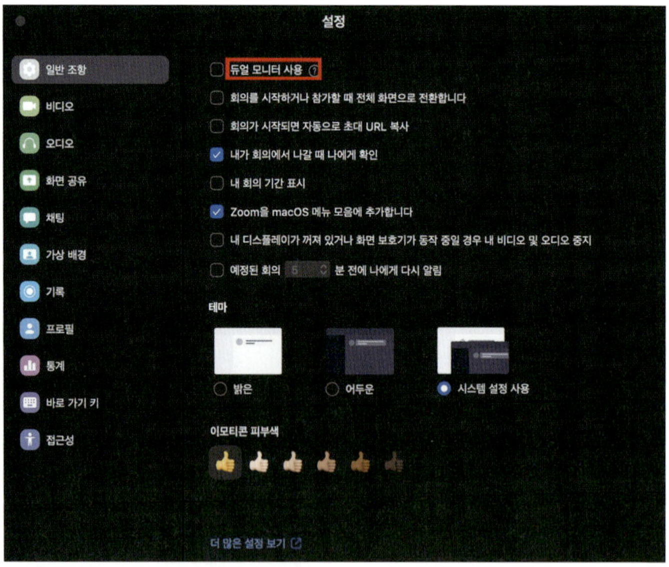

듀얼 모니터를 사용하면 두 모니터를 다음과 같이 사용할 수 있습니다.

내 기록 저장 위치 설정

또 설정 창 메뉴 중 [기록]을 클릭하여 '내 기록 저장 위치'를 설정해두면 비디오를 기록했을 때 미리 지정해둔 위치에 자동으로 저장할 수 있습니다.

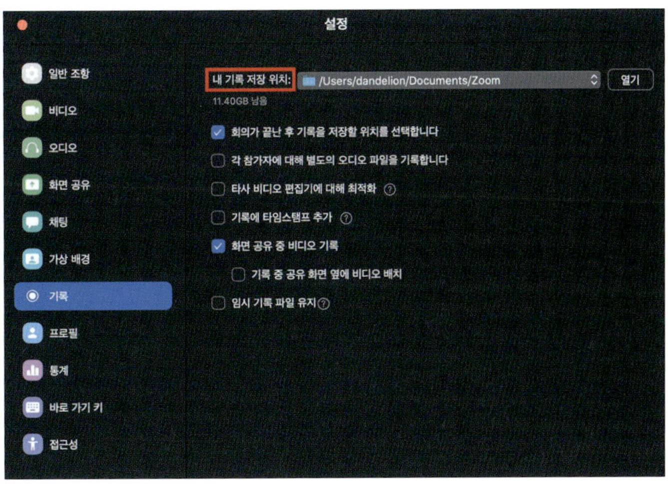

5) 회의 시작하기

회의 시작 방법

줌 프로그램을 실행했을 때의 기본 화면에서 [새 회의] 버튼을 클릭한 후 [컴퓨터 오디오로 참가] 버튼을 클릭해 회의실을 만듭니다.

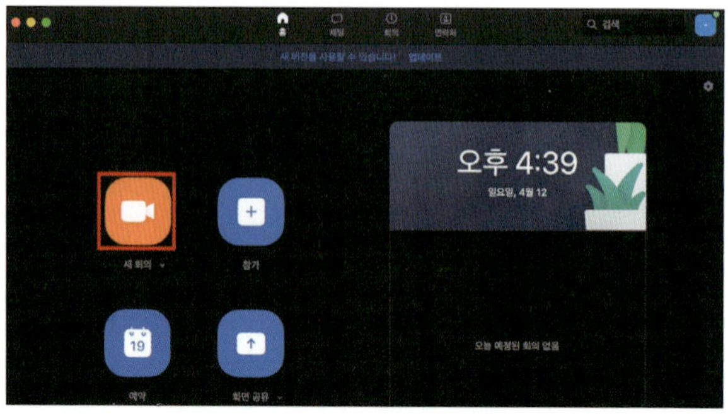

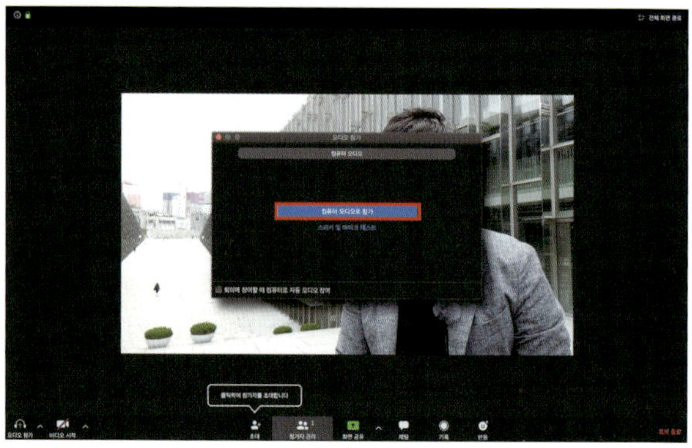

회의실에 초대하고자 하는 사람에게 알리는 방법

회의실 왼쪽 상단의 정보를 안내하는 ⓘ 모양 아이콘을 클릭합니다.

URL을 복사하여 해당 URL과 비밀번호를 초대 대상들에게 공유합니다.

6) 회의 내에서의 비디오 설정하기

자신의 비디오를 보이게 하거나 가리는 방법

자신의 비디오를 다른 회의 참가자들에게 보이게 하려면 화면 왼쪽 하단의 [비디오 시작]을 클릭합니다. 만약 가리고자 한다면 같은 위치의 [비디오 중지]를 클릭합니다.

자신의 비디오가 큰 화면에 보이게 하는 방법

자신의 비디오가 큰 화면에 보이도록 하려면 화면 하단의 [참가자 관리]를 클릭한 후, 상단에 나타난 참가자들의 비디오 중 자신(호스트)의 비디오를 오른쪽 마우스 버튼으로 선택하고 [비디오 고정]을 클릭합니다.

특정인의 비디오를 모두에게 보이게 하는 방법

화면 하단의 [참가자 관리]를 클릭한 후, 상단에 나타난 참가자들의 비디오 중 모두에게 보이도록 하고 싶은 비디오를 클릭하고 오른쪽의 [···] → [추천 비디오]를 선택하여 다른 참가자들에게 비디오가 보이도록 합니다.

7) 회의 내에서의 오디오 설정하기

호스트 이외의 비디오를 모두 음소거하는 방법

하단의 [참가자 관리]를 클릭하고 화면 오른쪽의 [모두 음소거]를 클릭합니다.

다른 참가자의 오디오를 설정하는 방법

화면 하단의 [참가자 관리]를 클릭한 후, 상단에 나타난 참가자들의 비디오 중 오디오 설정을 하고 싶은 비디오를 클릭하고 오른쪽의 […] → [오디오 음소거/음소거 해제]를 선택해 클릭합니다.

8) 기록하기

기록 설정하는 방법

회의를 기록하고자 할 때는 우선 'Local Recording' 기능을 활성화해야 하는데, 활성화는 줌 웹사이트에서만 가능하므로 우선 웹사이트에 접속하여 로그인합니다.

[설정] → [기록]을 클릭하고 [로컬 기록 허용]을 클릭해 기능을 활성화합니다.

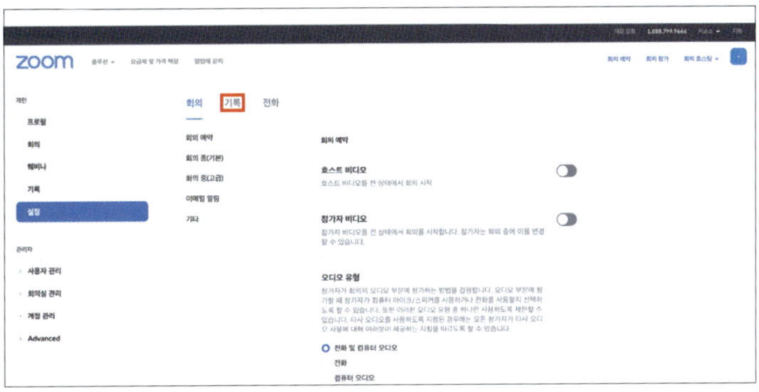

기록하는 방법

회의실 화면 내 하단의 [기록]을 클릭하면 기록이 시작됩니다.
기록이 끝나면 [중지]를 클릭합니다.

기록한 파일 찾는 방법

[내 기록 저장 위치의 설정]에서 설정해둔 폴더에 들어갑니다(설정하지 않은 경우 '내문서'의 줌 폴더로 들어갑니다). 해당하는 날짜의 폴더에 들어가서 MP4 파일 형식으로 저장된 동영상과 TXT 파일 형식으로 저장된 채팅 내용을 확인합니다.

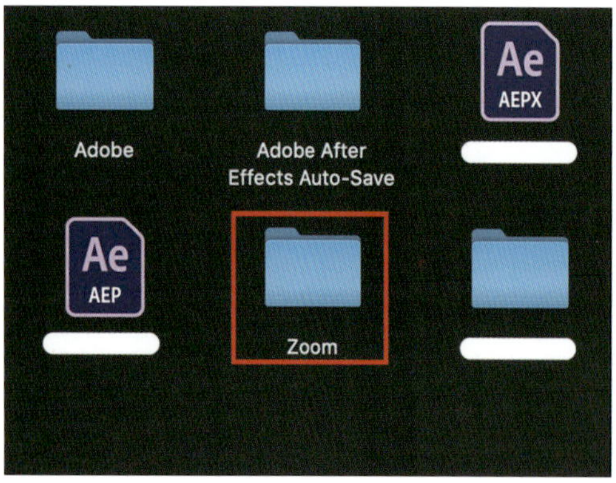

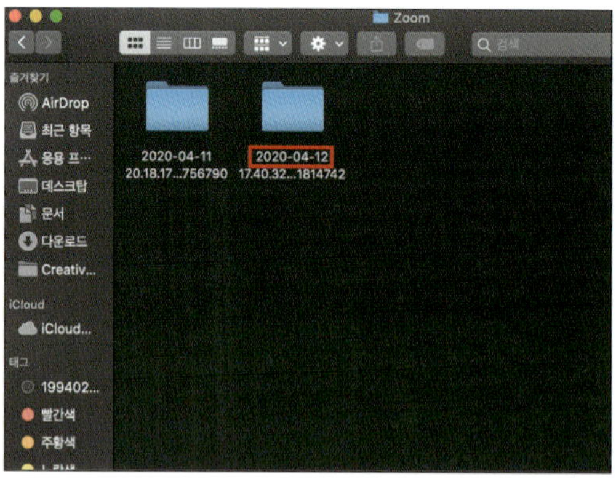

9) 화면 공유하기

화이트보드를 활용해 화면을 공유하는 방법

회의실 화면 하단의 [화면 공유]를 클릭하고 [화이트보드]를 클릭합니다.

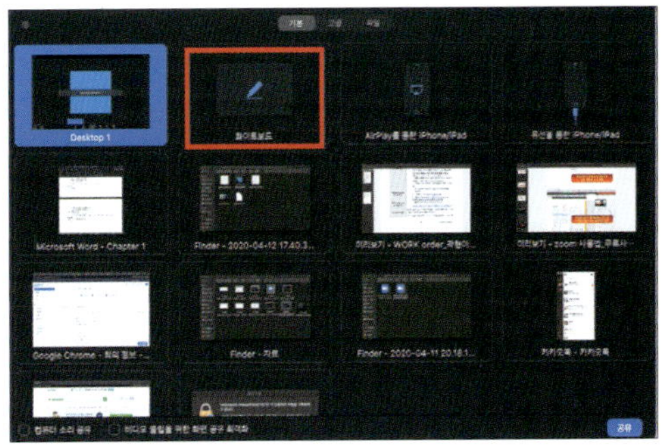

상단의 [그리기] 버튼을 누른 후 글씨를 쓰거나 그림을 그릴 수 있고, [텍스트] 버튼을 누른 후 글을 입력할 수 있습니다.

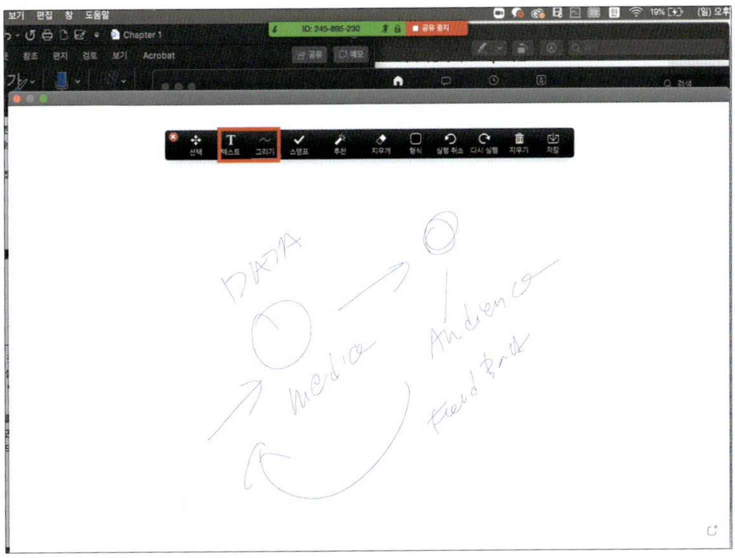

상단의 [선택] 버튼을 누르면 작성된 텍스트나 그림, 스탬프 등을 옮길 수 있습니다.

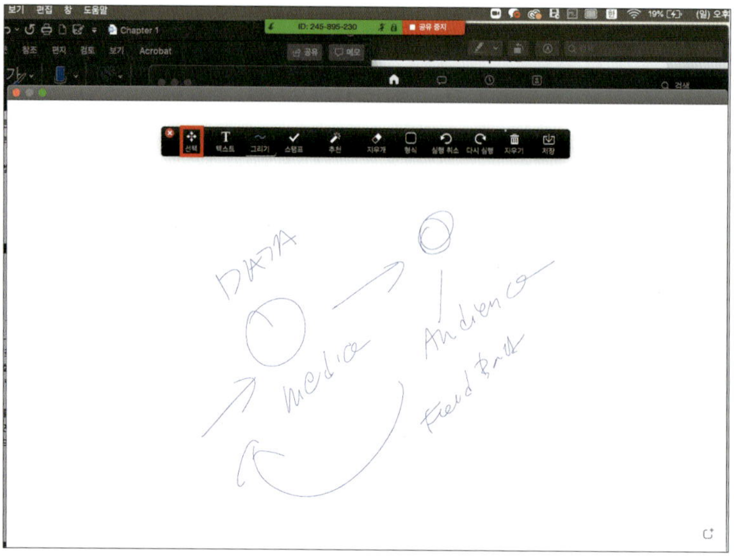

화면 공유를 종료하고자 할 때는 상단의 [공유 중지]를 클릭합니다.

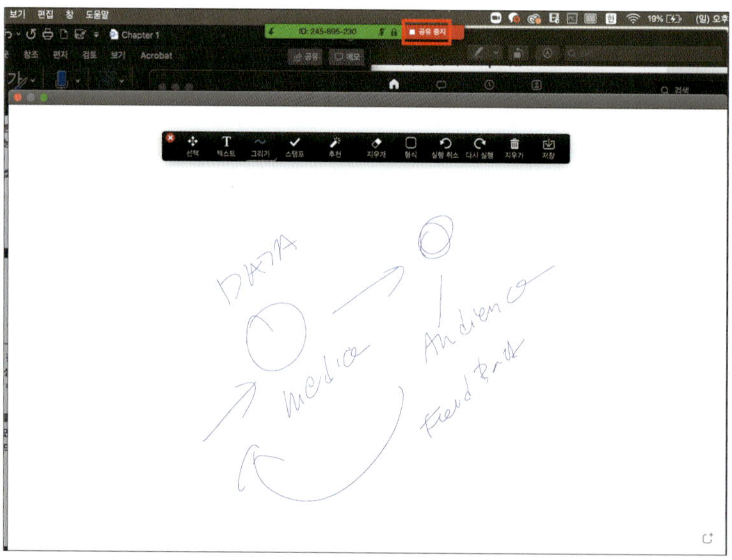

PC 화면을 공유하는 방법

회의실 화면 하단의 [화면 공유]를 클릭하고 [Desktop]을 클릭합니다.

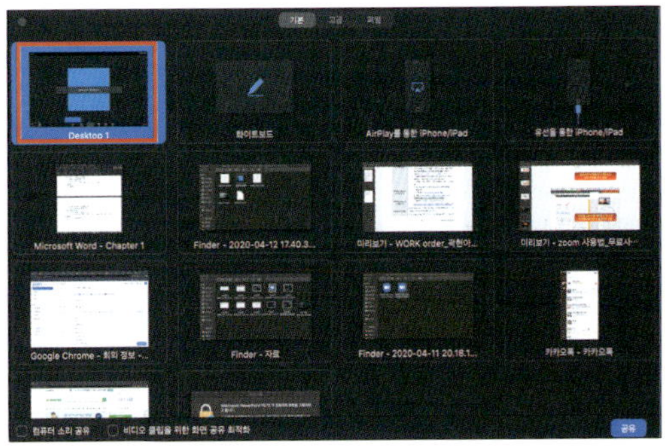

화면 위에 필기를 하거나 글을 작성하고자 할 때는 공유 중인 화면 상단으로 커서를 가져가 [주석 작성]을 클릭해서 작성할 수 있습니다.

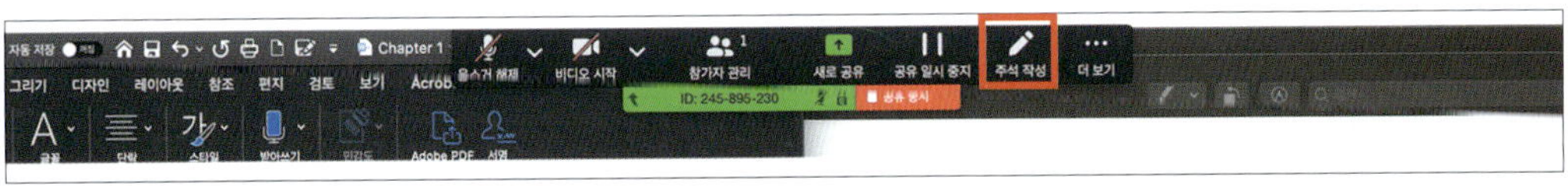

화면 공유를 종료하고자 할 때는 화면 상단의 [공유 중지]를 클릭합니다.

10) 회의 종료하기

회의실을 남겨두고 나가는 방법

회의실을 남겨둔 채 나가도 남은 이용자들이 회의실에서 토론 및 채팅을 이어갈 수 있습니다. 회의실 화면 오른쪽 하단 끝의 [회의 종료]를 클릭한 후 [회의 나가기]를 클릭합니다.

회의실을 완전히 닫는 방법

회의실을 완전히 닫으면 호스트를 포함한 모든 사용자가 회의실로부터 강제 퇴장됩니다. 회의실 오른쪽 하단의 [회의 종료]를 클릭한 후 [모두에 대해 회의 종료]를 클릭합니다.

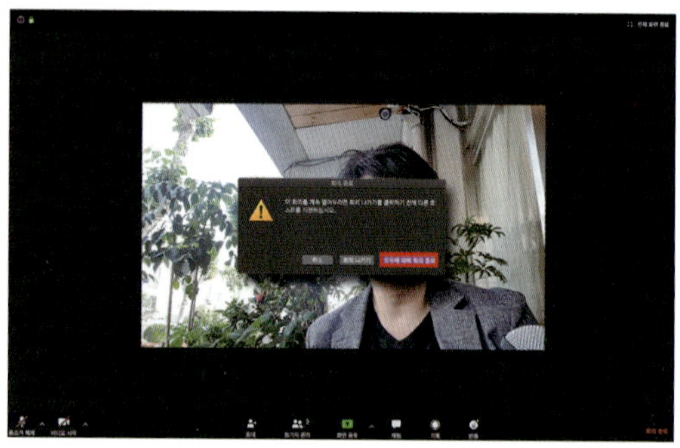

줌은 실시간 화상 강의에서 가장 널리 쓰이는 프로그램입니다. 다양한 기능과 많은 수용 인원, 일부 무료로 제공된다는 부분이 큰 장점으로 작용하고 있습니다. 하지만 타 프로그램보다 기능이 많은 편이기 때문에 오히려 사용하기 어렵다는 단점을 갖기도 합니다. 또한 언론에 보도된 것처럼 보안에 취약하다는 치명적인 약점이 있어서 중요한 내용을 회의하거나 수업할 때는 다른 프로그램을 사용하는 것을 검토하셔도 좋습니다. 한국에서는 널리 쓰이고 있지만 한때 미국에서는 줌을 통한 실시간 강의를 금지하기도 했습니다. 따라서 중요한 정보나 개인정보가 빠져나갈 위험이 있는 내용은 화상회의에서 다루지 않는 편이 좋습니다. 그럼에도 타 프로그램보다 뛰어난 기능적 다양성과 수용 인원의 규모 등을 고려하면 줌은 여전히 매력적입니다. 줌을 이용해 편리하게 녹화 및 실시간 강의 등을 진행해보시기 바랍니다.

2 구글 행아웃 미트 Google Hangouts Meet로 실시간 강의하기

1) 구글 행아웃 미트 Google Hangouts Meet 프로그램 개요

구글 행아웃 미트는 글로벌 기업인 구글Google에서 제공하는 프로그램으로 PC나 휴대기기를 이용하여 화상 회의를 진행하는 등의 공동 작업을 가능하게 하는 유료 프로그램입니다. 구글의 교육용 계정G-Suite for Education, 혹은 비즈니스용 계정G-Suite을 이용해야만 사용 가능한 프로그램이기 때문에 이용 전 조직(학교)에 문의하여 해당 계정을 활성화하는 과정이 필요합니다.

2) 프로그램 준비하기

G-Suite 계정

구글 행아웃으로 미팅을 진행하기 위해서는 'G-Suite' 혹은 'G-Suite for Education'(교육용) 계정을 이용해야 합니다. 'G-Suite'는 구글에서 유료로 제공하는 계정이므로 이용하기 위해서는 이용료를 지불해야 합니다(G-Suite 평가판을 다운로드해서 프로그램을 체험해본 후 구매하셔도 좋습니다). 많은 국내외의 학교들에서 행아웃을 이용할 수 있도록 교육용 계정을 제공하고 있으니 학교에 문의하여 가입 여부를 확인해보십시오.

PC에서 준비하기

구글 행아웃Google Hangouts에 접속해 구글 아이디로 로그인합니다(이때 계정은 'G-Suite' 혹은 'G-Suite for Education' 계정이어야 합니다).

모바일에서 준비하기

안드로이드 스마트폰은 플레이스토어Play Store에서, iOS의 경우 앱스토어App Store에서 행아웃 미트를 다운로드합니다.

앱을 실행하고 카메라와 마이크 설정을 허용한 후 구글 아이디로 로그인합니다(이때 계정은 'G-Suite' 혹은 'G-Suite for Education' 계정이어야 합니다).

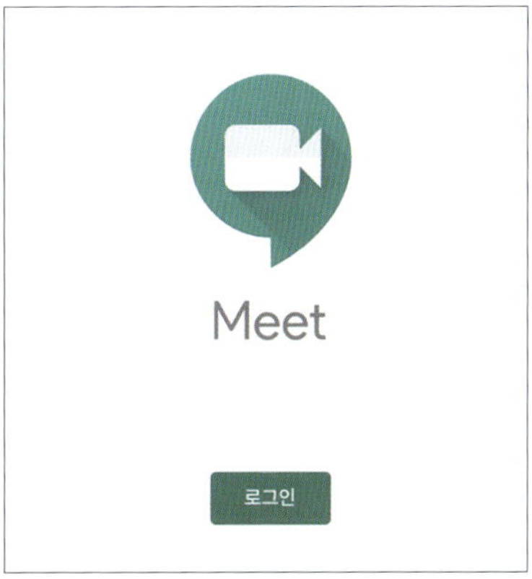

https://hangouts.google.com

3) 회의 시작하기

회의 시작 방법

구글 행아웃 홈페이지 첫 화면의 [화상 통화]를 클릭하여 행아웃 미트 페이지로 이동합니다.

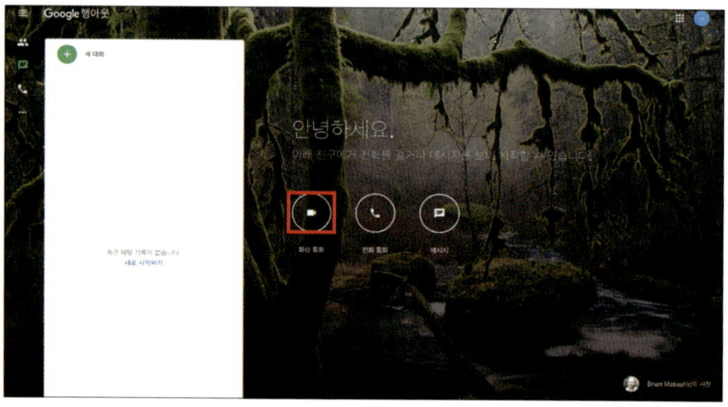

[회의 시작 또는 참여]를 클릭하고, 회의 닉네임을 입력하거나 비워둔 후 [계속]을 클릭해 회의를 준비합니다.

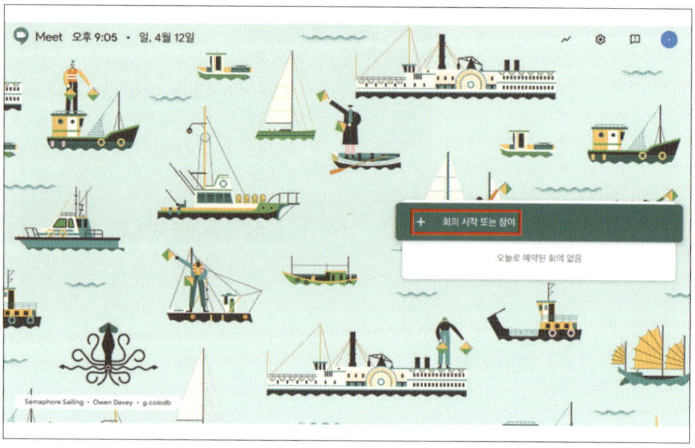

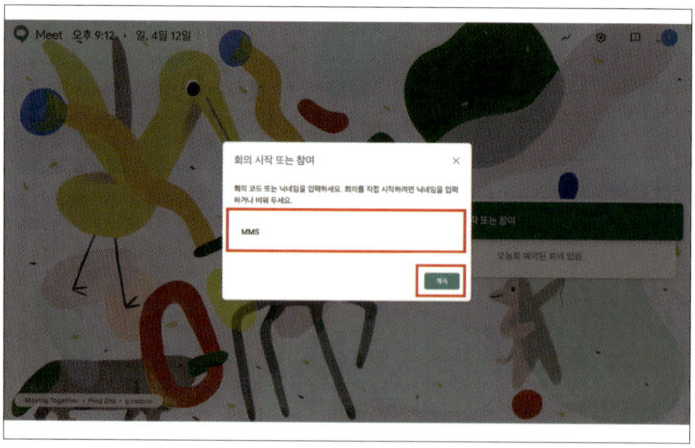

[지금 참여하기]를 클릭해 회의를 시작합니다.

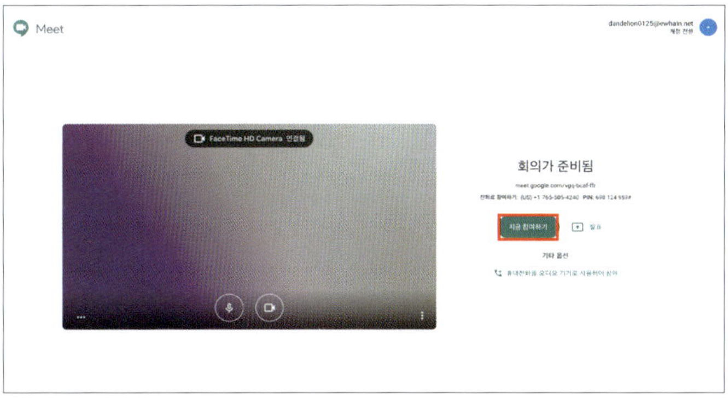

회의실에 초대하고자 하는 사람에게 알리는 방법

회의실 화면 왼쪽 하단의 회의 닉네임을 클릭하고 [참여 정보 복사]를 클릭합니다.

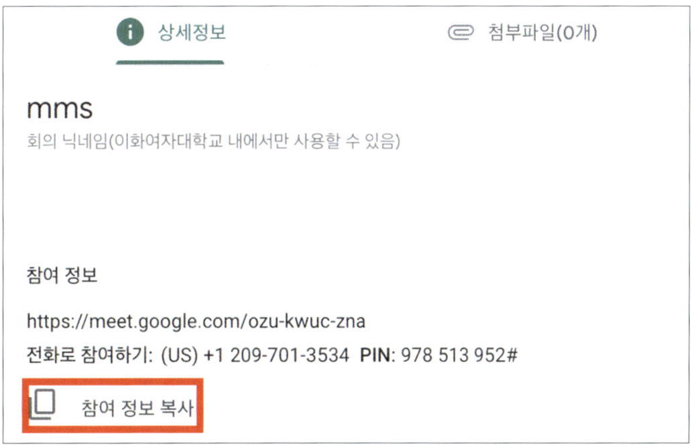

복사된 링크를 다른 참가자들에게 공유합니다. 직접 초대하고자 하는 경우에는 화면 오른쪽 상단 끝의 사람 모양 아이콘을 클릭합니다.

[사용자 추가]를 클릭해 초대할 참가자의 이메일을 입력한 후 [초대장 보내기]를 클릭합니다.

4) 회의 내에서의 화면 설정하기

자신의 화면을 끄는 방법

화면 하단의 캠코더 모양 아이콘을 클릭하여 카메라 끄기가 활성화된 것을 확인합니다.

자신의 화면을 고정하는 방법

화면 오른쪽 상단 끝의 사람 모양 아이콘을 클릭하고 자신의 화면을 클릭합니다.

고정핀 아이콘이 생성된 것을 확인합니다.

화면 레이아웃을 변경하는 방법

화면 오른쪽 하단의 [⋮]을 클릭한 후 [레이아웃 변경]을 클릭해서 원하는 레이아웃으로 변경합니다.

5) 회의 내에서의 오디오 설정하기

자신의 화면을 음소거하는 방법

화면 하단의 마이크 모양 아이콘을 클릭하여 음소거가 활성화된 것을 확인합니다.

다른 사람의 화면을 음소거하는 방법

화면 오른쪽 상단 끝의 사람 모양 아이콘을 클릭하고 음소거하고자 하는 대상의 이름 오른쪽의 화살표를 클릭합니다.

음소거 아이콘을 클릭합니다(음소거 해제는 음소거당한 당사자만 할 수 있습니다).

6) 기록하기

기록하는 방법

화면 오른쪽 하단의 [⋮]을 클릭한 후 [회의 녹화 시작]을 클릭합니다.

녹화 시작 실행을 기다리면 자동으로 화면 왼쪽 상단에 '녹음 중' 표시가 뜹니다. 기록이 끝나면 다시 화면 오른쪽 하단의 [⋮]을 클릭한 후 [녹화 중지]를 클릭합니다.

기록한 파일을 찾는 방법

회의를 기록할 때 사용한 계정의 구글 드라이브에 들어가서 [Meet Recordings] 폴더를 찾아 클릭합니다. 이 폴더에서 저장된 영상을 확인할 수 있습니다.

https://drive.google.com

7) 화면 공유하기

PC 전체 화면을 공유하는 방법

화면 오른쪽 하단의 [발표 시작]을 클릭하고 [내 전체 화면]을 클릭합니다.

공유하려는 화면을 클릭하고 [공유]를 클릭합니다.

공유를 중지하고자 할 때는 하단의 [공유 중지]를 클릭합니다.

인터넷 창이나 PDF 등 일부 창만 공유하는 방법

화면 오른쪽 하단의 [발표 시작]을 클릭하고 [창]을 클릭합니다.

공유하고자 하는 창을 클릭하고 [공유]를 클릭합니다(공유하려는 창이 화면 내에 함께 보여야만 클릭할 수 있습니다).

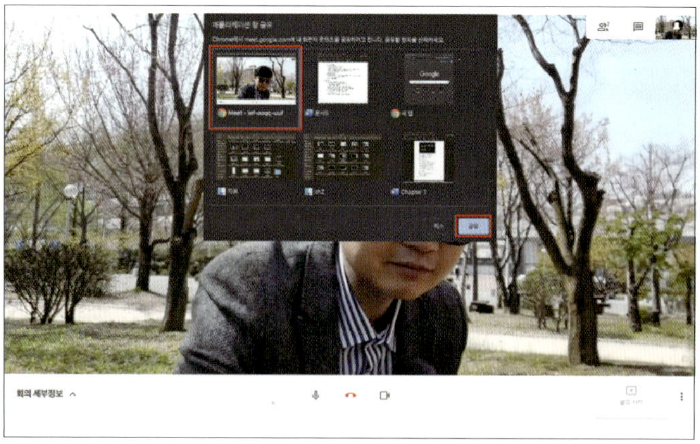

공유를 중지하고자 할 때는 하단의 [공유 중지]를 클릭합니다.

8) 회의 종료하기

화면 하단의 수화기 모양 아이콘을 클릭합니다.

'회의에서 나왔음' 화면이 뜨면 [홈 화면으로 돌아가기]를 클릭합니다.

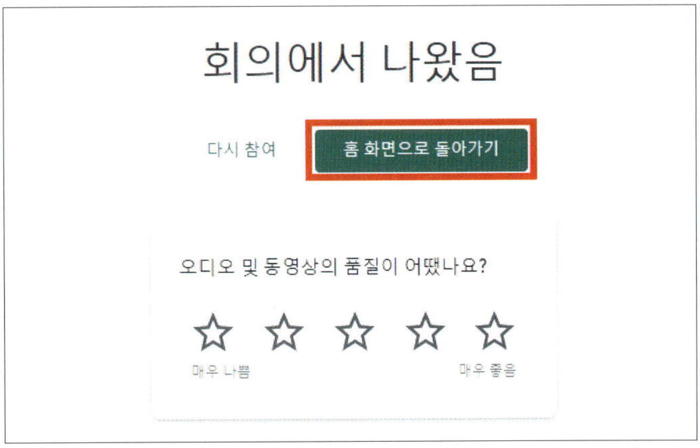

구글 행아웃 미트는 깔끔한 인터페이스를 지니며, 이용 방법이 다소 쉬운 것이 장점입니다. 앞서 설명한 것처럼 특별히 다양한 기능이 있는 것은 아니지만 기본적인 화상 강의의 진행, 화면 공유, 녹화를 진행하는 데에는 전혀 무리가 없습니다. 또한 조직 외부인의 계정이 회의에 들어오고자 할 때 호스트가 직접 수락 및 거절을 할 수 있으므로 보안 문제에서도 관리가 쉽습니다. 최근에는 구글 일정표와 통합되어 일정 관리도 매우 편리하게 할 수 있습니다. 간단한 회의, 토론, 수업을 진행할 때는 구글 행아웃 미트를 사용해보시기 바랍니다.

3 마이크로소프트 팀즈 Microsoft Teams로 실시간 강의하기

1) 마이크로소프트 팀즈 Microsoft Teams 프로그램 개요

마이크로소프트 팀즈는 마이크로소프트Microsoft에서 제공하는 온라인 업무 수행 프로그램입니다. 화상회의 외에도 클라우드 폴더에 게시물을 올리거나 채팅을 할 수 있으며, 팀을 구성해 회의를 하거나 제한적인 그룹에 파일을 공유하는 것 또한 가능합니다. 전반적인 조직 활동을 온라인상에서 진행할 수 있어 다양한 상황에 적용 및 사용할 수 있는 유용한 프로그램 중 하나입니다.

2) 프로그램 준비하기

PC에서 준비하기

마이크로소프트 팀즈Microsoft Teams에 접속하여 회원가입을 합니다(계정은 개인 계정을 사용해도 좋

https://www.microsoft.com/ko-KR/microsoft-365/microsoft-teams/group-chat-software

지만 학교용 계정을 만들어서 조직이나 팀별로 관리하시면 사생활 보호 등에 더 유용합니다. 기존의 마이크로소프트 계정으로도 이용할 수 있습니다).

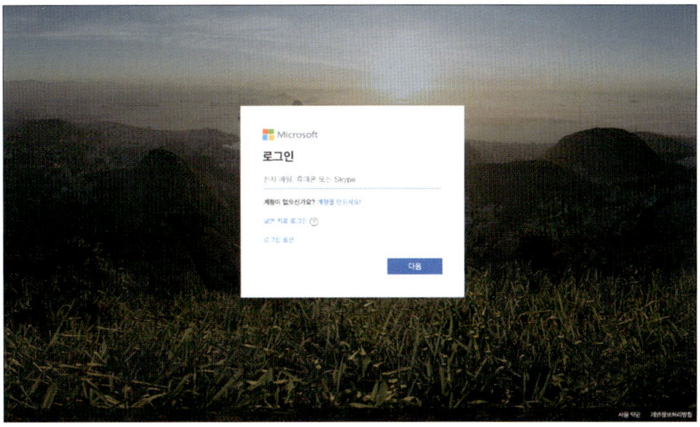

로그인 후 [Teams 다운로드]를 클릭합니다.

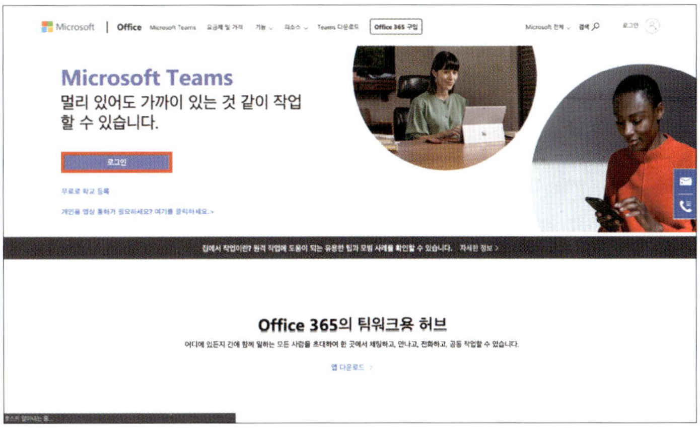

'업무용 Teams를 데스크톱에 다운로드' 문구 하단의 [Teams 다운로드]를 클릭하여 파일을 다운로드한 후 설치하고 앱을 실행합니다(역시 계정은 학교용으로 만들면 좋습니다. 기존 마이크로소프트 계정으로도 이용할 수 있습니다).

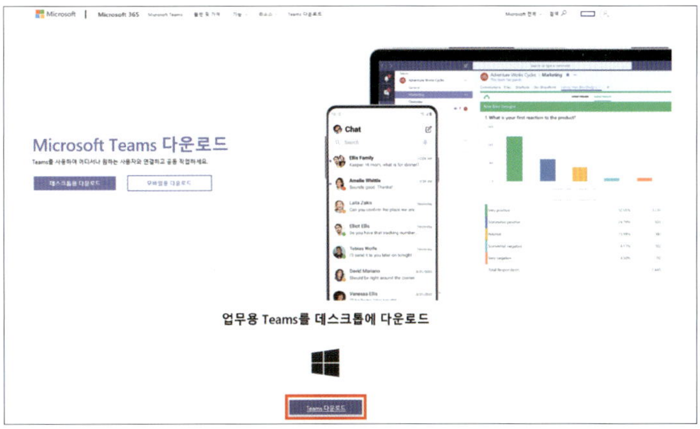

모바일에서 준비하기

안드로이드 스마트폰은 플레이 스토어Play Store에서, iOS의 경우 앱스토어App Store에서 마이크로소프트 팀즈를 다운로드합니다. 앱을 실행하여 회원가입을 한 후 로그인합니다.

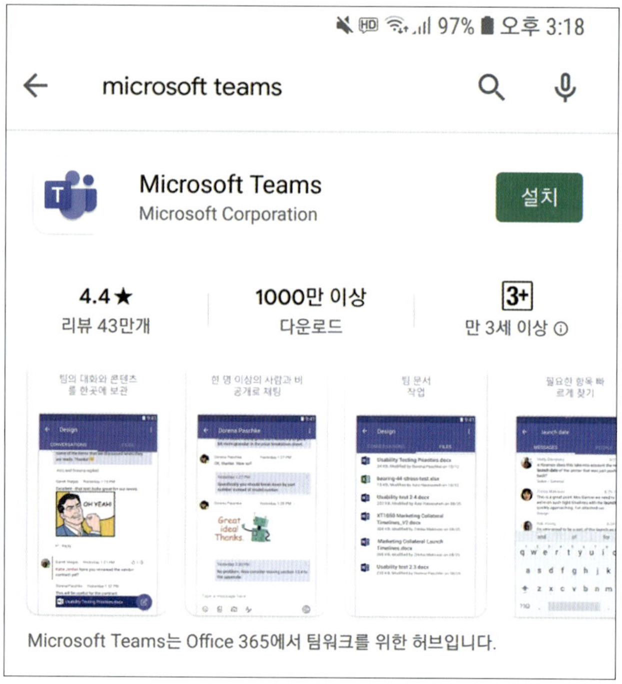

3) 회의 시작하기

회의 시작 방법

화면 왼쪽의 [팀]을 클릭합니다.

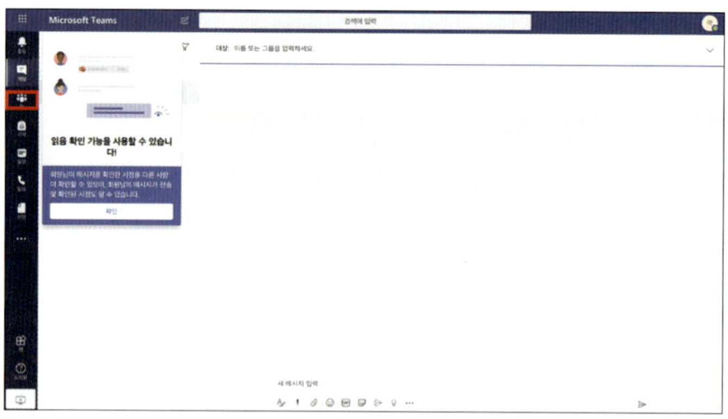

화면 오른쪽 상단 [팀 참가 또는 만들기]를 클릭합니다.

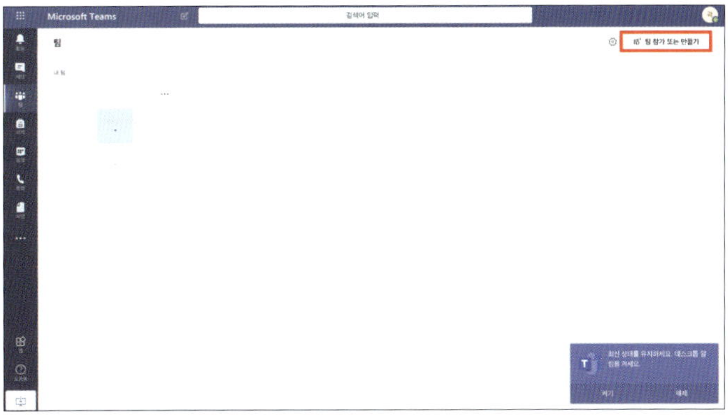

[팀 만들기]를 클릭하고 팀 이름과 팀에 대한 간략한 소개글을 적습니다.
그리고 팀에 추가할 사람들의 메일 혹은 이름을 입력하여 추가합니다.

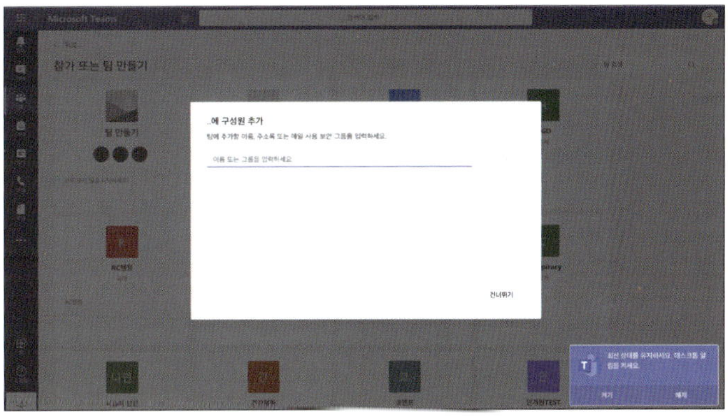

화면 하단의 캠코더 모양 아이콘을 클릭한 후 [지금 모임 시작]을 클릭해 회의를 시작합니다.

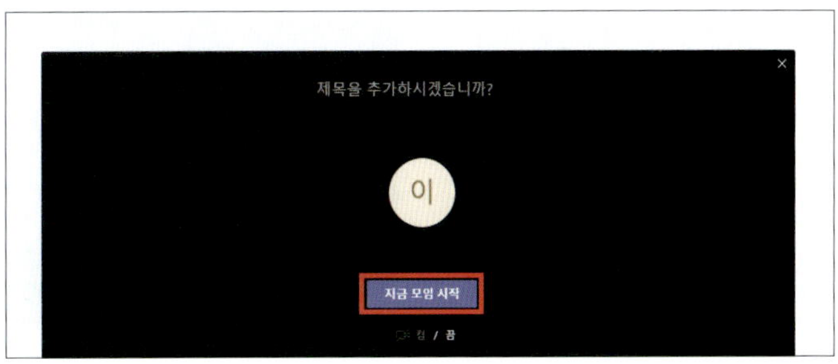

회의실에 초대하고자 하는 사람에게 알리는 방법

화면 오른쪽 상단의 [다른 사람 초대]를 클릭하고 초대하고자 하는 사람의 메일 혹은 이름을 입력하여 추가합니다.

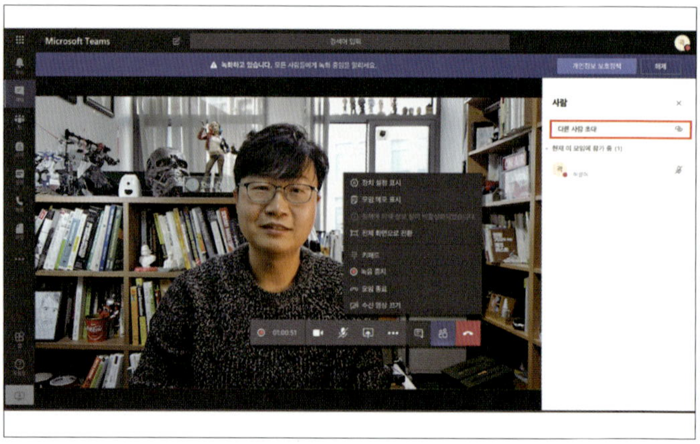

4) 회의 내에서의 화면 및 오디오 설정하기

자신의 화면을 끄는 방법

커서를 움직여 화면 하단의 도구 바가 나타나도록 한 후 캠코더 모양 아이콘을 클릭하여 카메라 끄기가 활성화된 것을 확인합니다.

자신의 화면을 음소거하는 방법

커서를 움직여 화면 하단의 도구 바가 나타나도록 한 후 마이크 모양 아이콘을 클릭하여 음소거가 활성화된 것을 확인합니다.

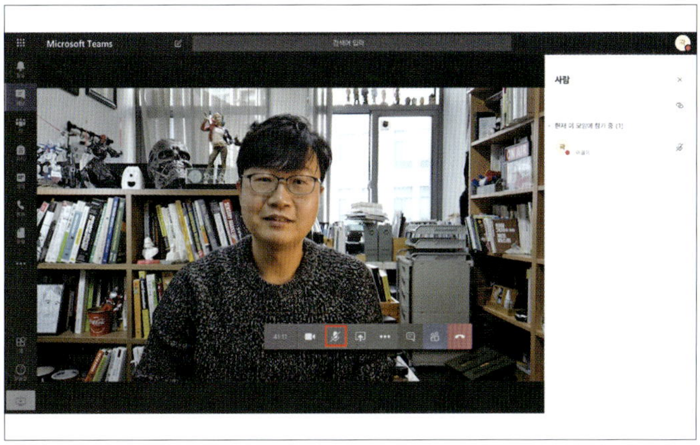

5) 기록하기

기록하는 방법

커서를 움직여 화면 하단의 도구 바가 나타나도록 한 후 […]을 클릭합니다.

[녹음 시작]을 클릭합니다.

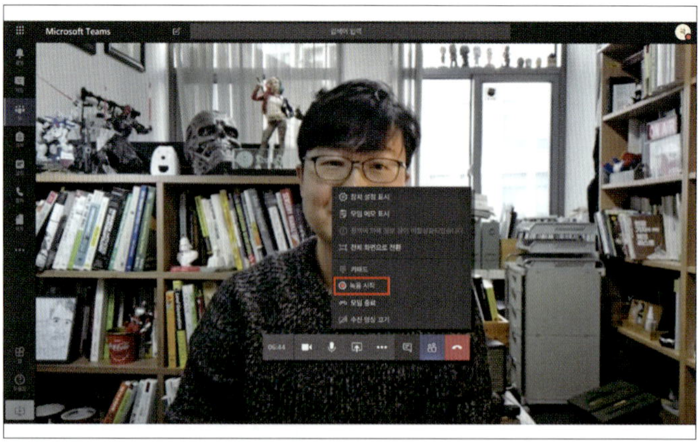

기록이 끝나면 다시 화면 하단의 […]을 클릭합니다.

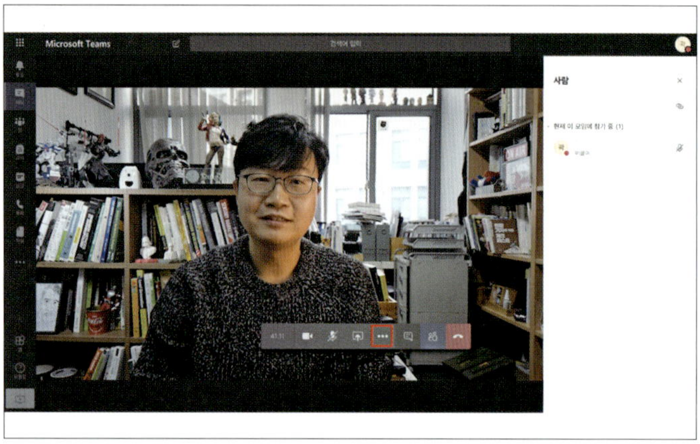

[녹음 중지]를 클릭합니다.

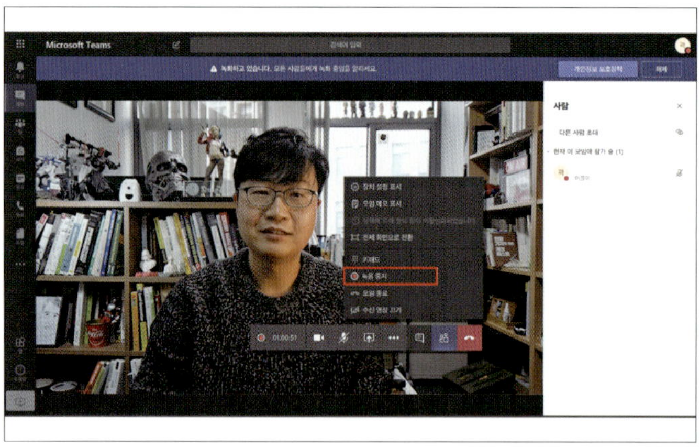

기록한 파일 찾는 방법

회의가 모두 종료된 이후, 마이크로소프트 스트림 Microsoft Stream에 접속해 로그인을 합니다.

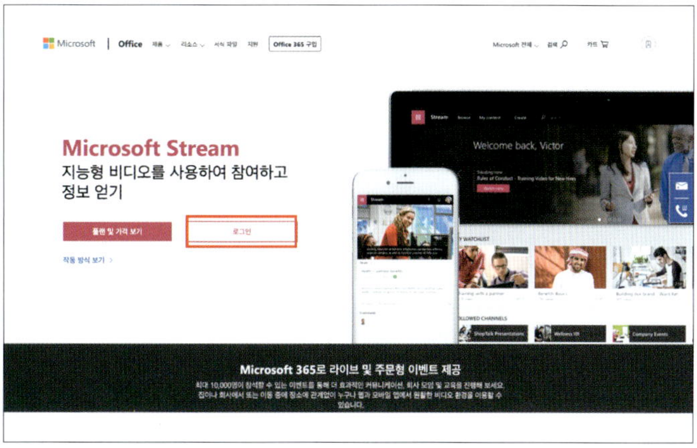

상단의 [내 콘텐츠]를 클릭하고 [모임]을 클릭해서 업로드된 영상을 확인합니다.

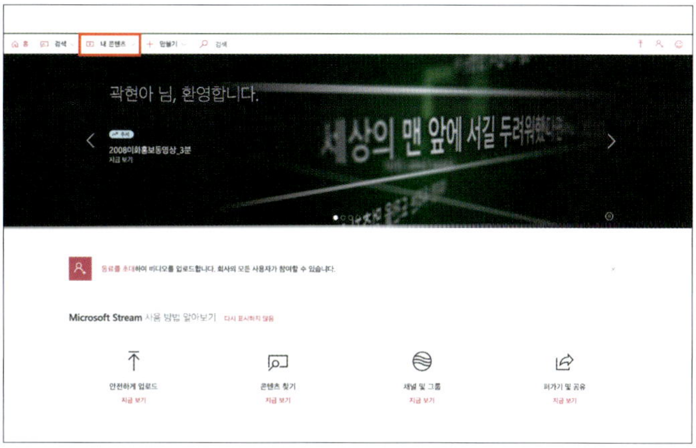

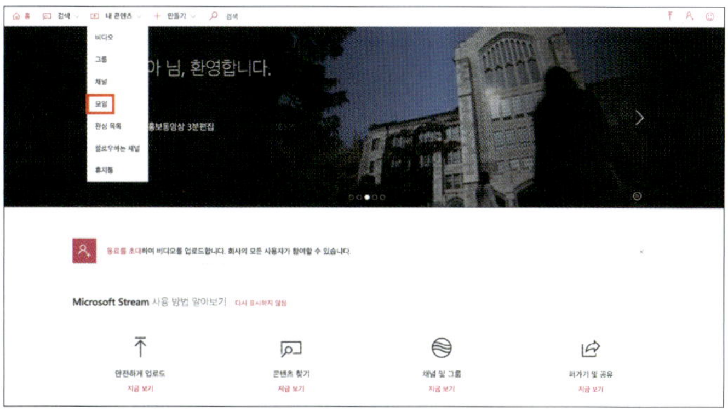

https://www.microsoft.com/ko-KR/microsoft-365/microsoft-stream

6) 화면 공유하기

PC 전체 화면을 공유하는 방법

커서를 움직여 화면 하단의 도구 바가 나타나도록 한 후 화살표와 사각형으로 이루어진 공유 아이콘을 클릭합니다.

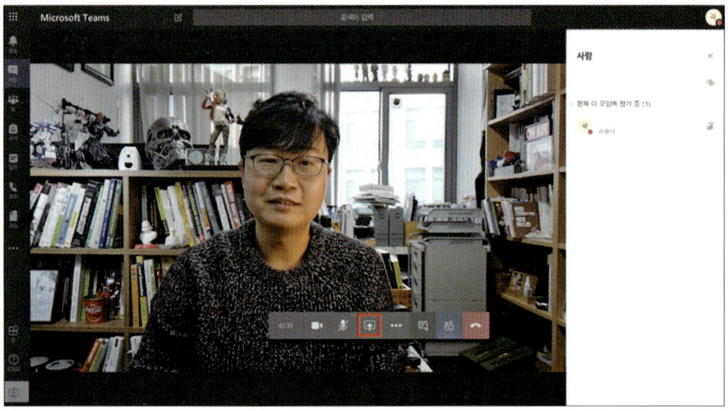

화면 왼쪽 하단의 [데스크톱/창]을 클릭합니다.

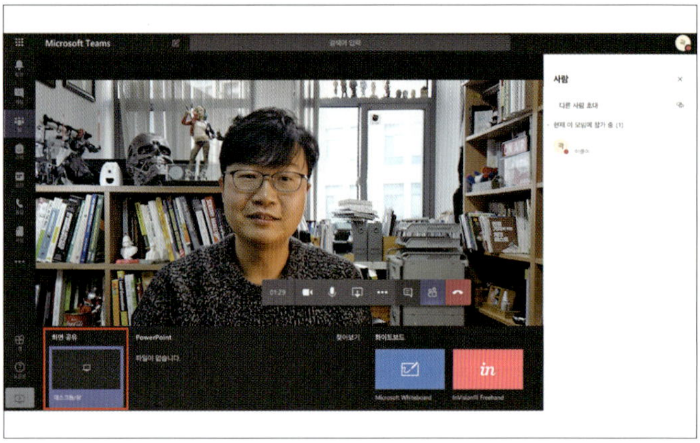

[내 전체 화면] → [공유]를 클릭합니다. 공유를 중지하고자 할 때는 하단의 [공유 중지]를 클릭합니다.

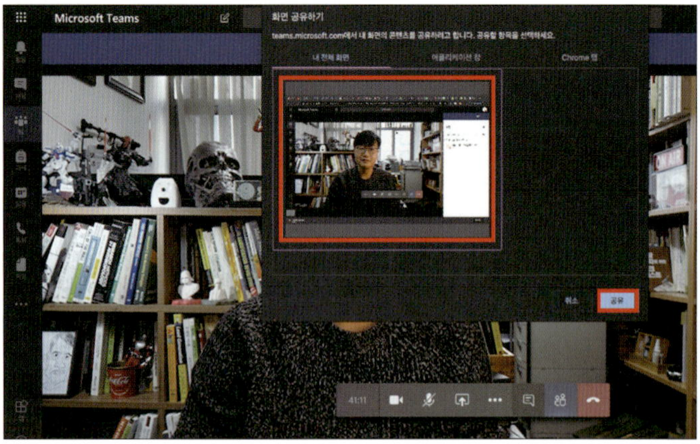

화이트보드를 활용해 화면을 공유하는 방법

커서를 움직여 화면 하단의 도구 바가 나타나도록 한 후 공유 아이콘을 클릭합니다.

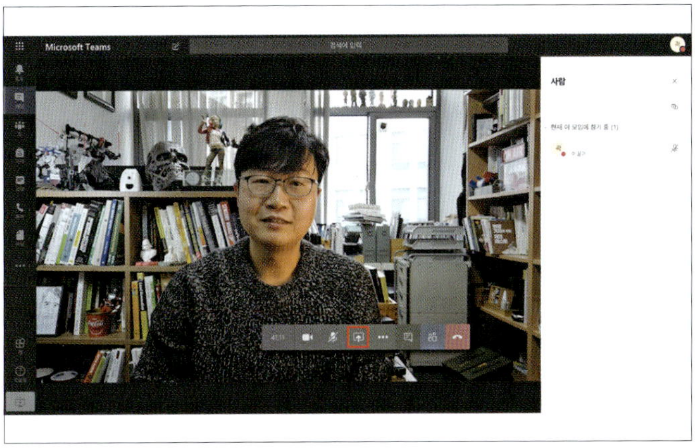

화면 오른쪽 하단의 [화이트보드]를 클릭합니다.

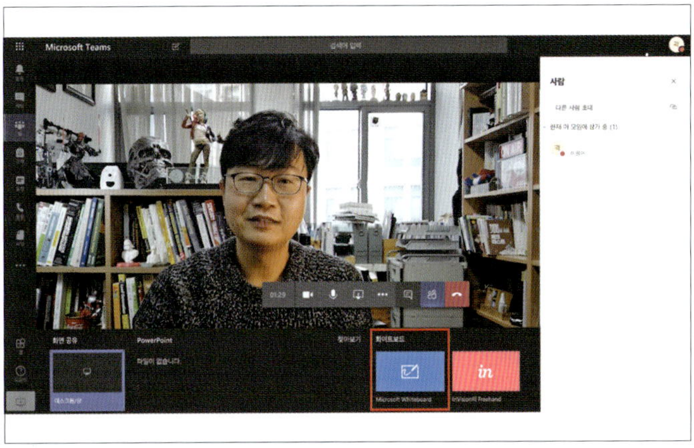

오른쪽의 펜 모양 아이콘으로 그림을 그리거나 글씨를 쓸 수 있고, 화살표 버튼을 이용해서 화이트보드를 움직일 수도 있습니다.

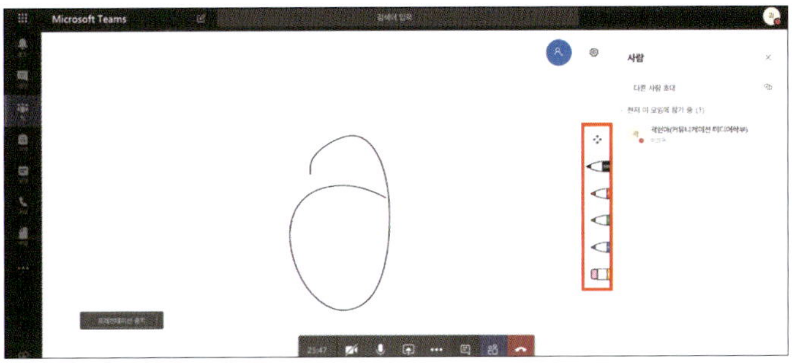

화면 오른쪽 상단의 [설정] → [이미지 내보내기]를 클릭해서 화이트보드의 이미지를 내보낼 수도 있습니다.

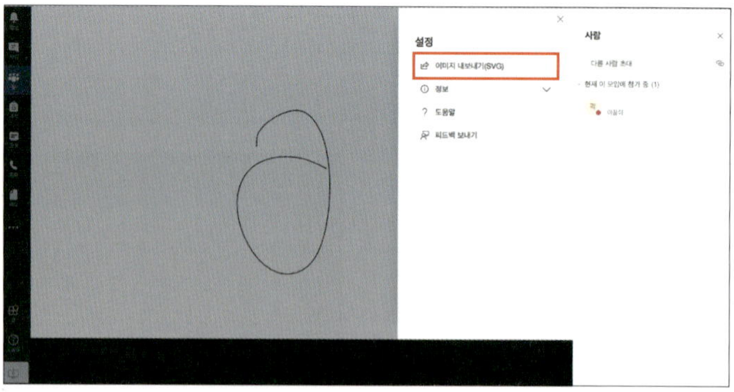

공유를 중지하려면 화면 왼쪽 하단의 [프레젠테이션 중지]를 클릭합니다.

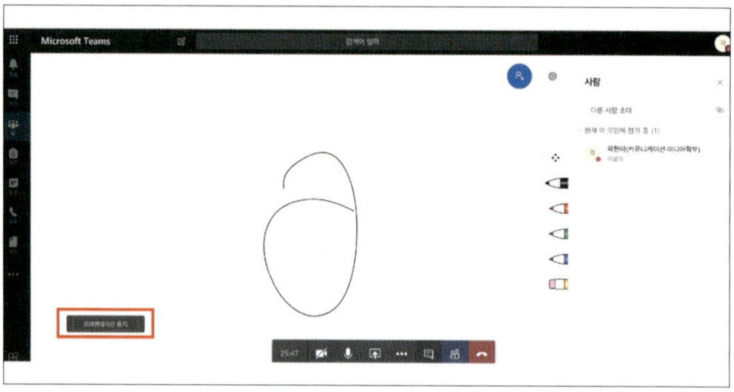

파워포인트 화면을 공유하는 방법

커서를 움직여 화면 하단의 도구 바가 나타나도록 한 후 공유 아이콘을 클릭합니다.

화면 하단의 [찾아보기]를 클릭하고 [내 컴퓨터에서 업로드]를 클릭합니다.

공유하고자 하는 PPT 파일을 찾아 선택한 후 [열기]를 클릭합니다.

왼쪽 하단 [슬라이드] 버튼 좌우의 화살표를 이용하면 슬라이드를 넘길 수 있습니다.

공유를 중지하고자 할 때에는 왼쪽 하단의 [프레젠테이션 중지]를 클릭합니다.

7) 회의 종료하기

커서를 움직여 화면 하단의 도구 바가 나타나도록 한 후 수화기 모양 아이콘을 클릭해 회의를 종료합니다.

마이크로소프트 팀즈는 마이크로소프트 윈도우 OS를 사용하는 수많은 이용자가 파워포인트 등의 프로그램과 연동하여 사용할 수 있다는 점이 인상적입니다. 마이크로소프트 팀즈 실시간 화상 강의의 기본 인터페이스는 구글 행아웃 미트와 크게 다르지 않지만, 팀을 만들었을 때 파일 및 게시물 공유가 자유롭다는 점, 또 채팅만 하는 것도 가능하다는 점에서 차이가 있습니다. 팀 단위로 이루어지는 장기적인 프로젝트 혹은 잦은 회의와 파일의 공유가 고민이라면 마이크로소프트 팀즈를 이용하는 것 또한 좋은 선택일 것입니다.

실시간 강의를 위한 화상회의 프로그램의 특징 비교

지금까지 세 가지 유명한 실시간 동영상 강의 프로그램을 다뤘습니다. 모두 국내외에서 검증된 프로그램으로 이미 널리 활용되고 있습니다. 각자 조금씩 차이가 있고 사용자마다 선호하는 기능도 다르기에 필요에 따라 적절하게 활용하시기 바랍니다. 이 세 프로그램 외에 유튜브 라이브나 인스타그램 라이브, 카카오 티비 라이브 등 소셜미디어를 활용한 수업도 진행할 수 있습니다. 이에 대해서는 다음 장에서 구체적으로 살펴보도록 하겠습니다. 단 소셜미디어를 활용한 수업은 영상 녹화와 보안 등에서 다소 취약하다는 점을 유의하셔야 합니다. 그럼 앞서 살펴본 세 가지 실시간 동영상 강의 프로그램의 특장점을 비교해보겠습니다.

	줌 Zoom	구글 행아웃 미트 Google Hangouts Meet	마이크로소프트 팀즈 Microsoft Teams
수용 가능 인원	무료: 최대 100명 유료: 최대 1000명 (비즈니스 프로)	교육용 계정(G-Suite for Education): 최대 100명	회의 최대 참석 인원: 250명
화질	HD 지원	HD 지원	HD 지원
지원 플랫폼	• Android, iOS • Microsoft 365(추가 기능), Outlook PC/Mac 플러그인, Gmail(추가 기능), Firefox(추가 기능), Chrome(확장), Safari (확장)	• Android, iOS • Chrome, Mozilla, Firefox, Apple, Safari, Microsoft Internet Explorer 11, Microsoft Edge • Google Meet 하드웨어, Chromebox 및 Chromebase 화상 회의 시스템	• Android, iOS • Windows, Mac 및 웹 플랫폼
사용 난이도	어려움	보통	보통
기능의 다양성	매우 다양함(다수의 사용자에게 적용할 수 있는 음소거 기능, 추천 사용자 선택을 통한 발표 기능 등)	보통(화면 공유, 녹화 등)	다양함(팀 만들기, 채팅 및 게시물 올리기 기능 등)
사용료	무료 ~ 월 19.99달러	유료(2020년 9월까지 무료로 제공)	Office365 E5(PC 버전의 전체 Office 앱 포함) 이용자의 경우 무료로 이용 가능(학교나 조직에서 지원하는 경우가 많음.)
보안 수준	낮음. 따라서 계정 가로채기, 중국어 서버로부터 발급받은 암호화키, 줌바밍(회의의 아이디를 알아내 회의에 침입해서 이상한 이미지 등을 올리는 행위) 등이 문제가 됨.	높음. 회의 조직 외부의 계정이 들어오기 위해서는 기존 참가자가 허락해야만 참가 가능.	높음. 마이크로소프트에서 제공하는 서비스 중 하나인 OneDrive와 같은 콘텐츠 관리 방식을 이용하여 악의적 콘텐츠를 선별.
기타	무료 버전은 최장 회의 시간이 40분으로 한정됨.	—	—

CHAPTER 5

소셜미디어를 통해 실시간 강의하기

1 유튜브 Youtube 라이브로 실시간 강의하기

1) 유튜브 Youtube 프로그램 개요

유튜브Youtube는 전 세계에서 사용되는 영상 공유 및 소통 매체로, 동영상 소셜미디어 중 가장 대표적인 플랫폼이라고 할 수 있습니다. 유튜브 실시간 스트리밍은 사용자가 장소를 가리지 않고 다양한 기기를 활용해 연결될 수 있게 해주며, 누구나 쉽게 강의에 접근할 수 있고 보안 링크를 활용하면 수강생에게만 교사의 라이브 강의를 전달할 수도 있습니다. 접근성이 높은 것뿐 아니라 안정적이라는 장점도 있습니다. 학교에 학업관리시스템이 잘 갖춰져 있지 않다면 유튜브를 활용하시는 것도 고려할 만합니다. 단 학생들이 강의 영상을 보다가 다른 영상을 보는 등 집중도가 떨어질 수 있고, 강의 종료 후 강의한 콘텐츠를 의도대로 정리하기에는 좀 부족하다는 단점도 있습니다. 또 다른 소셜미디어와 마찬가지로, 유튜브로 강의를 하더라도 강의 내용을 교안으로 남기려면 화면 녹화를 부분적으로 진행하는 방법을 병행해야 합니다.

2) 프로그램 준비하기

PC에서 준비하기

유튜브Youtube에 접속하여 로그인한 후 오른쪽 상단의 사람 모양 아이콘을 클릭합니다.

[채널 만들기]를 클릭합니다.

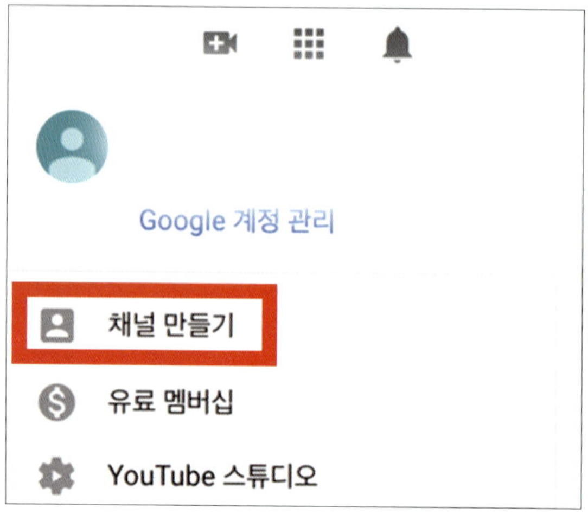

[시작하기]를 클릭합니다.

채널 생성 방식을 선택합니다.

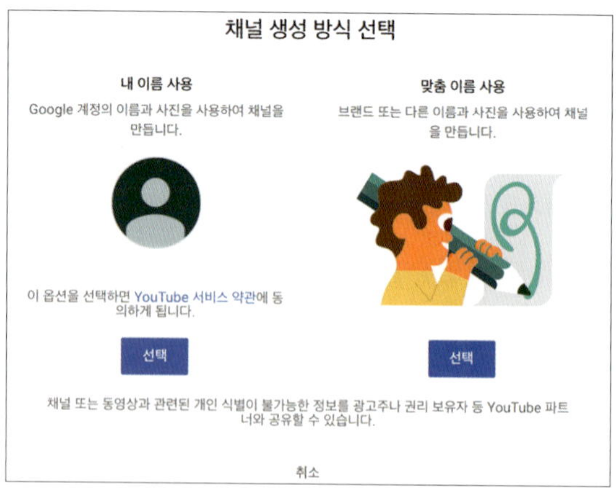

http://www.youtube.com

프로필을 설정한 후 [SAVE AND CONTINUE]를 클릭합니다(설정하고 싶지 않다면 [SET UP LATER]를 클릭해도 상관없습니다).

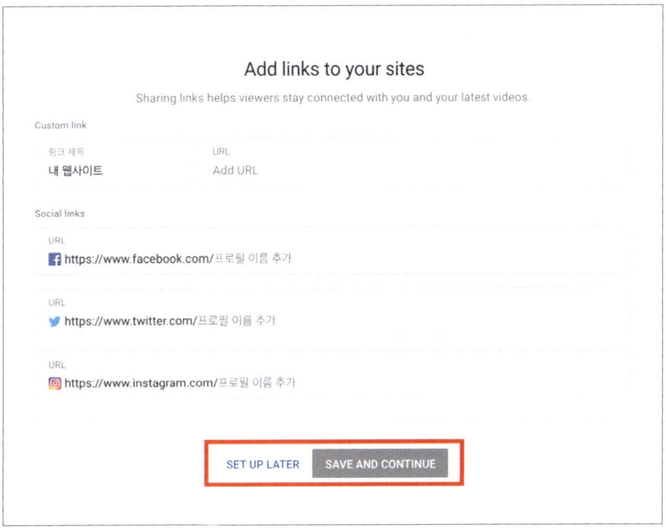

모바일에서 준비하기

안드로이드 스마트폰은 플레이스토어Play Store에서, iOS의 경우 앱스토어App Store에서 유튜브를 다운로드합니다.

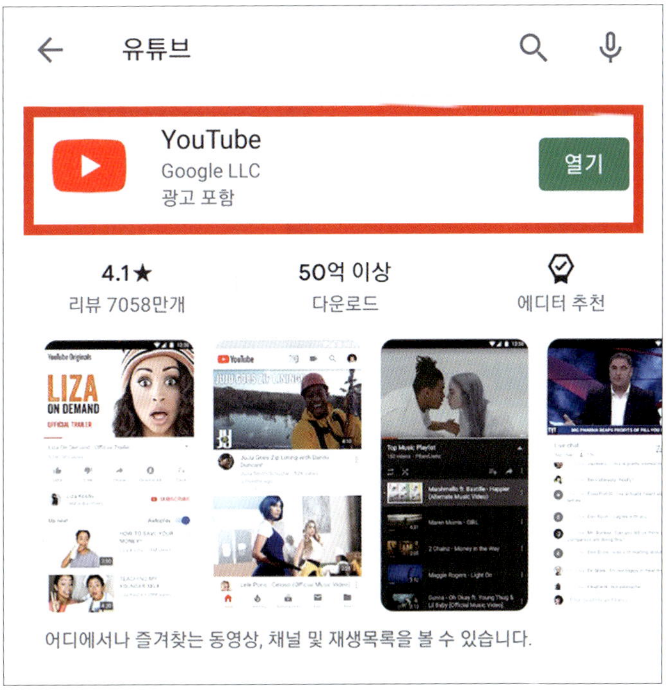

유튜브에 접속하여 로그인 한 후 오른쪽 상단의 본인 계정 아이콘을 클릭합니다. [내 채널]을 클릭합니다.

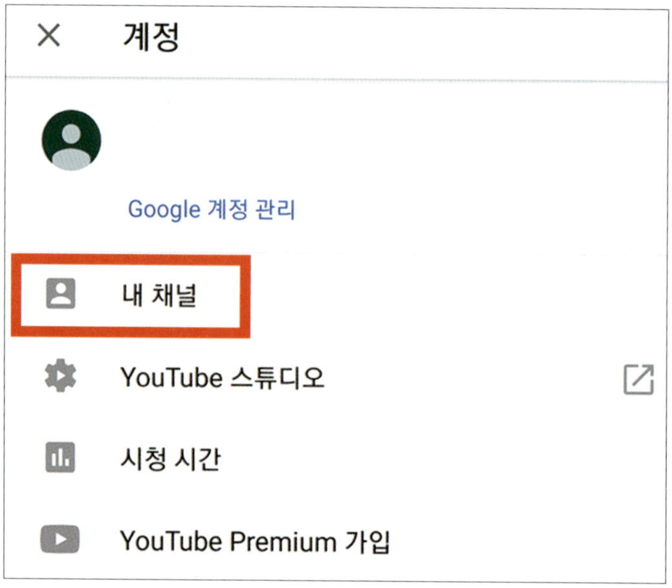

알림이 나타나면 [채널 만들기]를 클릭해 채널을 생성합니다.

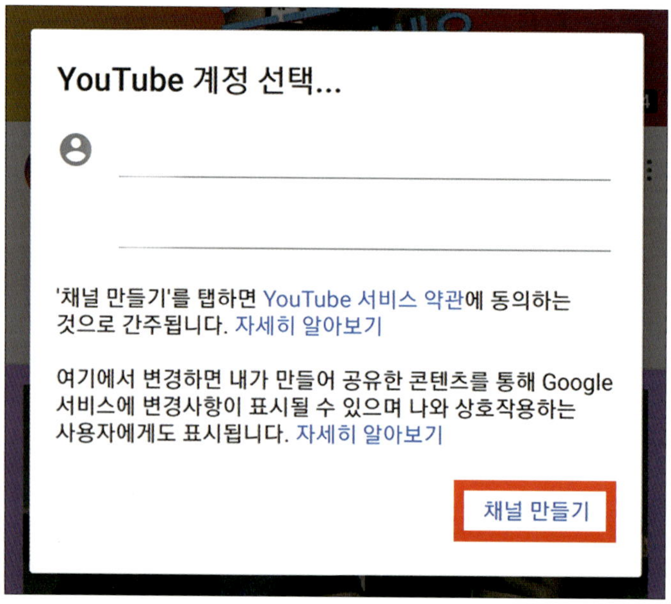

3) 라이브 시작하기

유튜브 초기 화면에 들어가 오른쪽 상단의 사람 모양 아이콘을 클릭하고 [YouTube 스튜디오]를 클릭합니다.

화면 오른쪽 상단의 [만들기]를 클릭합니다.

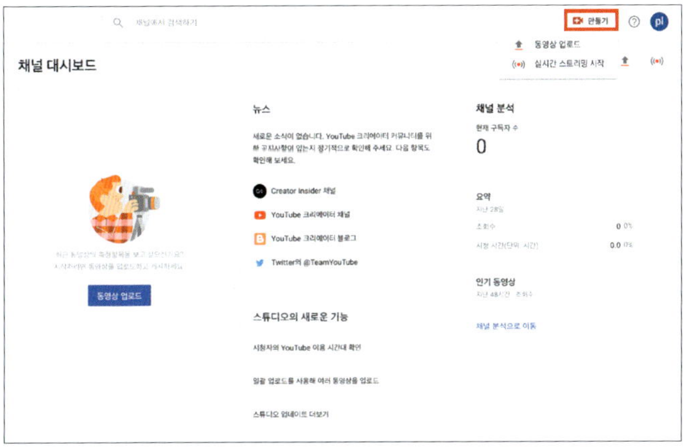

[실시간 스트리밍 시작]을 클릭해 실시간 라이브를 시작합니다(이때 라이브 시작은 처음 라이브 시작을 허용한 시각으로부터 24시간 후부터 가능합니다).

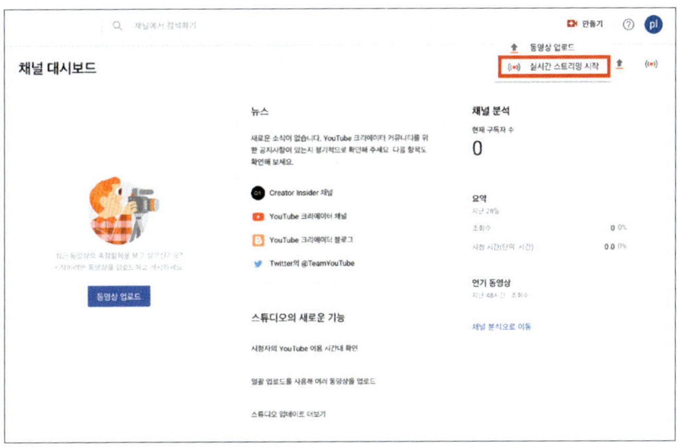

화면 왼쪽 상단의 [웹캠]을 클릭해 실시간 스트리밍을 시작합니다.

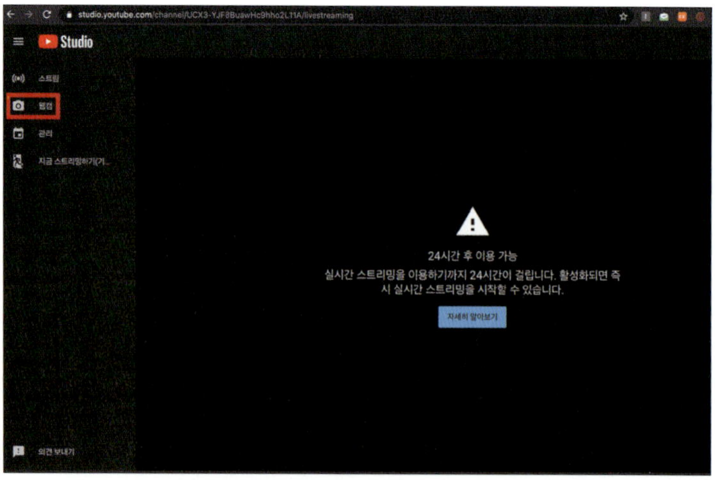

제목을 입력합니다.

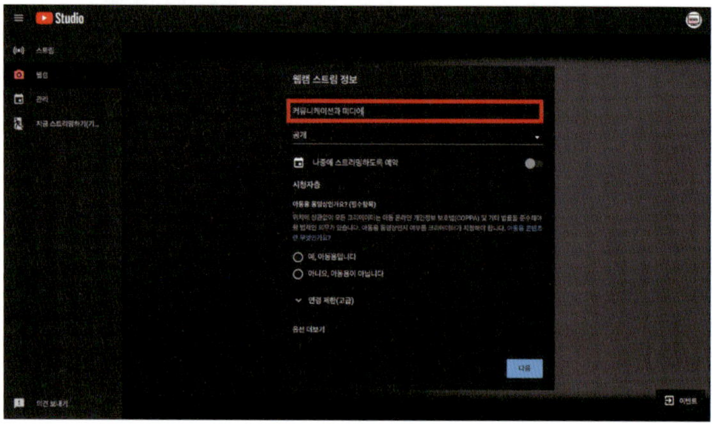

외부인이 들어오지 못하도록 공개 범위를 [일부 공개]로 설정합니다.

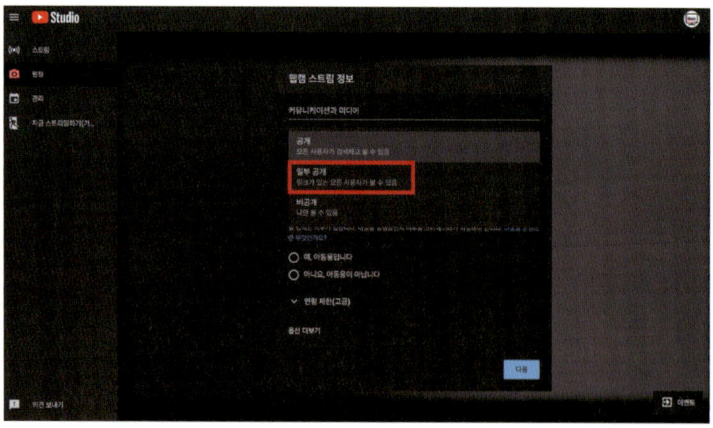

[아니요, 아동용이 아닙니다]를 선택하고 [다음]을 클릭합니다.

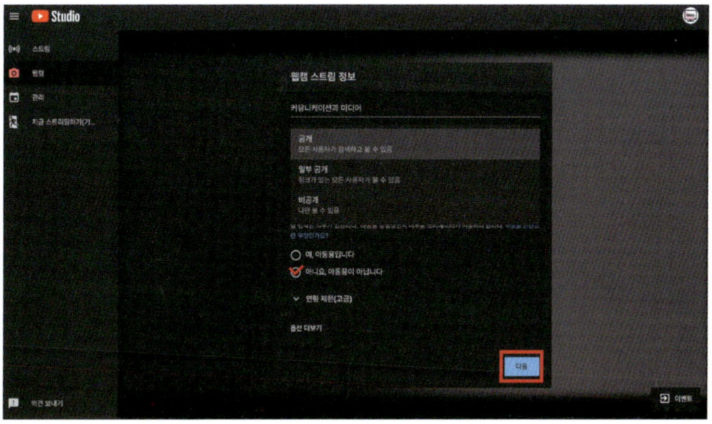

웹캠이 잘 작동되는지 확인한 후 [시작]을 클릭합니다.

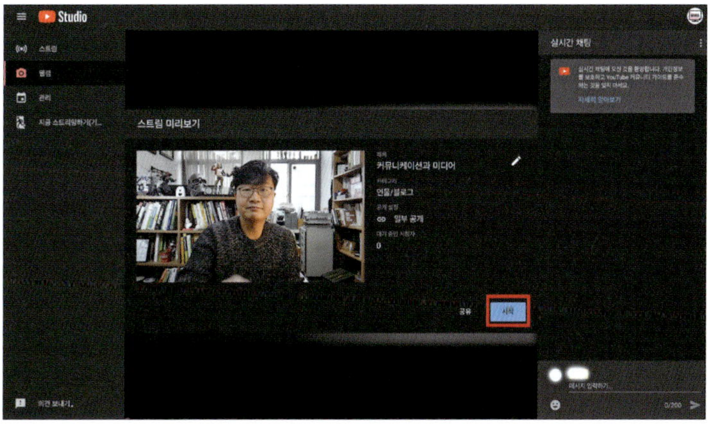

4) 초대하기

다른 사람을 초대하려면 앞 단계에서 [시작]을 클릭하기 전에 [공유]를 먼저 클릭합니다.

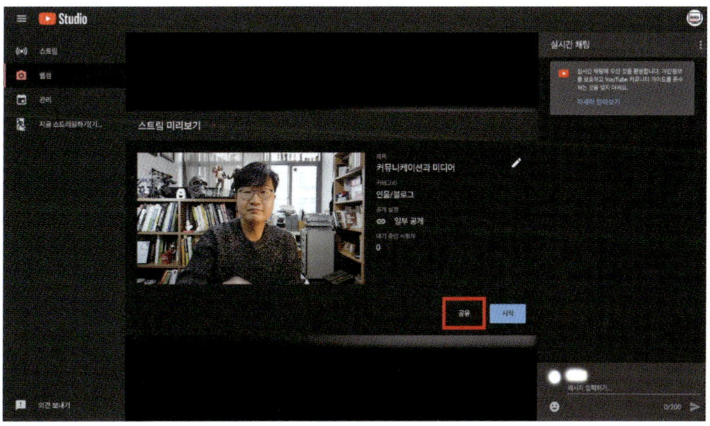

[복사]를 클릭해 주소를 복사해줍니다. 초대하고자 하는 사람들에게 공유합니다.

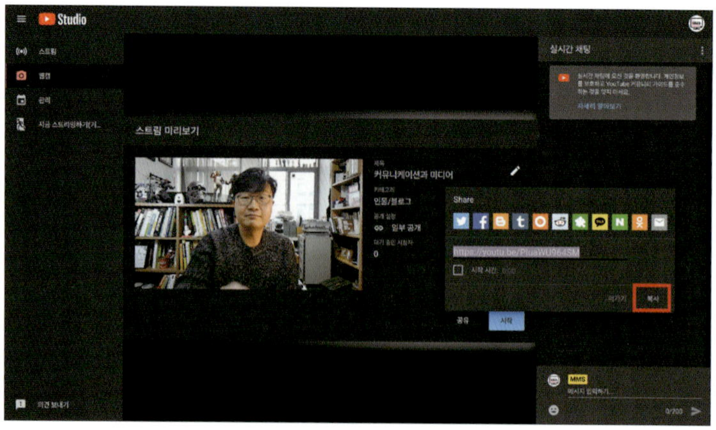

5) 라이브 종료하기

라이브 화면 하단의 빨간색 [스트림 종료] 버튼을 클릭합니다.

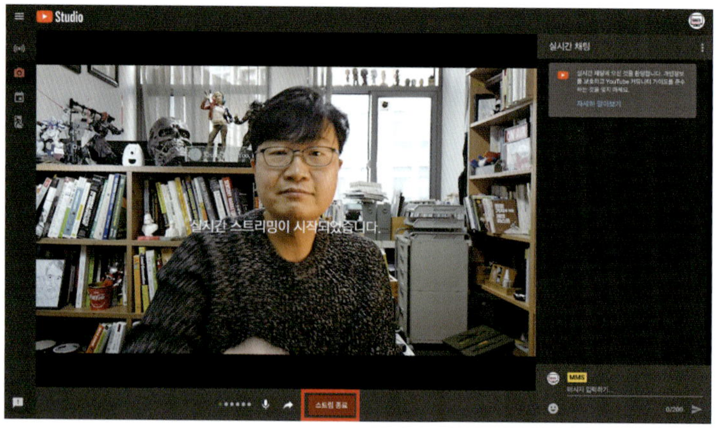

[종료]를 클릭합니다.

[닫기]를 클릭한 후 스트리밍이 종료된 것을 확인합니다.

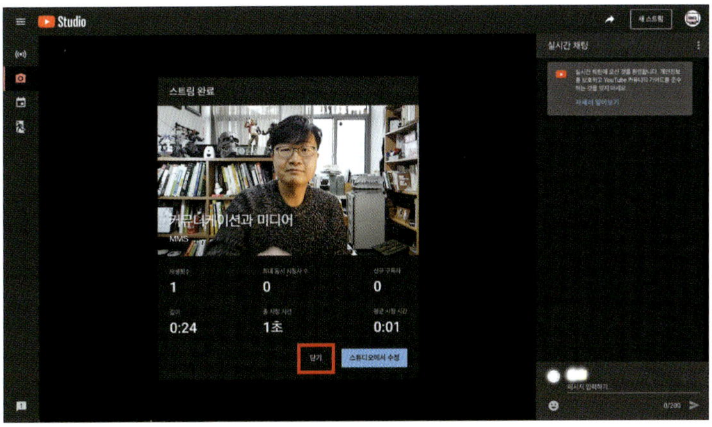

유튜브 실시간 스트리밍의 경우, 직접 스트리밍을 진행하는 교사로서는 채널 생성부터 웹캠 사용까지의 과정 등에 어려움이 있을 수 있습니다. 하지만 다양한 사람들에게 익숙한 플랫폼인 만큼 학생들에게 다가가기 쉽다는 장점도 있습니다. 많은 인원을 수용하여 학생들에게 보다 편안한 강의를 제공하고 싶은 분들은 유튜브 실시간 스트리밍을 이용해보세요.

2 인스타그램Instagram 라이브로 실시간 강의하기

1) 인스타그램 Instagram 프로그램 개요

인스타그램Instagram은 수많은 사람을 영상 및 사진 등의 콘텐츠들로 연결하는 소셜 네트워킹 서비스 중 하나로, 오늘날 1020세대에게 새로운 소통매체로서 큰 영향력을 미치고 있습니다. 따라서 인스타그램은 비대면 강의가 늘어가고 있는 현 상황에서 교사가 학생들에게 접근하기에 매우 좋은 방법입니다. 현재 강의용으로는 잘 활용되지 않고 있지만, 만일 인스타그램의 라이브 기능을 활용하여 수업을 진행하신다면 학생들에게 큰 호응을 얻으실 수 있을 것입니다. 이 절에서는 모바일을 활용해 인스타그램 라이브를 진행하는 방법에 대해 설명하고자 합니다(현재 PC를 통해서는 인스타그램 라이브를 감상하는 것만 가능합니다). 모바일로 인스타그램을 진행하고, PC를 활용해 화면을 녹화한 후 편집하는 것도 좋겠습니다.

2) 프로그램 준비하기

PC에서 준비하기

구글 크롬에 접속해 초기 화면에서 화면 왼쪽 상단의 [앱] 아이콘을 클릭한 후 [웹 스토어]를 클릭합니다.(구글 크롬이 아닌 다른 인터넷 브라우저를 사용하시는 분들은 크롬을 설치하셔야 합니다.)

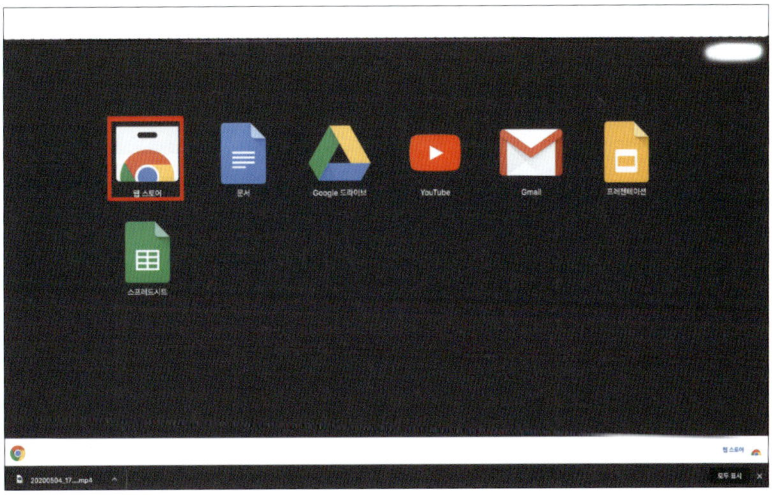

웹 스토어에 접속해서 '스토어 검색' 창에 '인스타그램'을 입력하여 검색한 후 [Downloader for Instagram]을 찾아 크롬에 추가합니다.

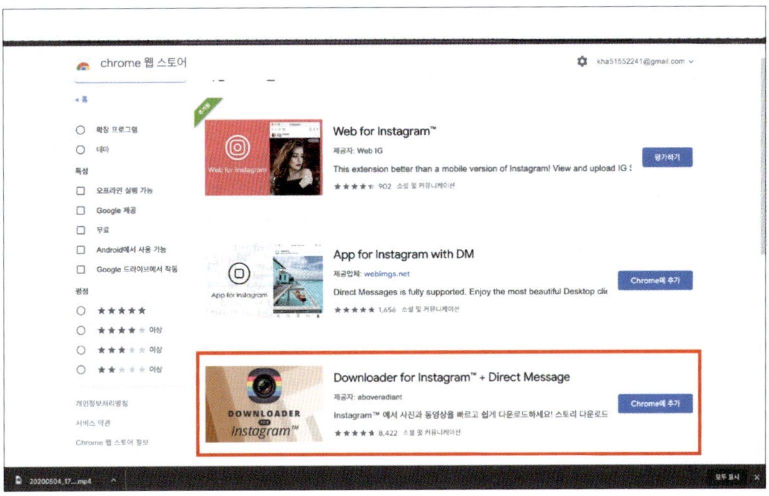

추가된 인스타그램 앱에 접속해 회원가입을 한 후 화면 오른쪽 상단의 핸드폰 모양 아이콘을 클릭합니다. 모바일과 같은 형식의 인스타그램이 설치되었음을 확인합니다.

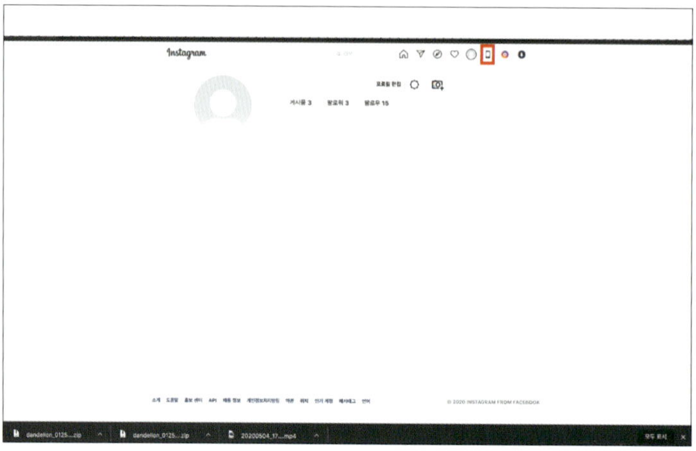

모바일에서 준비하기

안드로이드 스마트폰은 플레이스토어Play Store에서, iOS의 경우 앱스토어App Store에서 인스타그램을 다운로드합니다.

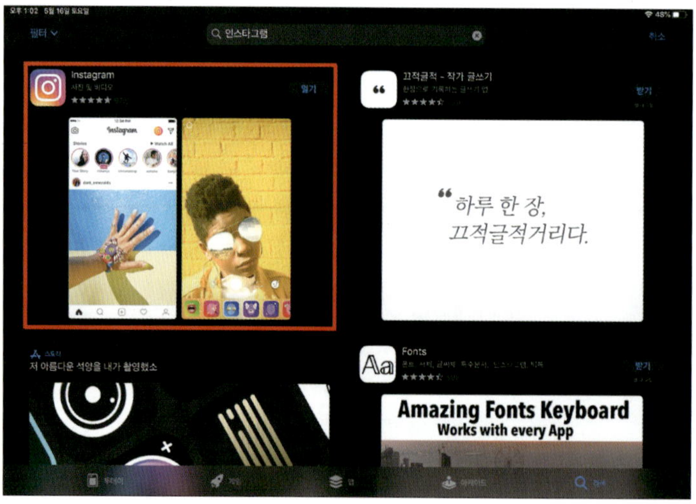

인스타그램에 접속해 회원가입을 합니다(인스타그램 라이브를 진행하는 것은 모바일로만 가능하다는 점에 유의해주세요. 시청은 PC로도 가능합니다).

3) 라이브 시작하기

인스타그램 초기 화면에 들어가 하단의 홈 아이콘을 누른 후 상단에 있는 프로필 아이콘을 누릅니다.

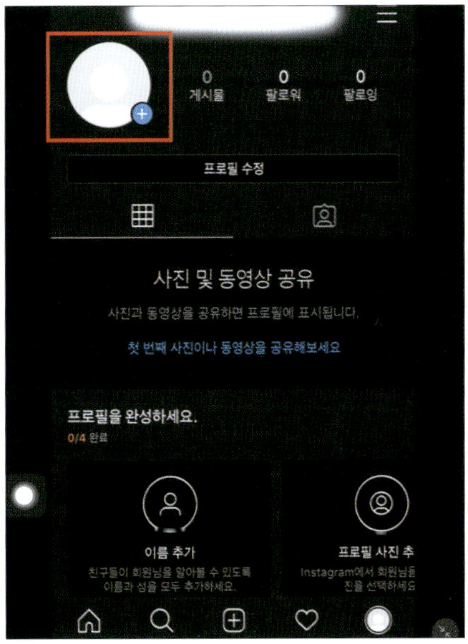

[스토리에 추가]를 누릅니다.

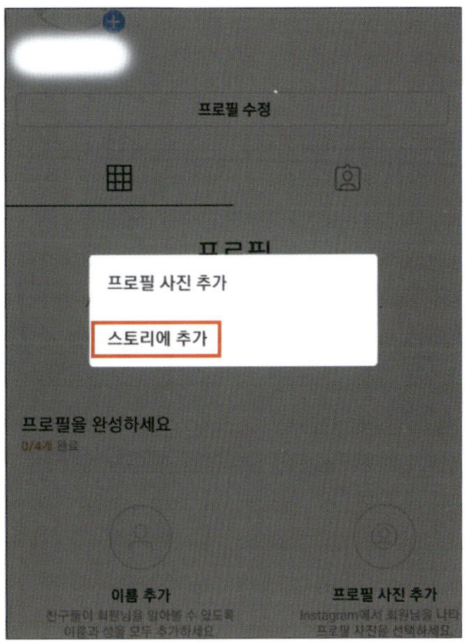

설정 화면 하단의 모드 중 [라이브]를 누르고 송출 아이콘을 눌러 라이브를 시작합니다.

4) 회의실에 초대할 사람에게 알리기

라이브 화면 하단의 [⋮]을 누른 후 [링크 복사]를 눌러 초대하고자 하는 사람들에게 라이브 URL 링크를 공유합니다.

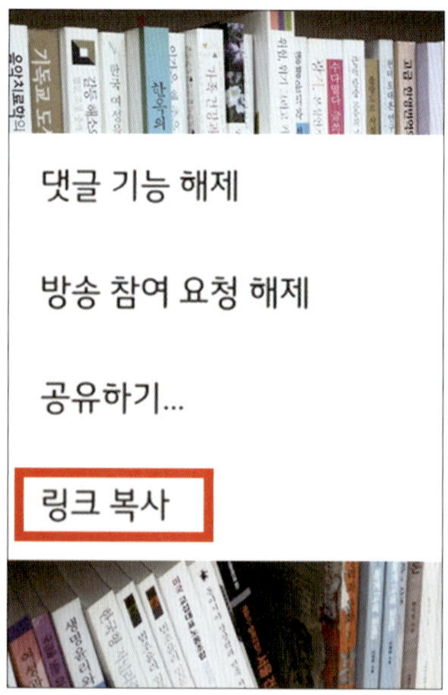

5) 방송 참여 요청 설정하기

방송 참여 요청을 끄는 방법

방송 참여 요청을 설정하면 요청자와 함께 인스타그램 라이브를 진행할 수 있습니다. 방송 참여 요청 설정을 끄려면 라이브 화면 하단의 [⋮]을 누른 후 [방송 참여 요청 해제]를 눌러서 해당 기능을 끕니다.

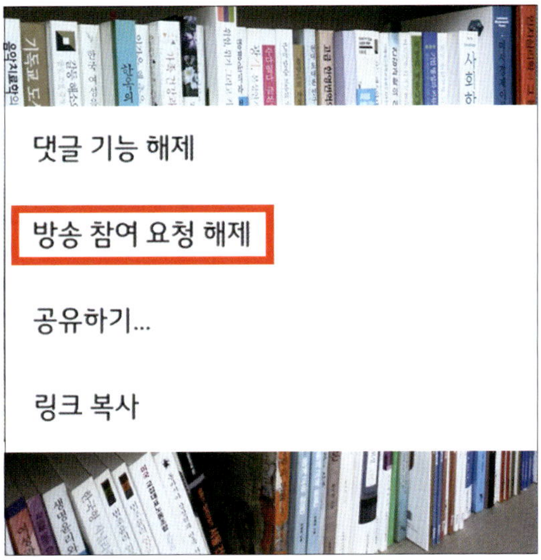

방송 참여 요청을 켜는 방법

다시 라이브 화면 하단의 [⋮]을 누른 후 [방송 참여 요청 설정]을 눌러서 해당 기능을 켤 수 있습니다.

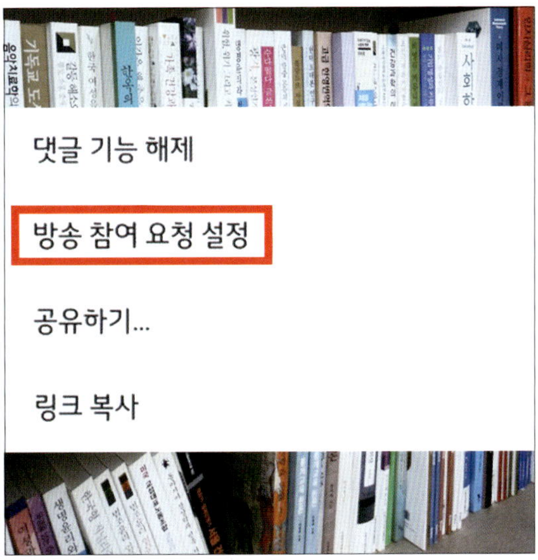

6) 회의 내에서의 댓글 설정하기

댓글을 가리는 방법

라이브 화면 하단의 [⋮]을 누른 후 [댓글 기능 해제]를 누릅니다.

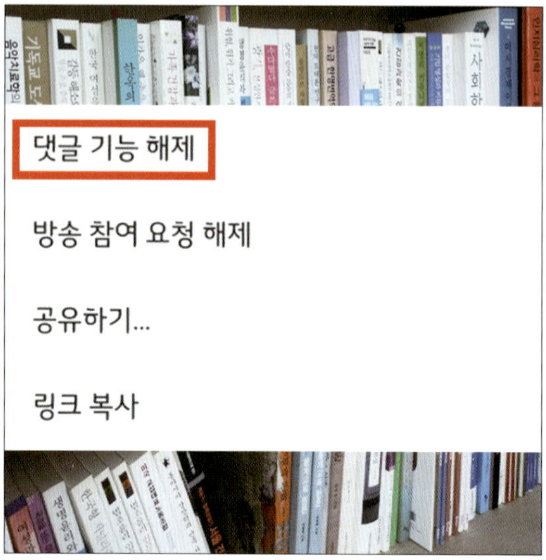

댓글을 보이게 하는 방법

라이브 화면 하단의 [⋮]을 누른 후 [댓글 기능 설정]을 누릅니다.

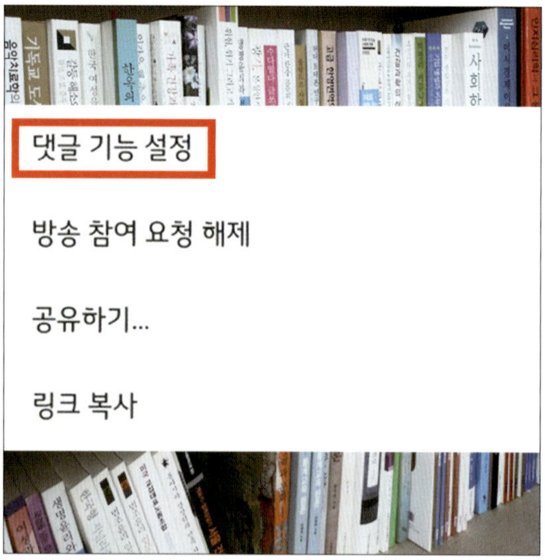

7) 화면 전환하기

전면/후면 카메라 전환 방법

상단의 회전하는 화살표 모양 아이콘을 누른 후 전환된 카메라의 모습을 확인합니다.

라이브 중에 사진, 영상 등을 보여주는 방법

하단의 사진 모양 아이콘을 누르고 원하는 사진을 선택한 후 바뀐 화면의 모습을 확인합니다.

8) 라이브 영상 기록하기

영상 기록 방법

라이브가 끝난 후 오른쪽 상단의 [종료]를 누릅니다.

라이브 방송 알림 화면에서 [동영상 다운로드]를 누릅니다.

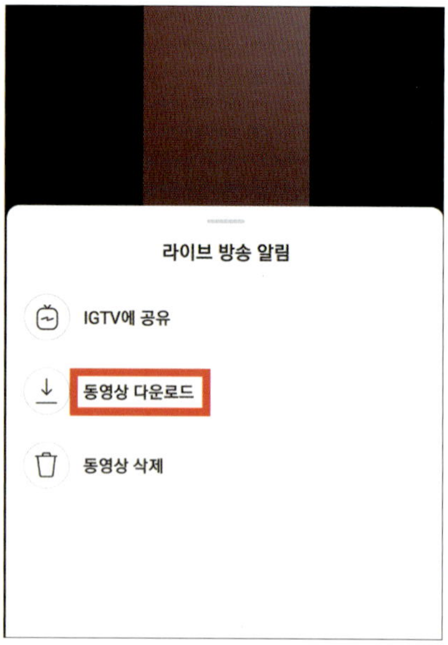

기록한 파일 찾는 방법

모바일 기기의 갤러리 앱에 들어가 저장된 영상을 확인합니다.

9) 라이브 종료하기

화면 오른쪽 상단의 [종료]를 누릅니다.

라이브 영상을 다운로드한 후 [동영상 삭제]를 눌러 종료합니다.

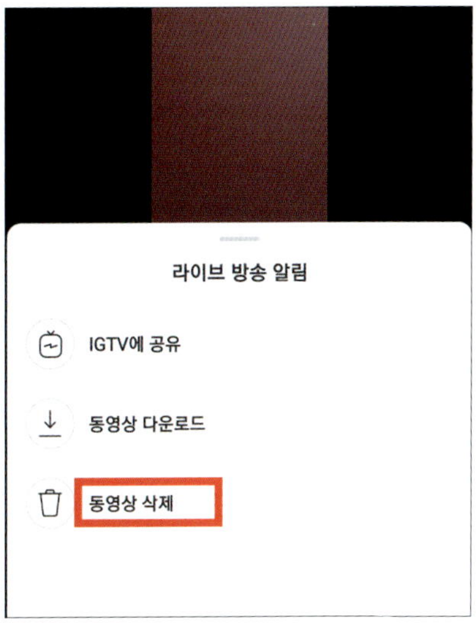

여러분이 수업에 인스타그램 라이브를 잘 활용하신다면 실시간으로 학생들과 소통하고, 빠르게 학생들의 질문에 답하는 데 도움을 받으실 수 있을 것입니다. 인스타그램 라이브는 세로 화면으로 진행되는 모바일 환경이기 때문에 학생들이 교사와 심리적으로 상당히 가깝다는 느낌을 받게 할 수 있습니다. 온라인이라는 제약으로 어쩔 수 없이 형성될 수 있는 학생들과의 심리적 거리감을 인스타그램 라이브를 통해 줄여나가 보시기 바랍니다.

3 카카오 티비 kakao TV 라이브로 실시간 강의하기

1) 카카오 티비 Kakao TV 프로그램 개요

카카오 티비는 카카오에서 제공하는 미디어 플랫폼 중 하나로, 카카오톡과 같은 대중적인 소셜 네트워킹 서비스를 기반으로 성장 중입니다. 유튜브나 인스타그램과 비교하면 인지도는 낮지만 카카오톡 이용자에게 있어 접근이 용이하다는 장점이 있습니다.

2) 프로그램 준비하기

카카오 티비Kakao TV에 접속해서 오른쪽 상단의 [로그인]을 클릭해 로그인합니다. 화면 오른쪽 상단의 사람 모양 아이콘을 클릭해 약관 동의 후 프로필을 설정합니다.

https://tv.kakao.com

오른쪽 상단의 [방송하기]를 클릭하고 [인코더 방송하기]를 클릭합니다.

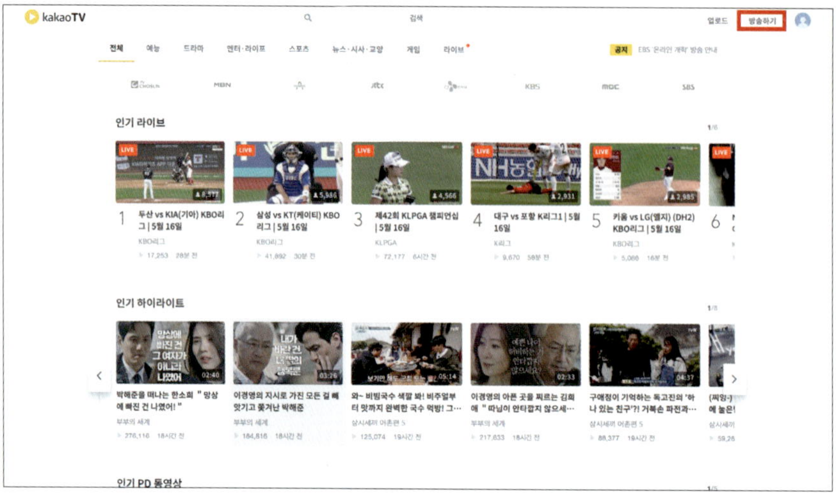

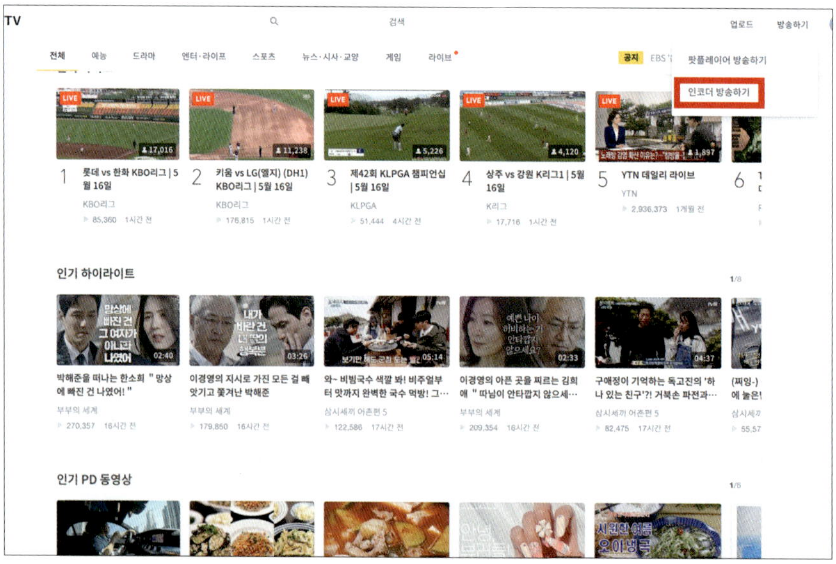

약관 동의 후 화면 왼쪽의 파란색 [다운로드] 글자를 클릭합니다.

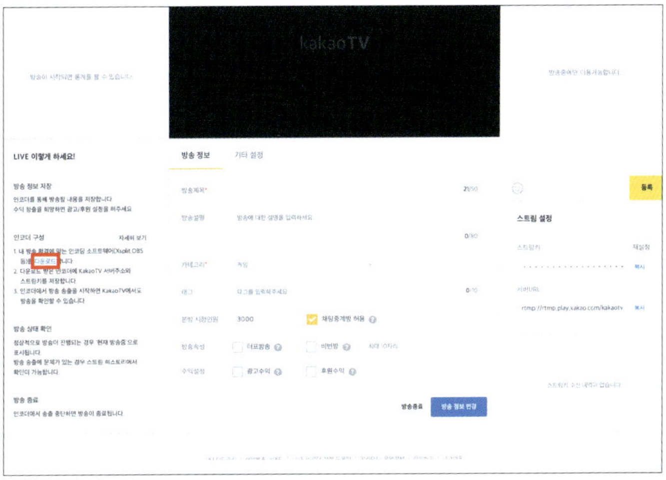

새롭게 뜬 창의 하단에서 오른쪽 [다운로드]를 클릭해 무료 인코더를 다운로드합니다.

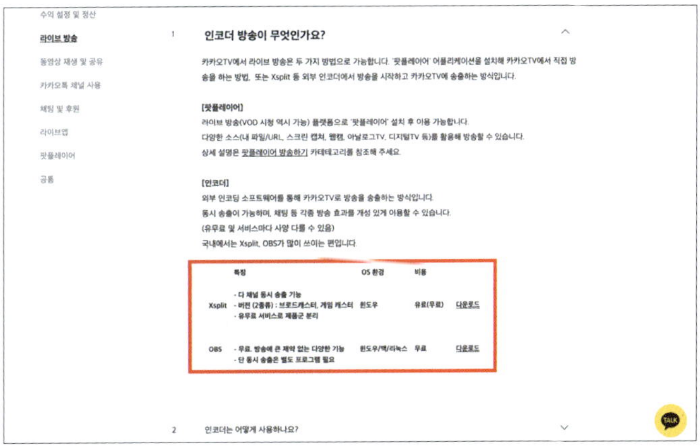

다운로드한 인코더를 실행한 후 '구성 마법사'를 실행하겠는지 묻는 질문에 [예]를 클릭합니다.

'방송 최적화, 녹화는 부차적으로 사용'을 선택한 후 [다음]을 클릭합니다.

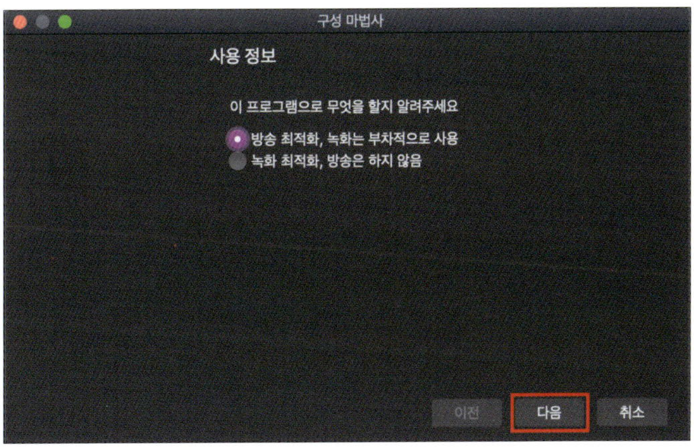

비디오 설정 페이지에서 기본 세팅을 그대로 두고 [다음]을 클릭합니다.

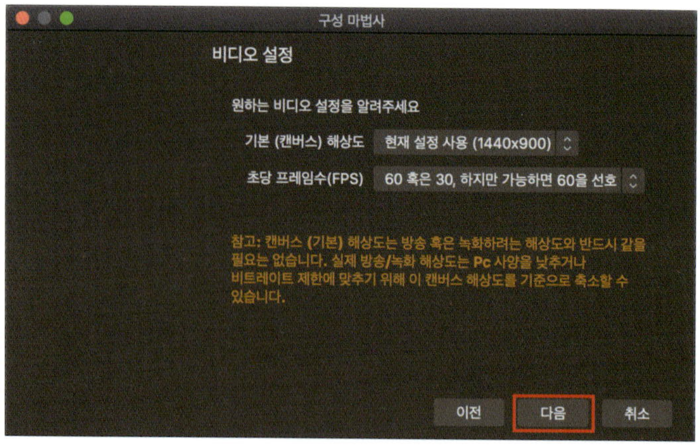

방송 정보 페이지에서 서비스를 'KakaoTV'로 선택합니다.

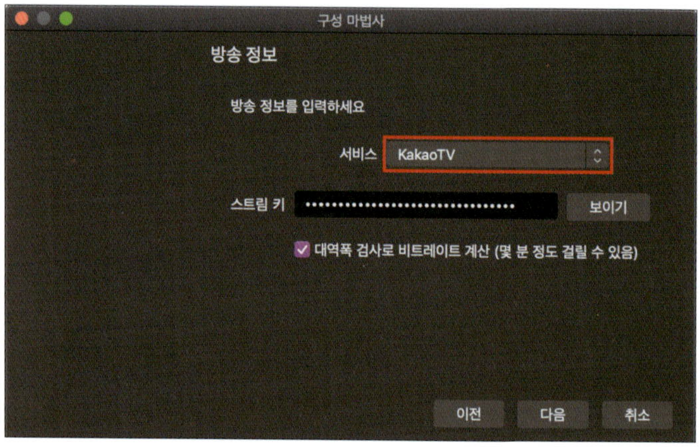

다시 앞의 인코더 방송 약관 동의 직후의 화면으로 돌아와 [방송제목]과 [카테고리]를 설정하고, 하단의 [비번방] 설정을 클릭하여 비밀번호를 지정합니다.

오른쪽의 [스트림키 확인]을 클릭하고 주의문구가 뜨면 [네, 이해했습니다]를 클릭한 후 스트림키 오른쪽의 [복사]를 클릭합니다.

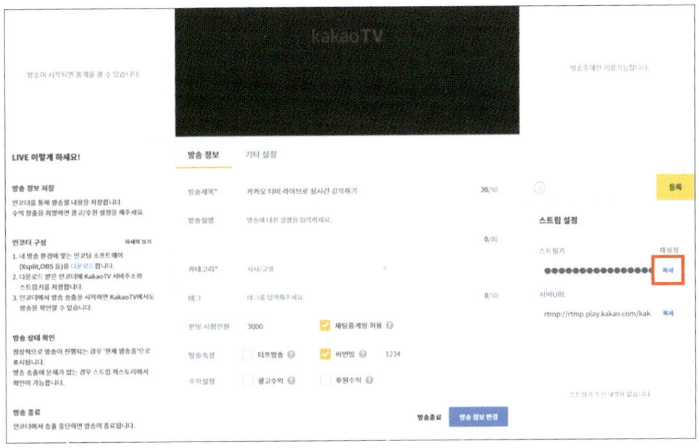

다시 인코더로 돌아와 복사한 스트림키를 붙여넣은 후 [다음] → [예] → [설정 적용]을 클릭합니다.

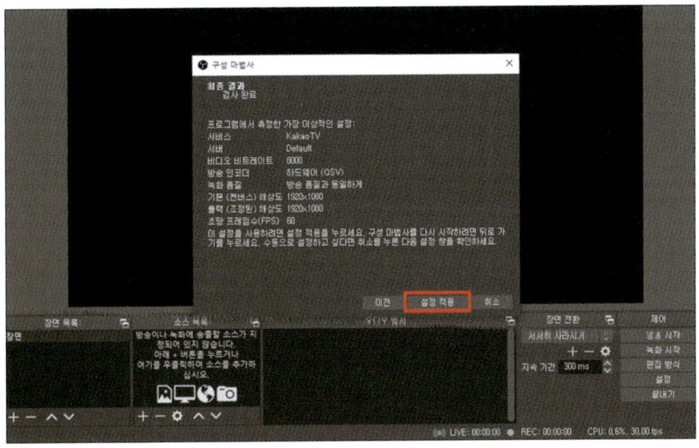

하단의 소스 목록 파트에서 [+]를 클릭합니다.

[비디오 캡처 장치]를 클릭합니다.

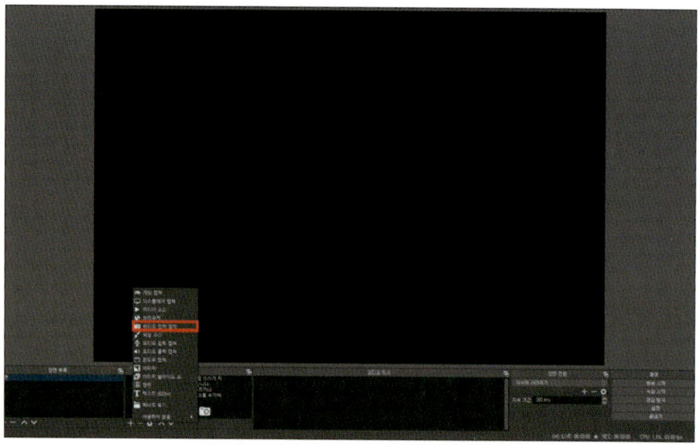

[새로 만들기]를 클릭하고 이름을 입력한 후 [확인]을 클릭합니다.

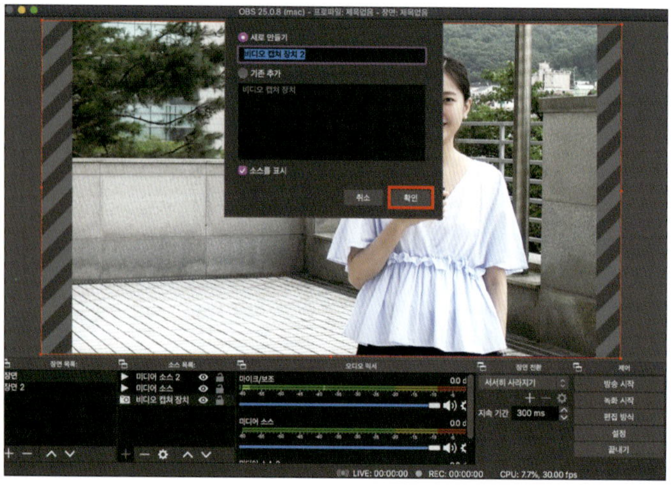

장치에서 PC와 연결된 카메라를 선택하고 [확인]을 클릭합니다.

3) 라이브 시작하기

인코더에 접속하여 [방송 시작]을 클릭합니다.

카카오 티비 사이트에 접속해 첫 화면 오른쪽 상단의 [업로드] → [인코더 방송하기]를 클릭합니다.

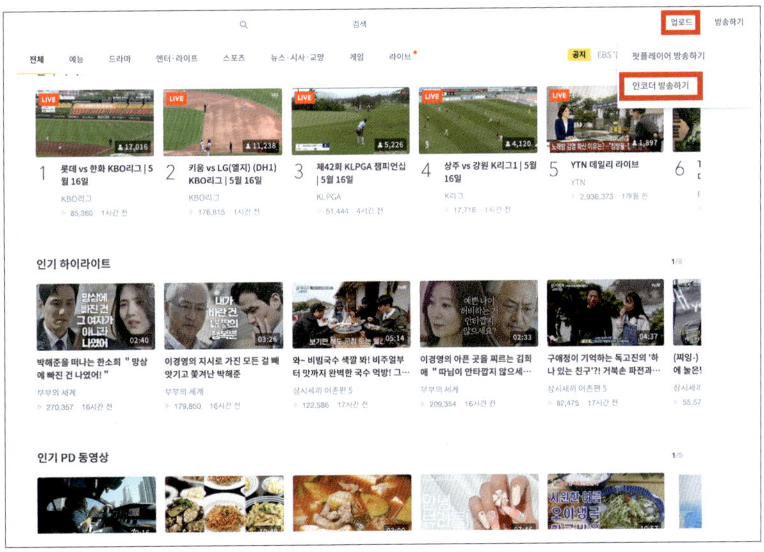

방송이 진행되고 있음을 확인합니다.

4) 다른 소스 보이게 하기

영상 공유 방법

인코더 화면 하단의 소스 목록 파트에서 [+] → [미디어 소스]를 클릭합니다.

[새로 만들기] → [확인]을 클릭한 후 원하는 영상을 찾아 선택하고 [확인]을 클릭합니다.

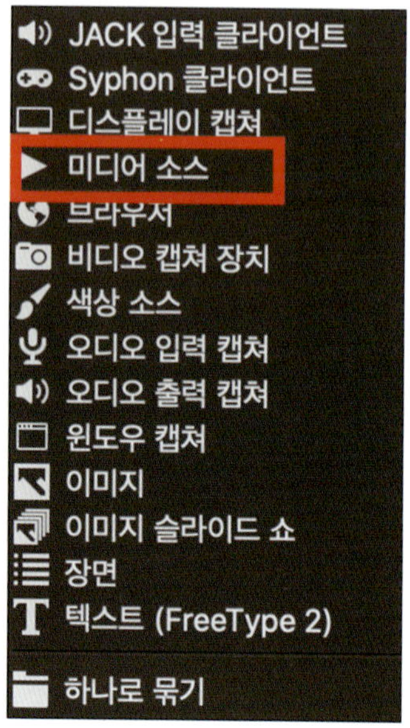

이미지 공유 방법

인코더 화면 하단의 소스 목록 파트에서 [+] → [이미지]를 클릭합니다.

[새로 만들기] → [확인]을 클릭한 후 원하는 이미지를 찾아 선택하고 [확인]을 클릭합니다.

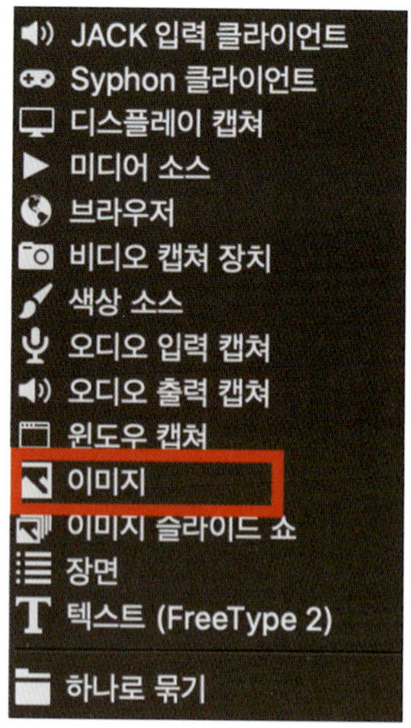

5) 라이브 종료하기

인코더 화면의 [방송 중단]을 클릭하고 하단의 [끝내기]를 클릭해 종료합니다.

카카오 티비는 인스타그램과 유튜브에 비해 조금 생소한 이름일 수도 있지만 카카오톡이라는 국내 최대의 채팅 앱을 기반으로 급성장하고 있는 화상회의 플랫폼 중 하나입니다. 인코더 설치 및 사용까지가 다른 실시간 강의 방법보다 어렵다는 단점이 있지만 잘 활용하면 수천 명의 수강생도 참여할 수 있는 대규모 온라인 학습 공간을 창조할 수 있습니다. 카카오 티비를 활용해 강의를 진행해보세요.

실시간 강의를 위한 소셜미디어의 특징 비교

이번 장에서는 라이브 기능을 갖추고 있는 대표적인 동영상 소셜미디어 플랫폼들에 대해 알아보았습니다. 세 프로그램 모두 유사한 기능을 갖추고 있지만 주요 사용자의 특성이나 사용 난이도는 크게 다릅니다. 다음 표를 통해 각 프로그램의 특성을 쉽게 이해하고 비교해볼 수 있습니다.

	인스타그램 Instagram	유튜브 YouTube	카카오 티비 kakao TV
상황별 용도	강의 수강생 인원이 적정하고, 사진이나 영상 등의 공유가 필요한 강의의 경우	강의 수강생 인원이 많고, 누구나 접근이 쉬운 플랫폼이 필요한 경우	강의 수강생 인원이 많고, 다양한 기능과 자료의 공유가 필요한 경우
지원 플랫폼	모바일에서만 강의 및 수강하는 것이 가능함	PC와 모바일 모두 진행 가능함(단 모바일로 진행할 경우 1000명 이상의 구독자가 요구됨)	PC에서만 진행 가능함(인코더 설치 필요)
사용 난이도	쉬움	보통	어려움
기능의 다양성	적정한 기능 다양성(사진이나 동영상을 공유하는 것이 가능함)	적음(인코더를 사용할 때는 매우 다양한 시도를 할 수 있으나, 웹캠만 사용할 때는 화면을 보이는 것 정도만 가능함)	다양함(방송 비밀번호를 설정하고, 사진이나 동영상을 공유하는 것이 가능함)
사용료	무료	무료	무료(유료 인코더도 있음)
접근성	1020세대에게는 접근성이 높은 편이지만 30대 이상의 경우 유튜브에 비해서는 접근성이 떨어짐	세대를 가리지 않고 전 세계의 많은 사람들이 사용하는 애플리케이션이므로 접근성이 높음	타 플랫폼에 비해 인지도가 낮아 접근성은 조금 떨어지나 카카오톡 이용자의 경우 접근성이 높음

구글 닥스Google Docs를 통해 강의 교재 제작하기

여러분이 어렵게 만든 동영상 강좌가 책이나 자료집으로도 준비되어 학생들에게 제공된다면 일거양득일 것입니다. 하지만 완성된 강의 동영상을 보면서 일일이 타이핑하는 것은 매우 고된 작업입니다. 최근 인공지능 기술을 활용해 음성 강의를 텍스트로 만들어주는 다양한 프로그램들이 선보이고 있는데, 그 가운데 가장 많이 활용되는 것이 구글 닥스Google Docs의 음성인식 텍스트 변환 프로그램입니다. 아시는 분도 있겠지만 이 프로그램을 실제로 교재 제작에 직접 활용하는 경우는 의외로 많지 않습니다. 다음 방법을 활용해서 여러분의 노고를 조금이라도 덜 수 있기를 바랍니다.

1. 구글 닥스Google Docs 준비하기

① 본인의 계정을 활용해 구글의 웹브라우저 크롬Chrome에 접속합니다.

② 구글 닥스Google Docs에 접속합니다.

③ 왼쪽 상단의 [+] 버튼을 클릭해 새문서를 만듭니다.

http://docs.google.com

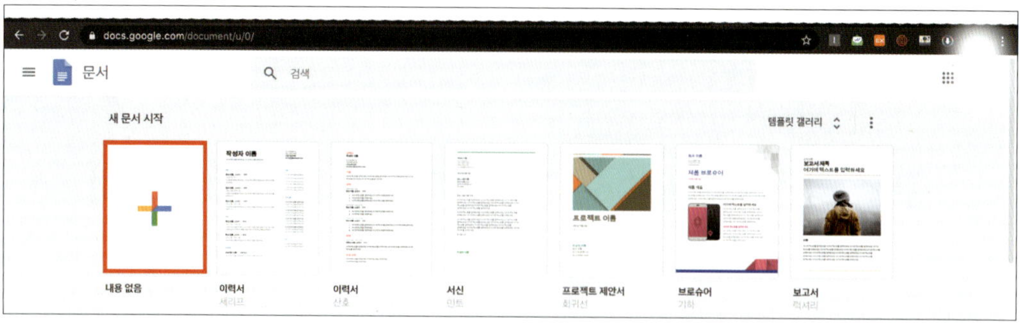

2. 녹음 파일을 텍스트로 옮기기

① 화면 상단의 도구 바에서 [도구]를 클릭합니다.

② [음성 입력]을 클릭합니다.

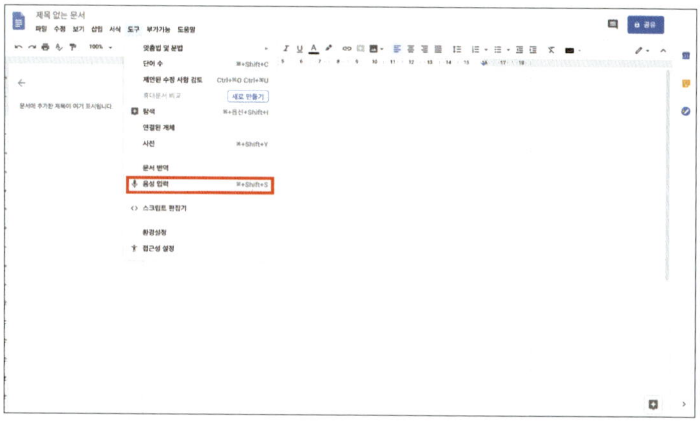

③ 녹음 파일을 재생한 후 화면의 마이크 모양 아이콘을 클릭합니다.

④ 화면에 텍스트가 나타나는 것을 확인합니다.

TIP

*** 구글 닥스 사용 시 소리 및 언어 설정 방법**

- 소리 설정
  ① 윈도우 화면의 오른쪽 하단에 위치한 스피커 모양 아이콘을 마우스 오른쪽으로 클릭합니다.
  ② [소리]를 클릭한 후 [녹음] 페이지에 들어갑니다.
  ③ 사용하고자 하는 장치에 마우스 오른쪽 버튼을 클릭해 [사용] 설정을 합니다.

- 언어 설정
  ① 구글 닥스 페이지의 마이크 모양 아이콘 위에 쓰인 언어를 확인합니다.
  ② 만약 다른 언어일 경우, 화살표 버튼을 클릭해 올바른 언어로 바꿔줍니다.

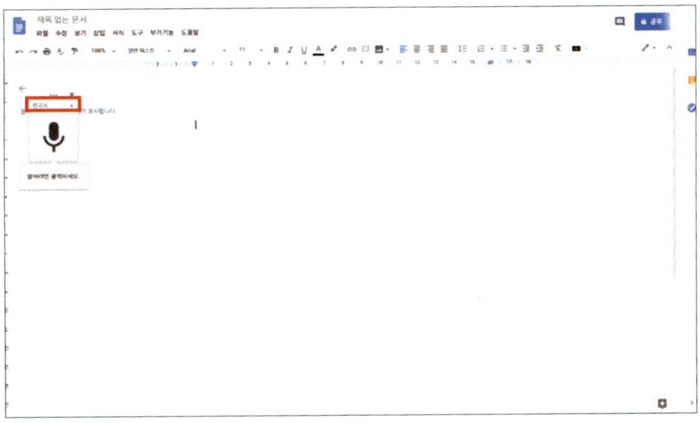

3. 완성한 파일 내보내기

① 화면 상단의 도구 바에서 [파일]을 클릭합니다.

② [다운로드]를 클릭한 후 원하는 형식으로 다운로드합니다.

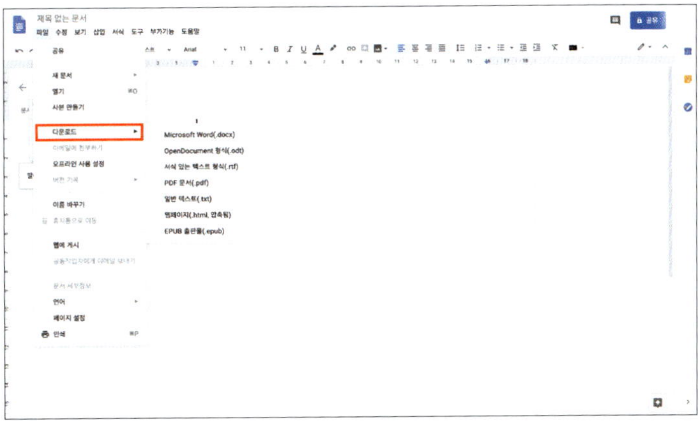

나가는 글

K-edu의 시대를 열자

교육, 무엇이 최선인가

먼 옛날의 유대인 율법 교사들은 나뭇조각에 꿀을 묻혀 아이들에게 히브리 알파벳을 교육했다고 합니다. "집어보고 만져보는 학생이 더 빨리 배운다"라는 오프라인 교육의 체화된 수월성은 VRvirtual reality(가상현실)/MRmixed reality(혼합현실)을 넘어 3D 홀로그램까지 활용되는 첨단 교육공학의 시대에도 다르지 않습니다. 그렇다고 오프라인 교육만이 최선이라고 고집하기에 시대는 너무나 빠르고 편리하게 변화하고 있는 것이 사실입니다. 한편으로 최선이라고 하더라도 특정 상황에만 적합한 최선일 수 있습니다. 예컨대 두메산골에 거주하는 학생들에게는 오프라인 교육만을 강조하면서 장거리 통학을 권유하기보다 비대면 원격교육을 통해 기초학습을 제공하고 오프라인 교육을 추가해 부족한 점을 보강하도록 하는 방법이 더 적합합니다. 교육의 최선을 선택하는 기준은 교사나 기관에 최선의 옵션이 아닌 교육의 최종 수혜자인 학습자에게 최선인 것이어야 합니다. 교육teaching에서 학습learning으로 변모하는 교육에 대한 인식의 대전환이 필요합니다.

미국의 16대 대통령 에이브러햄 링컨Abraham Lincoln은 "미래를 예측하는 가장 좋은 방법은 그 미래를 만들어내는 것이다(The best way to predict the future is to create it)"라고 했습니다. 교육의 미래는 우리 교육자의 실천적인 변화 노력에 달려 있습니다. 오프라인 교육에 대한 전통적 인식과 비대면 교육에 대한 부정적인 선입견을 과감히 걷어내고, 변화하는 미디어 기술을 적극적으로 받아들이고 활용해야 합니다. 제한된 교육자원과 원격교육 기술지원에 불만을 토로하기보다는 악조건을 그대로 인정하고 교사 스스로 변화를 시작해야 합니다. 이런 점에서 교사들에게 영상 콘텐츠 제작에 대한 이해와 기초 능력, 즉 '디지털 콘텐츠 리터러시Digital contents literacy'는 이제 필수적입니다.

변화에 도전하는 한국의 교육자들을 위해

코로나19 사태 이후 우리 교육계는 모범답안이 없는 난해한 문제 앞에서 교사와 학생 모두 합리적인 문제해결을 위한 도전에 직면해 있습니다. 2020년 4월 9일 사상 초유의 초·중·고등학교 온라인 개학이 시행된 이래 '컴퓨터 활용 교육', '플립러닝flipped learning', '온라인 팀 프로젝트 학습' 등 교육학 교재 속 이야기로만 느껴지던 교육방법론들이 강제적으로 전면 시행되었고, 이에 따라 대규모의 현장 교육 실험이 진행되고 있습니다. 200만 년의 인류사는 변화에 대한 도전 가운데 발전해나간 역사입니다. 우리 앞에 주어진 비대면 교육이라는 도전 속에서 우리는 또 다른 직승을 위한 발전을 준비하고 있는 것입니다.

필자가 부족한 지식과 교사로서의 짧은 경험에도 이 책을 집필한 것은 급변하는 교육환경 가운데서 동료 교사들에게 미력하나마 도움이 되고자 하는 바람 때문입니다. 개인적으로는 필자 스스로 교육자이자 콘텐츠학 연구자로서 작금의 현실과 맞닿은 도전을 하고 싶다는 동기에서 이 책을 기획하게 되었습니다. 교육학이나 교육공학 전문가가 보기에 이 책은 이론적인 바탕이 취약한 아마추어 교육자의 경험적 산물이라고 여겨질 수도 있습니다. 하지만 이 책은 교육방법이나 교육학 이론서라기보다는 '현장 중심 동영상 교육 콘텐츠 제작 매뉴얼'입니다. 이 책을 통해 강의 영상을 직접 촬영하고 편집하면서 악전고투했을 많은 선후배 교사들에게 큰 공감과, 대한민국의 K-edu를 이끌어갈 일원으로서의 동료애를 느낍니다.

삶과 직업에 대한 유연한 자세는 현대사회에서 더욱 중요해지고 있습니다. 이는 직업인으로서의 교사에게도 예외는 아닙니다. 런던 비즈니스 스쿨의 린다 그래튼 교수는 2017년 한 신문사와의 인터뷰에서 "'평생 자신을 변화시킬 수 있는 능력', 즉 '변형자산Transformational Asset'이 필요하다"고 주장했습니다. 오프라인 교육뿐 아니라 디지털 미디어를 통한 비대면 교육을 통해 자기 자신의 새로운 변형자산을 발굴하고 교육 대상인 학생들에게도 변화를 끌어낼 한국의 교육자들을 기대합니다.

2020년 한국의 '코로나 의료와 보건 대응'은 이미 세계적인 모범이 된 바 있습니다. 『연금술사 *O Alquimista*』로 유명한 브라질 출신의 소설가 파울로 코엘료Paulo Coelho는 "배는 항구에 있을 때 가장 안전하지만, 그것이 배의 존재 이유는 아니다"라는 말을 했습니다. 코로나19 사태를 계기로 비대면 교육이 가속화된 것은 우리 교육계에 위기이자 또 기회입니다. 그동안 안전한 항로만을 고집하며 한반도의 작은 항구 근처에서만 순항하던 우리 교사들이 이제 거친 대양으로 강제 출항하게 된 것은 세계 어느 나라보다도 교육열이 높은 대한민국의 K-edu가 광활한 세계로 나갈 신호탄이 된 것이라고 믿습니다.

찾아보기

FAST 원칙 5, 20, 21, 73

GIGO garbage in garbage out 19

OSMU One Source Multi-Use 12, 22, 23, 73

PPT 합성형 25

RAW 이미지 50

가상 스튜디오 강의 28

고정 숏 fix shot 39

교차편집 cross cutting 44

구글 닥스 Google Docs 255, 257

구글 행아웃 미트 Google Hangouts Meet 194-196, 207, 220, 221

내레이션 narration 27, 45

노즈룸 nose-room 38

니 숏 Knee shot 35

단일지향성 마이크 cardioid mic 68, 69

더치 앵글 dutch angle 36

듀레이션 duration 45

디졸브 dissolve 43, 110

러닝 타임 running time 11, 45

롱 숏 long shot 34, 37

루킹룸 looking-room 39

마이크로소프트 팀즈 Microsoft Teams 208, 210, 220, 221

무지향성 마이크 omni mic 71

미디엄 숏 medium shot 35, 37

배경음악 background music: BGM 45, 68, 145, 172, 174

사운드 컷 sound cut 67

사운드 테이크 sound take 67

사운드 페이드 sound fade 68, 135
삼점 조명 3point lighting 60
색온도 59, 60, 63
숏 shot 31, 42, 43, 46
스탠다드 앵글 standard angle 37
스토리 story 30, 32
시퀀스 sequence 31, 32, 42, 43, 131
신 scene 31, 32, 42, 43

아이리스 iris 44
아이패드 ipad 25, 56, 87-89, 93
안드로이드 태블릿 Android tablet 56, 90-93
앵글 angle 29, 33, 39, 51, 53, 55
양지향성 마이크 bi-directional mic 68, 70, 71
어도비 프리미어 프로 Adobe Premiere Pro 23, 46, 73, 97, 127-130, 136, 137, 167
오데시티 Audacity 145
오비에스 스튜디오 OBS studio 73, 81, 83
오캠 oCam 73, 156, 159, 160
와이프 wipe 44
윈도우 무비메이커 Windows moviemaker 23, 73, 97, 99-101, 114, 126, 127, 155
유튜브 YouTube 10-14, 20, 23, 97, 121, 158, 159, 161, 164, 165, 225
유튜브 다운로더 Youtube Downloader 161, 166
음원 sound source 66, 67, 71
음향 sound 66, 67
이모지 합성형 27
익스트림 롱 숏 extreme long shot 33
익스트림 클로즈업 extreme close-up 36
인서트 숏 insert shot 42
인스타그램 Instagram 234-239, 244, 254

전자보드 칠판을 활용한 판서 동영상 28
점프 컷 jump cut 46
조명 29, 57-65, 72
줌 zoom 41
줌 Zoom 179, 193, 221
짐벌 gimbal 12, 50-54

초지향성 마이크 super cardioid mic 68, 70
칠판 합성형 25
카카오 티비 Kakao TV 221, 245, 253, 254
컷 cut 31, 42

크로마키+모션그래픽 합성형 26
클로즈업 close-up 35-37
키네마스터 Kinemaster 73, 138, 144
키프레임 key-frame 45

타임 코드 time code 46
태블릿 액션 합성형 26
트라이포드 tripod 39, 51-57, 64, 65, 72
틸트 숏 tilt shot 41

파워포인트 PowerPoint 25, 73, 77. 80, 86, 145, 167, 175, 218, 220
판서형 24, 25, 40
팬 pan 40, 41
페이드 fade 42, 43
페이드 인 / 페이드 아웃 fade in / fade out 42, 43, 113, 118, 152

편집 editing 22, 23

포스팅 22, 23, 73, 161

풀 숏 full shot 34

프레임 frame 31, 32, 34, 46, 104, 108, 113

프레임 레이트 frame rate 144, 166

플래시 캐릭터 애니메이션형 27

하이 앵글 high angle 37

학습자 관리 시스템 Learning Management System: LMS
23, 29, 73

해상도 resolution 47-50, 84, 92, 98, 120-124, 144

핸드헬드 숏 handheld shot 42

헤드룸 head-room 37, 38

후반 작업 22-24, 73

한 권으로 끝내는 온라인 교육 콘텐츠 제작

교육자를 위한 수업 영상 촬영·편집·활용 핸드북

펴낸날 1판 1쇄 2020년 9월 10일
2쇄 2020년 10월 30일
지은이 유승철
펴낸이 이승아
펴낸곳 이화여자대학교출판문화원
주소 서울특별시 서대문구 이화여대길 52 (우03760)
등록 1954년 7월 6일 제9-61호
전화 02) 3277-2965 (편집), 362-6076 (마케팅)
팩스 02) 312-4312
전자우편 press@ewha.ac.kr
홈페이지 www.ewhapress.com
책임편집 이지예
디자인 정혜진
찍은곳 (주)현문자현

ISBN 979-11-5890-386-2 03000
값 24,000원

이 도서의 국립중앙도서관 출판예정도서목록(CIP)은 서지정보유통지원시스템 홈페이지(http://seoji.nl.go.kr)와 국가자료종합목록시스템(http://www.nl.go.kr/kolisnet)에서 이용하실 수 있습니다. (CIP제어번호 : CIP2020034622)